图书在版编目（CIP）数据

当代岭南文化名家·李孟昱/华玉选编. —广州：广东人
版社，2018.3
（当代岭南文化名家）
ISBN 978-7-218-13229-7

Ⅰ.①当… Ⅱ.①华… Ⅲ.①文艺—作品综合集—广
当代 Ⅳ.①I218.65

中国版本图书馆CIP数据核字（2018）第241440号

GDAI LINGNAN WENHUA MINGJIA · LI MENGYU

代岭南文化名家·李孟昱

玉 选编

人：肖风华

编辑：沈晓鸣

枝编：周　杰　吴彦斌　周星奎

设计：　书窗设计
　　　赵煜森/钟清/张雪烽

发行：广东人民出版社
址：广州市大沙头四马路10号（邮政编码：510102）
话：（020）83798714（总编室）
真：（020）83780199
址：http://www.gdpph.com
版：广州市友间文化传播有限公司
刷：广州市人杰彩印厂
本：787毫米×1092毫米　1/16
张：22.125　字　数：330千
次：2018年3月第1版　2018年3月第1次印刷
价：98.00元

现印装质量问题，影响阅读，请与出版社（020-83795749）联系调换。

热线：（020）83795240

民出

东一

华 玉 选编

DAI

当

华
出

责任
责任
装帧

出版
地
电
传
网
排
印
开
印
版
定
如发
售

SPM 南方出版传媒 广东人民出版社

· 广州 ·

前　言

　　五岭之南的广东，人杰地灵，物丰民慧。自秦汉始，便是沟通中外的重要门户，海上丝绸之路即发祥于此。近代以来，中国遭遇外来侵略，一批有识之士求索救国图强，广东成为民主革命的策源地。进入20世纪70年代，广东敢为天下先，以杀出一条血路的气魄，成为改革开放的前沿地。钟灵毓秀，得天独厚，哺育出灿若星辰的杰出人物，也孕育出独树一帜的岭南文化。谦逊、务实、勤勉的广东人，用他们的智慧和力量，悄然推动着中国历史的进程，也赋予了岭南文化不拘一格、不定一尊、不守一隅的丰富内涵和特质，成为中华文化的瑰宝。

　　改革开放大潮涌起珠江，广东的经济社会发展取得了巨大成就，涌现出一大批德艺双馨的文化名家，在文学、音乐、美术、建筑等众多领域取得开拓性成就，岭南文化绽放出鲜明的时代亮色。今天，我们又面临一个新的、更大的历史机遇——实现中华民族伟大复兴的中国梦。习近平总书记在文艺工作座谈会上指出，实现中华民族伟大复兴需要中华文化繁荣兴盛。广东如何响应要求，创作无愧于时代的优秀作品？省委常委、宣传部部长慎海雄同志就此提出，要按照中央和省委省政府部署，大力推动文化创新，打造岭南文化高地，打造一批弘扬中国精神，具有中国风骨、岭南风格、世界风尚的精品力作，形成一支规模宏大、门类齐全、结构合理的"文化粤军"，并主持策划了《当代岭南文化名家》大型丛书。

　　记录当代，以启后人。本丛书以人物（文化名家）为线索，旨在为当代岭南文化名家提供一个集体亮相的舞台，展现名家风采，引导读者品鉴文艺名作，深切体悟当代岭南文化的独特魅力，提升广东民众的文化自信和地域认同，弘扬新时期的广东精神，为广东全面建成小康社会、书写中国梦的广东篇章提供源源不断的文化驱动力。

为此，我们从文学、绘画、雕塑、音乐、舞蹈、戏曲、影视、新闻出版、工艺美术、非遗传承等领域，遴选出一批贡献卓著、影响广泛的广东文化名家。他们之中，既有土生土长的"邑人"，也有长期在广东生活、工作的"寓贤"。我们为每位名家出版一种图书，内容包括名家传略、众说名家（或对话名家）和名家作品三大篇章，读者可由此了解文化名家的生平事功、思想轨迹、创作理念、审美取向和艺术造诣等。同时，我们将结合多媒体技术，在视频制作、名家专题片、影音资料库和新媒体推广等方面大胆创新，多形式、多渠道地向读者提供新鲜的阅读体验。

我们深信，当代岭南文化名家丰富的文化实践，一定会编织出一幅底蕴深厚、内容丰富、精彩纷呈的文化长卷，它必将成为一份具有重要历史和现实意义的文化积累，价值非凡，传之久远。

《当代岭南文化名家》丛书编委会

2016年6月

◎ 李孟昱

　　李孟昱，湖南省涟源市人。1941年出生，1969年毕业于中山大学中文系。曾任南方日报报业集团社长、中华全国新闻工作者协会副主席、广东省新闻工作者协会主席，中共广东省委候补委员、广东省政协常委、广东省人大常委兼法制委员会副主任。

　　毕生从事新闻工作，初任文艺编辑，与文艺结下不解之缘，为中国作家协会会员、广东省书法家协会会员。曾出版散文、报告文学集《春之韵》，书法作品集《暇豫墨趣》《名胜墨韵》《风月墨缘》《民俗墨象》，书画集《花情诗意》等。其主要业绩则体现于新闻编辑与报业经营管理，被评为新闻高级编辑。新闻作品获中国新闻奖一等奖和中国国际新闻奖二等奖；荣获国家新闻出版署科学技术进步奖一等奖，以及全国报业先进经营管理工作者称号。1991年先后应聘为广东省文学院客座院士、暨南大学新闻系客座教授。1992年起享受国务院为有突出贡献专家颁发的"政府特殊津贴"。2012年荣获广东省首届新闻终身荣誉奖。

◎ 与夫人在北京香山留影

◎ 全家福

目　录

第一篇

李孟昱传略

王雅铄

▎引 子

2012年4月23日，省委礼堂，广东省首届新闻终身荣誉奖颁奖典礼隆重举行。刚过古稀之年的李孟昱西装革履、精神矍铄，健步登上领奖台，在雷鸣般的掌声中，捧起沉甸甸的奖杯，接受党和人民给予的高度肯定和无上荣耀。

> 他是南方报业传媒集团化改革的掌舵人，《21世纪》报系的开创者，《南都》报系的推动者。不拘泥于常规，不满足于现状，与时俱进，创造未来。在他的任上，《南方日报》告别了"铅与火"，迎来了"光与电"；在他的麾下，报业集团人才济济、生机勃勃。

这是颁奖词中对李孟昱热情洋溢的赞誉。

世纪更迭之际，李孟昱挑起了南方日报社社长的重担，筚路蓝缕，敢为人先，开启了报社大踏步改革的新征程。他经历了《南方日报》扩版、《南方都市报》由周报改为日报、《21世纪经济报道》创办、全国省委机关报首家报业集团南方日报报业集团成立……在他的引领下，南方日报攻克重重难关，获取累累硕果，成为全国省级党报改革的典范。李孟昱从事新闻工作三十年，凭着对党的新闻事业的忠贞热爱，兢兢业业，奋力拼搏，为党、为人民做出了杰出贡献。

李孟昱的人生，可谓是丰富多彩的，甚至还带有一点传奇色彩。在他进入报社工作之前，务过农，当过工人，参过军，读过大学。退居二线后，又被选为人大代表……

第一章 山村里的书香门第

　　湖南省涟源市，在湘江支流涟水源头，绵延不绝的山岭怀抱着一片郁郁葱葱的沃土，面积不大，却是土肥水美，景色如画。在青松翠柏的掩映之中，坐落着一个僻静的小山村。因四周群山环绕，高峡险峻，故村名为"峡山"。这是一个山奇水秀之地。村北，群峦叠嶂，是望不断的千山万岭；村南，山势绵延放缓，呈现出一片林木繁茂的狭长田野。村西，峡口两岸峭壁耸峙，巉岩嶙峋，碧水萦纡的山泉从中奔涌而出，汇成一条蜿蜒的小河，从村中潺潺流过，又欢快地奔向东边的峡谷之中。"青烟几人家，绿野四山抱。"过了峡口，在清流与山峦之间，迎风摇曳的全是绿油油的水稻。倚傍山势，高低错落、鳞次栉比散落的片片农舍，便是李孟昱的出生之地。

　　李孟昱的父亲李赞唐虽家居山村，却没有地道农民的模样。他中等身材，清癯而端正的脸庞上嵌着炯炯有神的眼睛，相貌白皙俊秀，宛若一介书生。他虽生长在农村，却极少下地务农。他承袭了祖传造锅厂整刀制模的一项秘密技术。没有这一技术，工厂根本造不出合格的锅来。李赞唐就凭这一技术，游走于附近市、县的数间造锅厂打工，靠此营生养家糊口。

　　20世纪50年代初期土地改革，因家里田地少，被划为贫农，而他的个人成分是小手工工人。李赞唐虽是工人，但他念过私塾，当过小镇商铺的店员，写得一手好毛笔字。又极爱藏书，酷喜字画，乐诵稗官野史。这在当时文盲居多的山村，已经是很了不起的"名人"了，村里村外的人都尊称他"赞唐先生"。他也学古代那些文人雅士，把自家的祖屋命名为"芳园"。大门门框上的"芳园"二字，是用清代书法名家钱南园的字放大镌刻上去的。屋脊下的四个大字"平泉雅致"，则是李赞唐亲笔书写。自己的斋号称之为"平泉主人"，家里的藏书大都盖有"平泉主人"的印章。缘何称之为"平泉"？其典故是否来自唐代徐夤的诗句"清甜数尺沙泉井，平与邻家昼夜分"？不得而知。

李家的藏书十分丰富。二楼的书房里，四周排满了书架，卷帙如林，难以胜计。"身在尽余容膝地，囊空频散买书金。"只要自己喜欢而能买到的书，李赞唐都舍得花钱买来。有些特别喜欢而又买不到的书，就用毛笔手抄。买不到的字帖，就用古时的"双钩法"，将整本字帖勾勒出来。他家被村里人誉为"书香门第"，倒也合情合理。

李赞唐不仅学识博洽敏达，还兴趣广泛，多才多艺。他会干木匠活，给大女儿瑶琨做过织布机。他懂音律，给大儿子尚贤做过弹唱的月琴和二胡。他自学过中医，家里人有什么头痛发热之事，都能药到病除。为了健身强体，他还经常自制中药丸，全家服用。他家的书房里仅医药方面的古籍，就有整整一书柜。什么《伤寒论》《黄帝内经》《本草纲目》，纷然杂陈，应有尽有。

母亲萧淑媛虽是山野村姑，没有正式进过学堂，孩提时代却也跟着父辈读过一些书，练过毛笔字，可以算得上是识文断字，与李赞唐志趣相投。她生性温柔体贴，贤惠平和，有着山村妇女的质朴与淳厚。她富于同情心，尽管家境并不宽裕，仍经常慷慨解囊，接济邻居，村里人无不交口称赞。因李赞唐外出谋生时间多，家里全靠她一个人张罗，不仅要操持全部家务，打理自留地菜园的菜蔬，还得悉心照料孩子。她宵旰勤谨，终日操劳，把全家料理得顺顺妥妥，井井有条。

李孟昱1941年出生时，母亲已经32岁。那时她已经是第四个孩子的母亲了。此后，她又生了五个孩子，一共六男三女。李孟昱的出生，倒是颇有情趣，值得特书一笔。据父亲李赞唐回忆，李孟昱出生的那晚，他做了一个梦，梦见一片彩云托着一个硕大的"昱"字。"昱者，光明也，辉煌也。"梦中醒来，心中大喜，即为小儿取名为"梦昱"。李赞唐梦中得子名的佳事，瞬间传遍了全村，乡亲们纷纷称奇，说这孩子长大了肯定有出息！父亲也暗暗得意，自此对这二儿子多了几分关爱和期待。

世上果真有这等神奇之事？其实细想之下，便能释然。父亲盼子成龙心切，又学识渊博，喜欢咬文嚼字，正为儿取名斟酌深思，平时读书所爱字句不经意刻印于脑海，需用之时显现于梦中，这也并不奇怪。正所谓"梦由心生"，"日有所思，夜有所梦"，尽在情理之中。后来，小梦昱长大当工人时，却不喜欢这个"梦"字，决定擅自改名，但又不敢公然违背父意，灵机一动，按照谐音，将"梦"改为"孟"，读音未变，瞒父多年。后来，父亲得知此事，赞儿有志，欣然应允。此乃后话。

小梦昱出生的那年，母亲因为操劳过度，身体较差，奶水不够。小梦昱经常饿得"哇哇"直哭。特别是夜晚，哭得父母心疼，抱着孩子半夜三更去敲村里有婴儿的乡亲家的门求乳。因为父母在村里人缘好，乡亲们都乐意开门喂奶。后来母亲时常说，梦昱是喝百家奶长大的，以后可别忘记呀！村里人也都说，吃百家奶长大的孩子，聪明、壮实！

确实，小梦昱到四五岁时，已长得虎头虎脑，活泼伶俐，人见人爱。又生猛顽皮，喜好恶作剧，人们给他取了个外号："昱猛子"。村中一户乡亲的男孩小寿，患了哮喘病。医生说，治这种病，需要饮用健康男娃的"童子尿"，配以药医，还要每天用"童子尿"浸一个鸡蛋吃。毋庸置疑，这个任务便理所当然地落在生龙活虎的昱猛子身上。听说自己的尿能帮人治病，小梦昱很高兴，也很自豪，从父母身上承继下来的善良仁爱、乐于助人的禀性充分显现出来。每天早上起床，小梦昱第一件事就是嚷着要一个杯子接尿。接尿时，尿头、尿尾都不接，只接中间的那一段。然后自己小心地捧着装满尿的杯子，屁颠屁颠地送到小寿家。那时，小梦昱天天盼着小寿快点好起来，好显摆自己的功劳。说来也巧，不到一年工夫，小寿的哮喘居然真的好了。也许这个土方真的有效，为此，昱猛子乐不可支了好一阵子。

小梦昱还不到六岁，父亲就开始了对他的启蒙教育，教他背唐诗、念古文，手把手地教他写毛笔字。父亲的管教非常严厉，规定每天要对着字帖临写好几张字。如果没有完成，轻则用篾片打手心，重则不准吃饭。有时，母亲忙完家务，也陪着孩子们一块儿临帖。有一次，小梦昱因贪玩，临字不够数，还差一张，就自以为聪明地偷了母亲临写的一张，塞进去凑数。这当然逃不过父亲的"法眼"，把小梦昱揪过来痛骂了一顿，喝令不准吃饭。自此，顽皮的小梦昱再也不敢耍这样的小聪明了。

还有一次，哥哥尚贤带小梦昱到村里小河去摸鱼，耽误了写字。父亲大发雷霆，把尚贤暴打了一顿，还抓住尚贤的衣领，像拎小鸡般把他拽到小河的深水潭，吓唬说要淹死他！这次父亲虽然没有打小梦昱，但除了不准吃午饭外，还罚他多写了好几张字。

那时，农村流行的教育方式是"不打不成器"，父亲也不例外，动辄严责，有时甚至有点不近人情，几个孩子对父亲都怀有敬畏之心。但是，李赞唐的思想毕竟通达开明，不因循守旧，对孩子的教育并非全赖打骂。除了督促他们学习文化知识、学习书法外，李赞唐还力图开阔孩子们的视野，培养孩子们热爱劳动的习惯。例如，他知道孩子们喜欢下河摸鱼，就要孩子的叔叔晚上带孩子们去扎泥鳅。他亲手做了一把扎泥鳅的钉耙，即在竹竿的一端，钉上一排长长的铁钉，还准备了一个火把。夏天，稻田插完秧后，晚上泥鳅都会从泥里爬出来乘凉。用火把一照，一动也不动。只要用钉耙对准泥鳅扎下去，这条泥鳅就怎么也逃脱不了。一个晚上，能扎上大半鱼篓泥鳅。回来，既能尝到泥鳅的美味，又增长了见识，还充分抒发了孩子们的童心童趣。全家大小，其乐融融。

又如，从村中穿过的小河，水清如镜，就像一条汩汩流动的翡翠。为了引水灌溉稻田，每隔一段就筑有一道水坝。而坝脚往往被河水冲击成一泓碧水荡漾的深水潭。这正是孩子们游泳的好地方。父亲不仅鼓励尚贤带弟弟梦昱去水潭游泳，还允许大姑娘瑶琨、二姑娘巾雄也下河戏水。当两位半大姑娘第一次穿着被水紧贴着身子的衣服，嘻嘻哈哈走进家门口时，几乎轰动了整个山村，都说，到底是读书人家，行事就是不同。要知道，50年代的山村还很封建，女孩子下河游泳，简直是不可思议的事情！

到小梦昱开始读小学，能费力地扛起锄头锄地的时候，父亲就带着孩子们上菜园去锄草、翻土、种菜。昱猛子对种菜很有兴趣，心大志大地对父亲说，他要独自种一块地，从翻土、下种、浇水、施肥、除草，到收获，都由自己打理，不准别人插手。父亲很高兴地答应了。这孩子果真能干，地里的瓜果蔬菜和他本人一样生猛可爱，长势喜人。这样一直到要去二十里外的涟源四中读初中，才恋恋不舍地把这块地移交给了弟弟。

孩子们渐渐长大了，父亲李赞唐对孩子们的管教方法也慢慢发生了变化，从重在责罚转为以鼓励为主。为了培养孩子们热爱读书的习惯，在一些事情上表现出极大的宽容。有一种情况他是绝不打骂孩子的。就是父亲藏书丰富的书房，孩子们可以随意出入，任意翻看，即使把书摔坏了，弄脏了，也绝不责罚。由于父亲的鼓励与鞭策，小梦昱还未进初中，就已经把家藏的《三国演义》《水浒传》《西游记》《红楼梦》《封神演义》等几大名著读完了。进入初中又披涉当时苏联的文学名著《钢铁是怎样炼成的》《卓娅与舒拉的故事》《青年近卫军》《静静的顿河》《复活》等。正是这些文学名著，开启了李梦昱幼小的心扉。也正是因为拥有这样一位严父的管教，小梦昱的童年，不仅增长了许多生活常识和本领，还在文墨书香中开阔了视野。

母亲对孩子们的管教，则充分体现了她慈爱、温存、敦厚的一面。她知道孩子们都是故事迷。祖父在的时候，曾给孙辈们讲过不少传奇神话。小梦昱每听到一个故事，幼小的心灵对那些本领高超、神通广大的人物，总要顶礼膜拜好一阵子。母亲深知潜移默化的教育对孩子心灵的巨大影响。她从书房中找出一大堆有古代故事的书籍，认真阅读，然后讲给孩子们听。每当孩子们做完功课，写完字，母亲就开始讲故事：讲那些寄寓着美好理想的神奇传说，讲那些精忠报国、为国捐躯的英雄故事，讲那些敬老爱幼、仁义礼让的历史典故……孩子们在兴味盎然的故事中受到了深深的教育。从这一意义来说，母亲是孩子们正确思想的启蒙者。母亲在孩子们的心目中，永远是慈祥、和蔼可亲的。

父爱如山，严峻厚重；母爱若水，温柔细腻。父母双亲倾心竭力的言传身教，为儿女们美好的人生奠定了扎实的根基。除了勤奋耐劳、善良仁爱的优秀品德外，大儿尚贤继承了父亲的匠心和工艺，二儿梦昱承接了父亲的学识与书法，其他几个兄弟姐妹也各有所长，不负父望。村里人赞曰：从"芳园"赞唐先生家走出来的孩子，个个都是好样的！

第二章 "大跃进"中工厂生涯

1958年，"大跃进"的浪潮席卷全国，也涌进了"峡山"，这个僻静的小山村顿时热火朝天地沸腾起来。

一天，村支书找到赞唐先生，请教如何在对面山上写几个大字，以激励村民大干特干的斗志。"昱伢子行！"赞唐先生十分乐意地接下了任务，向二儿子下达了指令。此时的李梦昱已是16岁的半大小子了。刚刚初中毕业，长得壮壮实实，生猛精神。他的书法功夫也已相当了得，正憋着劲儿想找个用武之地派上用场，自然也有着显摆显摆之意。父亲话音刚落，他便窜出屋门张罗去了。第二天一大早，昱猛子上了山，先用大砍刀斩除树枝藤蔓，砍出大字的雏形，再平整凹凸不平的山泥石块，接着铺上一层厚厚的石灰，最后洒水将石灰固定。如此独特的书写程序，也算是昱猛子的一大发明吧！到最后完工，已是第三天天黑时分了。刚开始村民们并未留意他在干什么，还以为这个生性顽皮的小子又在出什么幺蛾子，搞恶作剧玩呢！第四天早上，当人们走出家门，首先映入眼帘的，便是对面山上绿底白字的"大跃进"三个大字。一面坡一个字，甚是壮观。字体刚劲有力，赫然醒目，着实鼓舞人心。

波澜壮阔的"大跃进"浪潮，强烈地冲击着刚进高中校园的李梦昱。他心情激荡，热血沸腾，再也无法静下心来坐在课室里听课。一向心高气盛、敢作敢为的他，竟然做出了一个让人意想不到的决定，向学校提出申请辍学去当工人，投入到"大跃进"的洪流中，为建设社会主义大干一番！

这个决定可非同小可，别说学校通不过，家长也绝不会答应。可是个性刚烈执拗的昱猛子，这回是铁了心非去不可，谁说也没用。也许是受到当时国家形势的强烈感染，抑或是欣赏儿子报效国家、敢为人先的雄心大志，一向权威至上的父亲最后竟然点了头，学校领导也就顺势批准了。李梦昱高兴得一蹦三尺高，立马收拾行装，兴冲冲地赶往二百里外的湘潭第二炼铁厂。为表示自己不再是少不更事的昱猛子，可以有资格成为一名"工人老大哥"了，他又自作主张改名字，将"梦"变成了"孟"。瞬间，他感觉自己长大了许多，成熟了许多。

湘潭第二炼铁厂的前身是湘潭造锅厂，厂子不大，设备也略显简陋陈旧，但轰轰烈烈、热气腾腾的生产场面，仍让初进工厂的李孟昱兴奋不已。哥哥李尚贤是工厂的技术人员。第二天，李孟昱就在哥哥的指引下到翻砂车间报到了。翻砂，是制造机器零件的头一道工序。外表看来是粗活，但实际上非常精细。工厂翻的都是炼铁小高炉、热气炉用的管道和阀门。因为不懂技术，李孟昱一开始只是筛筛沙子，打打杂而已。在此期间，李孟昱经常被哥哥李尚贤带去长沙描图。所谓描图，就是从湖南冶金设计院借来炼铁小高炉的图纸，将其描下来，晒出图纸，然后根据厂里的实际情况，进行修改改造。

李尚贤虽然只是初中毕业，但他自学成材，脑子又灵，还承袭了父亲的那项秘密技术，工厂的技术活，基本上都是由他来主持。当时，他们描的图纸是日产量五吨的小高炉。别看小高炉日产量只有五吨，但在全民大炼钢铁的当时，也算是很大的了。虽然小，技术含量却很高。稍有差池，生产过程就会发生危险。李尚贤也是冒着风险来干这事的。

原来设计的小高炉外壳是用厚钢板制的，他们因陋就简，用红砖来代替，但高炉内的炉膛仍用耐火砖按图纸砌成。因为外壳是用红砖代替钢板，原设计的下料机械、热风炉，及其与高炉衔接的各种管道，以及小高炉的出铁口、进风口，都必须加以脱胎换骨的改造。改造工程繁复而浩大，这对于一个初中毕业生来说，难度可想而知。但是，在当时大炼钢铁你追我赶的大环境的催生下，一个个奇迹就这么产生了。

经过一番努力，两座小高炉已经矗立在工厂的中心位置。李孟昱也由翻砂工转为小高炉的炉前工。炉前工就是负责矿石通过燃烧在炉内熔化后，打开出铁口，让铁水流进砂模内。这也是一个技术活，要经常从进风口的窥镜观察炉内的温度，决定是否添加焦炭，或增加风速，以保证炉内的高温。对炉内温度的判断，在缺乏科学仪器的当时，全凭经验用肉眼观察。如果正常，在出铁水前，可以坐在休息间休息，甚至聊天。

一次遇险，使李孟昱刻骨铭心，经久不忘。那是1958年的10月间，天气转凉，李孟昱衣着单薄，便走到热风炉烧得通红的呼呼作响的燃气口，想暖和一下身子，想不到一下子就昏了过去。幸好附近有人，立即七手八脚把他抬到空气清新的车间外，进行抢救，过了半晌人才苏醒过来。在这次事故中，李孟昱右耳根被烫伤，差不多一个来月才好。后来，他从厂里医生处得知，这是煤气中毒，幸亏发现及时，要不早就没命了。

好不容易把铁炼出来了，但铁锭的质量如何？不得而知。用肉眼看，只知道哪一炉是白口铁，哪一炉是灰口铁。白口铁含硫多，质量不好；灰口铁含硫少，质量肯定要好。要炼出质量好的生铁，必须知道含硫、含碳的多少，来决定添加矿石和其他辅助元素的量是多少，这就需要化验。于是，厂里决定要建立化验室。

县里只能派一个懂化验的人来做化验室的领导。至于化验员，则要自己培养。厂领导左挑右选，看中了李孟昱这个聪明能干的小伙子。于是，刚进厂不久的昱猛子，就穿上了白大褂，当上了化验员。此后，一直到1959年9月期间，李孟昱多数时间都被派往外地学习化验。他先后参加过湘潭第一炼铁厂化验室、湘潭专署化验训练班、湖南冶金地质学校化验培训班的培训。而1958年底去湖南长沙轧钢厂的参观学习，他又遭遇了工厂生涯中第二场大的惊险。

那是一间新厂，许多车间还在陆续兴建。那天，李孟昱正在车间听师傅们讲解，突然听到外面嘎嘎直响，还夹杂着声嘶力竭的呼喊："快跑啊，快跑啊！"他抬头一看，隔壁车间正扭曲着向一边倾倒，车间里的人向四处逃奔。倏忽之间，高大的车间变成了一堆瓦砾，也不知有多少人压在里面。就在隔壁车间倾倒的同时，李孟昱所在的车间也在吱吱作响。他急忙奔出车间，把这个情况向本厂紧急汇报，厂领导当即电令他立即离开回厂。而像这样盲目追速度，不顾质量的事，在那年月是经常发生的。

李孟昱在工厂两次遇险、逢凶化吉的事传回峡山村，乡亲们都为他感到庆幸欣慰。一位德高望重的太爷爷笑呵呵地说，村里喝百家奶长大的伢子命大、福大，好运还在后头呢！

在工厂的劳动总是非常忙碌艰苦的。因为四处都在大炼钢铁，原材料紧缺，供应不上的事经常发生。湘潭第二炼铁厂位于湘江边，运输全靠船运。从码头到工厂，还有一段路要走，除汽车运输外，每次都要发动全厂的人去码头肩扛背驮。白天要上班，晚上要义务劳动，职工们干劲冲天，没有半点怨言。

"职工同志们，铁矿石已经运到，请大家赶紧前往码头搬运……"一天夜里12点，工厂的广播又响了。李孟昱和众多工人像是战士听到了冲锋号，纷纷从床上爬起，跑往码头赶运铁矿石和焦炭。李孟昱是农村出身，干活不怕辛苦，又生性争强好胜，不甘人后，即使接连几晚都没有睡过囫囵觉，仍然精神抖擞，竭尽全力投入生产，表现优秀。到年底的时候，刚进厂不久的他，就被评了个乙等劳动模范，奖了一个大脸盆。那心里，就别提有多美了。

第三章　白云山下军营锤炼

1959年11月，部队来厂里招兵。这个消息像长了翅膀，霎时传遍了全厂。虽说名额只有一个，年轻的工人们仍无比亢奋，争相报名。李孟昱就是其中之一。当一名解放军战士，这可是他从小就立下的大志向。叔叔李翊仙是一名海军军官，在部队当俄语翻译。小梦昱对他崇拜极了，只要他休假回家，便黏在他屁股后面，缠着他讲部队的故事，赖着要戴军帽，要穿军装，跑前跟后，不离左右。心里总想着，什么时候能像叔叔这样，当一名光荣的军人，该是多么威风呀！加之少年时期读了不少红军、八路军、解放军奋勇杀敌、为国立功的英雄故事，李孟昱当兵的信念更加强烈了。现在机会来了，绝不能错过！激奋难耐的他坐不住了，报名后没几天，便主动找到厂支书，要求领导批准参军。殊不知厂领导已有决定，正准备发通知，在上百个青工中就选中了出身良好、表现优秀的李孟昱。这下，可把这个年轻人乐坏了。当天下午，便跑去招兵站报名体检。

体检顺利通过，李孟昱穿上了神圣的绿军装，显得格外英俊精神，心中也升腾起一种保家卫国的使命感和自豪感。

严冬腊月，寒风呼啸，却丝毫阻挡不了工厂领导、工人代表欢送新兵入伍的热情。支部书记亲手为李孟昱戴上大红花，哥哥李尚贤再三叮嘱勉励。人们一路敲锣打鼓，走了三四公里，直至送到新兵集合地，才恋恋不舍地挥手道别。这批新兵，步行跨过湘江大铁桥，登上火车，从湘潭出发，一路向南，直奔广州。

到达广州军区独立通信五团的驻地白灰场，所有新兵都集中在教导营。部队驻扎在群峦叠翠、景色宜人的白云山下。此时的李孟昱却无暇欣赏周围的美景，一心向往着崭新的军营生活。教导营分三个连：无线连、载波连、电工连。新兵集中培训一年后，将分配到全军区的各野战部队。这里，班长以下都是新兵。李孟昱虽然只读过高中一个学期，可是在这批新兵中已是"高学历""高材生"了。因此，一到电工连，就被连长任命为副班长，还要他负责布置俱乐部、课室，写标语、出黑板报。他整天忙得团团转，却也干得热火朝天，不亦乐乎！

一天，李孟昱正在俱乐部写美术字，一位上尉军官来到身边。他抬头一看，立即起身立正敬礼。上尉笑了笑，拍拍他的肩膀问："除了读过一学期的高中，你还自学过什么功课吗？""有，我在工厂参加过很多文化、技术培训班，还自学了一些大学课程。"李孟昱一边回答，一边心里犯嘀咕："这位领导问这个干吗？"谁知第二天，连部就下达通知，调李孟昱到三营去当文化教员。这时，他当新兵蛋子还不到两个月。三营是负责架电话线的，工作相对繁重艰苦。可满腔热忱一心想当好兵的李孟昱却毫不在意，兴致勃勃地背着背包去新单位报到。到了三营七连，得知当文化教员只是兼职，还要下到班排与战士们一起行军操练、摸爬滚打。这倒使他高兴了，原来他正担心当文化教员会失去在部队磨炼过硬本领的机会呢！

那时三营的兵，文化程度都不高，所以每周安排两个上午学文化，班长、排长都得来听课。全连这两个上午，就由李孟昱包干。文化课，首先是教汉语拼音。这是李孟昱读初中时学过的，所以讲起来毫不费力。平时训练，李孟昱得听班长、排长们吆喝。到上文化课时，班长、排长都成了他的学生，一个个都乖乖在讲台下听他讲。李孟昱心里不禁产生了一种小小的得意。

军事训练，对新兵来说是非常严格的。连里配备有步枪、冲锋枪，但很少学射击。除了队列外，几乎都是与架电话线有关的科目。老兵教完后，还得考核，之后还要在班与班之间比赛。例如，打电线杆的洞，看谁打得圆，打得深，打得快；爬电线杆有几种爬杆方法，都得看谁爬得快、爬得高，还得姿势、要领准确。

一次，考核李孟昱装担杆，要在规定的时间内，在电线杆凿一个凹槽，然后把担杆镶嵌进去，再用螺丝固定。要求是天衣无缝，不得有任何空隙。否则，雨水流进缝隙，电线杆会腐烂。但由于紧张，他凿的凹槽略小一点，镶嵌进去显得有点紧，急得满头大汗，差点要掉眼泪。副排长曾在课堂做过这个小兵的学生，还在课后向他请教过一些功课。他笑了笑，拍了拍李孟昱的肩膀："不错，别紧张！"然后给了一个优秀。

军训很累，到实际架线就更辛苦。1960年下半年，连里奉命架一条从广州到韶关的电话线。当时架的是20路载波。据介绍，架好后两端各20人通话，互不干扰。实际架线，连里分工非常明确。比如，这个班负责测量，那个班负责打洞，另一个班专门竖杆，或者绑隔电瓷，等等。李孟昱所在的第五班专门负责放线。

所谓放线，就是身背一百多斤的一捆电线，依次将电线放到电线杆的担杆上，然后由绑隔电瓷的班将其固定。这样每个电线杆都要上下一次。遇水涉水，逢山攀山。从广州到韶关的上千上万根电线杆，他们都一一爬过。其辛苦程度可想而知。

在班里摸爬滚打将近一年，李孟昱从不言苦。一天，连指导员陈景海找李孟昱谈话，因为文化程度高，要调他到连部当文书。文书，这可是一个小小的"干部"了。李孟昱喜出望外，战友们也羡慕不已。当天，他就把铺盖搬到了连部，军衔也从列兵擢升为上等兵。不久，又加入了中国共产党。

连部文书，主要工作是每月上报连队的军事实力，包括人员、装备等。其次是负责连部文件的上传下达，撰写执行上级布置的军事工程的施工计划，以及年终连队的总结。总之，凡是连队见诸文字的文件，都由文书负责。这对李孟昱来说并不困难，工作顺风顺水，得心应手。

在紧张的军营生活中，李孟昱并没有放弃学文化、练书法。空闲时他到广州古籍书店，买来了好几本字帖，如赵孟頫的《福神观记》、柳公权的《玄秘塔》、王羲之的《圣教序》等字帖回来临帖。连里订有《解放军报》《战士报》《南方日报》等众多报纸，阅读过后几乎都让他涂满了墨迹。正式上班时间不能临帖，他便利用中午休息时间和晚上苦练。常言道，"字无百日功"，几个月坚持下来，写的字居然又长进不少。

当时，作为区域性报纸的《南方日报》，李孟昱很少阅读。他读得最多的是《战士报》，孩提时代则读过《新湖南报》。这是李孟昱和《南方日报》的第一次接触，当时他怎么样也没有想到日后会和《南方日报》结下不解之缘，并成为带领这家报社胜利前行的领头人。

1962年间，蒋介石叫嚣反攻大陆，派遣特务到东南沿海骚扰。当时部队比较紧张，做好了打仗的准备，三营也随时准备着奔赴前线。每个战士都留下了给家里的遗书，军帽里都写上了名字和家里的通讯地点，颇有一种"捐躯赴国难，视死忽如归"的大义凛然之感。

不久，团里接到命令，通信五团从广州迁移到湖南衡山。三营担负着营建的任务，先行奔赴衡山。一开始没有营房，部队就分住在老百姓家里。多年没有回过家的李孟昱，一直以来都没有和家里人停止通信。他惊叹于衡山山水的秀美壮阔，马上给大姐寄去书信，忍不住对衡山"长溪流水碧潺潺，古木苍藤暗两山"的美景作了一番描绘，大姐读后对弟弟来信的斐然文采大为赞赏。

随后，李孟昱从七连文书擢升为三营营部代理书记。营部的书记，并非地方的党委书记，而是类似于连部文书性质的书记员的角色。当时士兵军衔分为五级：列兵、上等兵、下士、中士、上士。但营部书记，已经是属于军官的编制了，只需等待任命即可。然而，这时的李孟昱似乎并不在乎"一杠三星"的上士军衔，对当军官也不特别属意，而是深感自己知识的匮乏，渴望能有机会再一次跨进学校大门，求学深造。

也许，李孟昱真的是幸运的。1964年开春的一天，营部副教导员孙大厦找李孟昱谈话。他说："最近军委下达了一个文件，为了培养革命接班人，要从部队选拔一批人去读大学，你想去吗？""太想了！"李孟昱按捺不住内心的激动，兴奋得顾不上尊重长官的礼节，大叫起来。这时，孙大厦的口气变得慎重起来："这事，你要考虑清楚。你正处在被提拔的时期，想读大学，就准备参加考试，但提拔军官的事也就到此为止了。"李孟昱不假思索，大声说："不用考虑，我参加考试！"

当时，准备的时间只有两天。第三天，全营有十来个战士集中在营部饭堂参加考试，考题是写一篇文章。李孟昱平时酷爱读书看报，考试前看过一个文件，主要精神是打击投机倒把分子。于是他以此为题材，写了一个小故事，并加以切中时弊的评论。这篇作文带着浓重的时代烙印，当时正合时宜，应该成绩不低。

过了几个星期，消息传来，全团考试合格者仅三人，李孟昱是其中之一。拿到参加地方统考的准考证，李孟昱废寝忘食，加紧准备复习。军区第三招待所的一间宿舍，常常灯火通明，直到清晨初绽第一道曙光。每天寂静的夜晚，颔首凝神，空气里安静得只剩下书页翻动的沙沙声，不知不觉已是天亮。终于到了考试当天，李孟昱走进广州七中考场，心里反倒异常平静，他坚信机会一定会留给有准备的人。

八月桂花飘香，也是硕果收获的季节。团部终于传来消息，全团三人参加高考，考上两位。李孟昱被中山大学中文系录取。这位从不轻易动感情的坚强战士，此时竟激动得热泪盈眶，哽咽着说不出话来。

从教导营电工连一名默默无闻的新兵蛋子，到成为通信五团三营七连的文化教员，到擢升为连部文书，获得"上士"军衔，又被提拔为营部代理书记，再到顺利考取名牌大学，实现再次读书深造的美梦。知识在催生机遇的同时，也给了李孟昱坚定的信念和执着的追求。手捧大学入学通知书，他憧憬着到一片新的广阔天地去翱翔、驰骋！

第四章 康乐园内岁月峥嵘

　　"北枕珠江南面市，东友白鹭西朋凰。东西南北千层树，谁识其中是学堂。"这就是闻名中外的中山大学。它又有一个富有诗意的名字——康乐园。

　　1964年9月1日，脱下军装的李孟昱，兴高采烈地来到这里报到入学。踏进校门，只见到处古树参天，浓荫蔽日，芳草芊芊，涌碧叠翠。之间掩映着一幢幢红墙绿瓦、古朴典雅的楼宇。以融合中西建筑风格的怀士堂为中轴线，向北，首先是青翠欲滴的绿草坪，途经孙中山先生铜像、惺亭、盈盈碧水环绕的水塔，直达珠江河畔。南面，绿草地上矗立着孙中山先生制定的校训："博学、审问、慎思、明辨、笃行"，格外夺目。林荫夹道的一排排紫荆树，红白相间的花瓣散落在校道上，一直延伸到南校门，像是铺上了花地毯，在热烈欢迎入校的新生们。

　　从军队的兵营到大学的校园，环境、氛围迥然不同。在李孟昱的眼里，一切都是那么新鲜，那么特别。他马不停蹄，跑前跑后，一口气将教学楼、图书馆、学生宿舍，甚至操场、饭堂参观了个遍，还跑到他所仰慕的教授家的小楼下偷偷地转了一圈，心里满意极了。他下决心要在这么好的地方苦读求学，增长知识才干。是时，这里是名师云集、人才荟萃之所，聚集了陈寅恪、姜立夫、陈心陶、容庚、商承祚、王起、董每戡等一流的大师泰斗。名师的风范，校风的厚重，为学的严谨，已凝结为中山大学传统的人文精神。

　　但是，李孟昱等新生踏进校园，高兴之余，无论在中文系的课堂，还是宿舍，总隐约感受到一种令人压抑的批判氛围。此时正是"文化大革命"爆发的前夕，大学里极"左"思潮的风气甚浓，而学子们理想中的为学之风似日趋式微。在全国文艺界，正紧锣密鼓批判邵荃麟的"中间人物"论。这种思潮也渐渐地沁入到中文系的教学之中。

入学不久，结合老师讲授当代文学的课程，全年级组织了三个评论小组，参与当时的大批判。学子们结合课程的讨论非常热烈，各抒己见，畅所欲言，有时还争得面红耳赤，互不相让。探讨学术的空气也变得浓烈起来。由李孟昱执笔的一篇批判文章，被老师推荐到《中山大学学报》发表了。这可是他公开发表的处女作呀！刚进大学，便有如此成绩，李孟昱激动、兴奋了好几天！一直藏在心底的作家梦，这时似乎变得更加清晰起来。"学如不及，犹恐失之。"此后，他更加勤奋了。除上课、吃饭、睡觉外，几乎所有的时间都泡在图书馆、资料室里……

为了适应当时的形势，学校进行了大刀阔斧的教学改革。一年级新生还未正式上课，就先去梅花园解放军教导团参加军事训练一个月。随后又到附近的广州电机厂学工，每周参加两个下午的劳动。这对抡过锄头、开过机器、扛过枪的李孟昱来说并不新鲜，没有那种特别兴奋的感觉。除此之外，大都是白天上课，晚上自习，时间安排都十分紧凑。

入学一年后，年级辅导员陈梓权老师在全年级大会上宣布："李孟昱等八位同学免修写作课，成立自学小组！"他解释道："经过系里老师研究决定，这八位同学在大一时写的作文表明，其写作水平已经'过关'，可以腾出更多的时间研习其他学问。"这是当时中文系教学改革的一项举措，目的是因材施教，更好地培养尖子生，多出人才，快出人才。

入学时，中文系六四级分为甲、乙两个班。为便于管理，到二年级的时候合为一班，需要推选年级主席。李孟昱谦和待人，认真做事，用功读书，高票当选。之后不久，他又升任中文系学生会主席。李孟昱感到自己身上的担子越来越重了，除了自身的求学上进外，还多了一份对集体的担当，强烈的责任心激励着他更加刻苦学习，努力工作，不负众望。

然而，就在这时，一场大规模的政治风暴骤然而至，"文化大革命"爆发了。学校停课，教授们被批斗，各级领导"靠边站"。怀士堂附近的草坪，围着一圈贴大字报的棚架，上面贴满了打着红"××"的各色各样的大字报。青年学子们秉着对毛主席的无限热爱，满腔热情地投入了这场运动，破"四旧"，斗"走资派"，抄"反动学术权威"的家。老师无法上课，学生不再读书。康乐园里的斗争气氛越来越浓。

1966年9月15日，作为中山大学红卫兵代表团成员之一的李孟昱，和全国各地红卫兵代表团成员一起，站在天安门西侧的观礼台上，兴奋地等待着那激动人心的时刻。那天，伟大领袖毛主席要在天安门城楼上接见来自全国的红卫兵。这可是大家梦寐以求的大喜事啊！前一晚，李孟昱兴奋得几乎一夜没睡。次日凌晨三点，他们一行人便从所住的北京工业大学出发。到达天安门广场时，天刚放亮，广场上已是人山人海了。大约上午十时许，毛主席出现在天安门城楼上，向红卫兵挥手致意。整个天安门广场顿时沸腾起来，红旗飞舞，呈现出一片红色的海洋，"毛主席万岁！"的欢呼声响彻云霄。红卫兵们像朵朵葵花向太阳，向着毛主席欢呼着，跳跃着，流下了幸福的热泪。这时的李孟昱也和大家一样，欢呼雀跃，激动万分。虽然距离较远，看得不够清晰真切，但毛主席那魁梧伟岸的身影已深深地印在了他的脑海，心里翻腾着阵阵幸福的热浪，至今难以忘怀。

从北京归来，学校的"文化大革命"越闹越厉害了。红卫兵们不仅天天忙着斗"牛鬼蛇神"，连自己的阵营内部也起了内讧。因为观点不同，开始出现了派别斗争：一为东风派，一为红旗派。昔日的同窗好友变成了不共戴天的"敌人"，相互攻讦、声讨、谩骂，甚至最后发展到持械武斗的地步。

面对这场涉及全国的大运动，一向旗帜鲜明、立场坚定、积极肯干的李孟昱，这时却踟蹰不决了。运动一开始，他便有许多不理解：为什么一夜之间，勤恳工作的校系领导都成了"走资派"？为什么深受学生爱戴的教授，都成了"反动学术权威"？他们都被打倒了，以后学校谁来办，谁来教？国家建设人才怎么培养？自己进校求知深造的梦想又如何实现？一个个疑问不停地在他脑海涌出。他感到从未有过的迷惘、彷徨、焦虑，甚至有些痛苦。

起初，怀着干革命的热情，他也积极参加了一个红卫兵组织，但随后周围七斗八斗的乱局，使他越来越反感。于是，从小颇有主见，不随波逐流的昱猛子，内心深处的倔强劲又冒了出来。想不明白就不想了，让别人闹腾去吧！还是认准自己求学深造的路子走下去！主意已定，就不再犹豫，果断退出了这个组织。

"你这是要当逍遥派吗？"有人指责。他没有理会，但心里却咯噔了一下。是啊，还真不能当一个袖手旁观的逍遥派，得找点工作干。刚巧，另一个群众组织的头头找到了李孟昱，说："我们准备组织一些人去外省调查，你是党员，搞外调最合适，来参加我们的专案工作吧！""搞专案可以，但其他的活动我不参加。"李孟昱说。对方同意了。

在专案组，李孟昱只担负赴外省的外调任务，不参加其他派性活动。1968年10月，学校革委会成立，两派联合，李孟昱也成为学校革委会专案组的成员，主要任务仍然是外调。在此期间，他共五次赴外省调查，分别到过北京、上海、南京、武汉、济南、合肥、杭州、长沙等地。长期在外，完全脱离了校内乱七八糟的争斗，这倒也合了他的心意。

在专案组，自己掌握的时间特别多，这为李孟昱实现念念不忘的求知心愿，创造了极好的机会。那时，学校图书馆、资料室都已关闭，书籍无法借阅。要找一本想看的书，只能想方设法，东找西寻。所幸的是，1962年间李孟昱随部队赴广西执行架线任务，在桂林市新华书店买到一套朱东润主编的《中国历代文学作品选》，以及部分《中华活叶文选》，一直带在身边。后来，他又从高年级同学那里借来了《中国文学史》《古代汉语》《外国文学》等教材。空余时间，两耳不闻窗外事，别人闹腾他看书，静心研读，细细品赏。就这样，一直坚持了数年。正如朱熹所言："旧学商量加邃密，新知培养转深沉。"日积月累，受益匪浅。运动风暴过后，李孟昱为自己没有荒废大学六年的宝贵时光，深感欣慰。

大学期间，值得庆幸的是，李孟昱找到了他生命中珍贵的另一半。她叫李菊华，跟他是同班同学。李菊华的父母都是抗日战争、解放战争中南征北战的老革命。她相貌端庄，气质文雅，平时不爱多说话，但一旦话题谈起，便言微旨远，见解独到，透着一种独有的睿智和聪慧。她学习刻苦，成绩优良，是系里的才女。不少同学都很佩服她，有的请她修改作文，有的邀她探讨学术问题。老师们也很喜欢她，一、二年级时，写作老师一直给她开小灶，重点辅导。她的写作在年级已出类拔萃。在"文革"前的每年春节，都有教授请她到家里吃年夜饭，共度佳节。

说起来，他俩还真是有缘分。刚进大学的第一堂写作讲评课，两人的作文便双双获得高分，列为范文，打印出来供同学们传阅参考。这也引起了各自对对方的好奇和关注。自此，他们的写作成绩经常是并驾齐驱，名列前茅，自然也时有高下之分。起初，一向心高气傲的李菊华，对李孟昱颇不服气，认为他只是社会经历多，是党员，政治素质高，文章仅靠鲜明的政治观点和革命词语拿高分罢了。若论才学，未必胜过自己。于是心中暗暗较劲，要与他争个高低。后来，作为女同学中唯一一名被批准免修写作课的李菊华，在自学小组中经常与李孟昱一起探讨学问，研习写作，慢慢地觉得这个男生还真有点料，也就心服口服了。时隔五十多年之后，同班同学高荣国在他的自传里，称赞李孟昱是年级的"学霸"。李孟昱是"学霸"，李菊华也应是"学霸"了，因为那时他俩的学业成绩已在伯仲之间。

奇妙的是，自此以后大学几年，好像冥冥之中，总有一根看不见的红线将两人紧密地系在一起，紧紧相随。大二上学期，李孟昱当选为年级主席，李菊华任年级副主席；后来，李孟昱升任系学生会主席，李菊华任系学习委员；大二下学期，"文化大革命"开始，两人又一同调进学校专案组工作。相处越来越多，了解越来越深，心也就越来越近了。期间，不管出现何种波折，但那根无形的红线，却始终将两人紧紧地系着。从相互钦佩、欣赏到爱慕，恋情就这样在不知不觉中自然而然地产生了。自然到谁也不能准确清楚地说出，究竟是哪一年哪一天，心中有了他（她）。

两人水平相当，志趣相近，脾性相投，在一起有说不完的谈资和话题。同学们私底下议论，真是天造地设的一对。更为巧妙的是，李孟昱属"蛇"，李菊华属"鸡"，正应和了中国民俗中"龙凤呈祥"佳配之说。甚至连两人的名字都是那么两两相宜："阳光与花卉，对应成佳景"，透着一种浓浓的和谐与美好。也许这真的就是天赐良缘吧！大学刚一毕业，热恋中的两位"学霸"就喜结连理，恩爱有加，被辅导员陈梓权老师誉为"才子夫妻"。

举案齐眉、相濡以沫几十年，李孟昱深深感到，这个上天赐给自己的另一半，可爱、可贵、可敬、可赞！她不仅学业超群，工作出众，还是一个十分称职的贤妻良母。工作之余，她将聪明才智全都奉献给了相夫教子，尽心尽力，无怨无悔。可以毫不夸张地说，李孟昱在事业上的成就，儿子李晓炜能成为优秀的国家干部，李菊华功不可没。

第五章　南方之光照耀前行

普利策先生曾有句名言说："倘若一个国家是一条航行在大海上的船，新闻记者就是船头的瞭望者。他要在一望无际的海面上观察一切，审视海上的不测风云和浅滩暗礁，及时发出警报。"李孟昱从踏进报社的第一天起，就秉持着新闻人的严谨与沉着，以不畏艰险的顽强意志，勇敢战胜各种挑战，为伟大祖国的强大复兴当好一名瞭望兵。

《论衡·物势》云："南方，火也；其星，朱鸟也。"在南方报业传媒集团大门口矗立着一座大型社徽："南方之光"。它的造型是一只像火炬般的朱雀展翅欲飞，寓意报社焕发的是"南方之光"，寓意火耀般的"南方精神""南方传统"薪火不尽，代代相传。在"南方之光"的照耀下，李孟昱一步一个脚印，与南方报业同命运、共辉煌，奋勇前行。

一、走进南方日报文艺部

1970年9月，李孟昱大学毕业被分配到南方日报社编辑部工作。根据报社要求，所有新分配来的大学生都必须先到农村基层锻炼一年，接受贫下中农再教育，积累基层工作经验。

位于清远市佛冈县汤塘公社的洛洞大队，是当年农业学大寨的模范山村，先后被冠以"南国红旗""广东大寨""人间天堂""乐洞"等各种美誉。那一年，李孟昱先后前往洛洞、岑坑大队，成为一名"插队知青"，和当地农民一起"同吃、同住、同劳动"。

一同下乡的还有同一批进报社的，从暨南大学毕业的范以锦。后来南方报业的"李范时代"的渊源，便可追溯于此。下乡锻炼时期，两人在同一个生产大队，分别任党支部副书记和副队长。但是，谁也没有想到，他们两人同时成长为南方日报社领导层的核心人物。南方日报社事业在那个阶段的飞速发展，其中重要原因之一，是完美地融合了他俩的智慧和决策……

在佛冈县岑坑大队任党支部副书记一年后回到报社，李孟昱被安排在文艺部当记者与编辑；范以锦去了梅州记者站。名义上虽为记者，实际情况是编得多，记得少。文艺编辑是无名英雄，全部工作就是为他人作嫁衣裳。李孟昱把自己全部的精力和激情都倾注在改、编、排投稿作者的文学作品上，忙碌不辍，乐此不疲。

那时，李孟昱参与编辑文艺副刊《南海潮》，后来易名《海风》，每天都要看一大沓来稿。来稿质量良莠不一，能达到发表水平的少之又少，不少都要返回作者重新修改。从题材选择、人物刻画、主题开拓、谋篇布局，甚至用词造句，李孟昱都得提出具体的修改意见，在他手上往复修改并发表的作品不计其数。作品发表了，作者出名了，而从事编辑工作的"李孟昱们"，却仍在继续默默地在别人的稿子上辛勤耕耘、灌溉……

当时一起编文艺副刊的共四人，号称文艺部的"四条汉子"。负全责的是关振东，李孟昱负责小说、散文、报告文学以及美术作品，谢望新负责文艺评论，李钟声负责诗歌以及部分文化消息。"赠人玫瑰，手有余香"。在长期为作者润色、修改作品的过程中，他们本人的文学素养和写作水平也得到了极大的提高，"四条汉子"后来均成为省里知名的作家。由于工作的关系，李孟昱每天都要秉笔向投稿者写好几封信，但他的工作却远不仅仅如此。

例如，出一期副刊，标题得有题饰，要先送去美术组设计，之后送到制版车间去制版，再送到排字车间排出大样。稿子改过之后，再给副主编润色后送到排字房。这些跑腿的事情几乎都是李孟昱包揽。那时改稿、写信都是用毛笔。李孟昱喜好书法，写起来龙飞凤舞，自己也感到愉悦。借此机会，李孟昱与全省的不少作家、作者都建立起了深厚的友谊。

20世纪70年代末，还处于"文革"动乱的后期。但广东乃至全国，文艺创作正在慢慢复苏，对文艺界极"左"思潮，开始有了理论上的批判，但是其流毒还没有彻底肃清。一天，编辑部接到上面通知：工人作家陈国凯在《南方日报》发表的小说《大学归来》，在北京大学被工农兵学员批判，说小说是"黑线回潮"的代表，有关部门通知报社组织文章点名批判，广州氮肥厂准备批斗陈国凯。副主编关振东找李孟昱商量对策。李孟昱说："我去一趟氮肥厂，和他们领导交流一下。这篇小说是我约他写的，我来负责任！"他做好准备，要去为陈国凯辩护。

第二天，李孟昱到广州氮肥厂先找到陈国凯。他已被调离车间，在饭堂卖饭票。李孟昱上前安慰了几句，然后找到工厂革委会的负责人。"陈国凯是我省为数不多的优秀工人作家，你们应该爱护他。这篇稿是我出的题目，约他写的，报社领导审核通过的。主题和内容都没有问题，希望你们不要跟风批斗陈国凯。"李孟昱义正词严，亮明观点。

"不是我们想批斗，是上面的意思。"这位负责人似乎有些为难。"上级领导那边，我们会如实反映情况，你们这边不动就行。"李孟昱语气诚恳，态度坚决。负责人答应了。回报社后，李孟昱又将情况向省委宣传部做了申述，免除了对陈国凯的批斗。记者李孟昱勇护工人作家一事，在新闻界传为美谈。陈国凯后来成为广东省作家协会主席，两人之间的友谊也更加深厚。

在从事文艺编辑的过程中，李孟昱不只是停留在为人作嫁上，也会主动参与作者的创作，甚至调动自己的生活积累，把自己捕捉到的现实生活中的一些好的创作题材、生动的情节和细节，都无私地奉献给作者。如陈国凯的短篇小说《我应该怎么办？》，李孟昱就曾与他一同构思。陈国凯执笔写出初稿近三万字，又由李孟昱修改、压缩到一万五千字。因篇幅仍然太长，未能在《南方日报》发表。在《作品》上发表后，社会反响强烈，获得全国优秀短篇小说奖。

为了提高编辑水平，报社领导倡导编辑们平时也要练练笔，写点东西。文艺部编辑的练笔，当然不是急就的消息或通讯，而必须是文艺作品。于是，李孟昱开始尝试文学创作。

1979年间，我国对越自卫反击战取得伟大胜利。那时，部队刚从前沿阵地撤回来，山那边阵地上还不时传来断断续续的枪声，战斗的硝烟尚未散尽，部队还处于高度戒备之中，李孟昱就和广东省一批作家奔赴广西、云南前线采访。他们或是蹲在"猫耳洞"里，或是半躺在堑壕内，或促膝于连部简陋的茅舍中，和指战员们亲切交谈，近距离亲身感受着战士们为祖国浴血杀敌所经历的生与死的严峻考验，感受着英雄们豪迈的气概、广阔的情怀……战士们一场场惊心动魄的激烈战斗，一桩桩可歌可泣的英雄壮举，强烈地震撼了记者的心灵。采访结束，李孟昱回到报社，心情难以平静，连夜秉笔疾书。数日之内，接连创作了报告文学《浴血沙场显英才》、散文《生命的火焰》。这两篇作品陆续在《南方日报》发表后，反响热烈，后被编入花城出版社出版的对越作战专辑《英雄花束》。

同年12月，李孟昱创作的另一篇散文《菊城行》又在《南方日报》发表了。作品主要描写的是中山小榄菊花会的盛况。这篇散文发表后，反响甚是热烈。先是被中山大学中文系收入学生的补充教材，后又被编入湖南人民出版社出版的散文集《花》和广东人民出版社出版的《岭南散文八十篇》，有些段落还收进了中国青年出版社出版的《文学描写辞典》。

散文《菊城行》等作品的问世，极大地鼓舞了李孟昱文艺创作的热情。嗣后，他不断有报告文学和散文见诸报端。不久，李孟昱先后成为中国作家协会会员、广东省书法家协会会员。

1983年3月6日，李孟昱写的报告文学《从农奴到"格西"》在《羊城晚报》发表，采写的是一个励志故事：一个出身农奴家庭的藏族小伙子考上了中山大学人类学系，成为我国藏族第一个人类学博士。同年8月，这篇报告文学获得第四届广东省新人新作奖，同时获奖的还有同为文艺部"四条汉子"的李钟声、谢望新合作的《绿意初绽》。

同年五月，李孟昱被擢升为南方日报要闻部副主任，专门负责《南方日报》第一版的编辑工作。从此结束了文艺编辑的工作，开始了连续几年的夜班新闻编辑生活。

要闻部就像工厂的总装车间。每当夜深人静，各地记者当天的新消息、新华社的各种电讯稿，就像雪片似的在眼前飞舞。夜班编辑必须具有鹰隼般敏锐的眼光，才能抓住那些最有意义的稿件。编辑们具有的对政治的考量、政策的权衡、文化的底蕴、文字的功底，使之能在瞬间作出判断，决定这些稿件的取舍。一闪念之间，就有可能错断，来不得半点马虎。而这，也决定了要闻部是最能锻炼人的地方。

李孟昱在夜班新闻编辑这个熔炉里锻造了整整三年半。正是这三年半的锤炼，为他以后担负报社编委、副总编辑、副社长、社长重任，打下了坚实牢固的基础。

二、运筹《南方周末》改革

1987年1月，李孟昱被任命为南方日报社编委。担负的工作除参加编委值班外，还主管《南方周末》、文艺部、摄影部等几个部门。

李孟昱主管《南方周末》十度寒暑。及至1996年担任报社社长后，才将担子交给了当时的社委江艺平。李孟昱对《南方周末》的业务领导工作，具体而扎实，不仅参与拟订并审定整体报道计划和每期见报的篇目，而且负责审阅每个版的大样，编辑工作十分繁重。

《南方周末》创办于1984年2月，李孟昱接手主管时已历经三年。虽然很受读者喜爱，但其题材多局限于影视明星、书画名家。如长此以往，将会流于一张文娱小报。为了使《南方周末》鲜明的个性和特色得到保持和张扬，十年间，李孟昱提出了一系列的改革措施。归纳起来，大致有三个方面：

首先，提出要《南方周末》转型，由单纯的娱乐型向社会热点型转变。他认为，现代人的周末生活，不仅只是休息和娱乐，而在向多种形式发展：从休息型发展到活动型，从娱乐型发展到社交型。所以，必须把人们在周末生活中所谈论、所从事的一切政治的、经济的活动都纳入周末版的视野之内，增强报纸的社会性、娱乐性、群众性、多样性，满足人们多侧面的审美需要。因此，李孟昱提出，《南方周末》要拓展社会题材，增加反映社会热点、社会问题、社会新风向等方面的稿件，并以此作为《南方周末》改革的突破口。不久，《南方周末》第一版开辟出《社会瞭望》《众生录像》《都市流行色》《市井观微》等新栏目。李孟昱身体力行，经常和南方周末的同志研究探讨报道热点、难点，不少在第一版发表的专访，如《走穴大曝光》《一个女研究生被拐卖始末》《水也滔滔　情也滔滔——来自合肥灾区的报告》等，在社会反响很大，并获得新闻荣誉奖项。

其次，追求"文""野"咸宜、雅俗共赏的风格，保证报纸的高格调。《南方周末》不同于其他报纸的风格，是在不断探索中形成的。面对复杂、激烈的报业市场局面及内部的意见分歧，李孟昱旗帜鲜明、立场坚定。有一段时间，受资产阶级自由化思潮的影响，社会上不健康的小报泛滥，全国性的"周末版大战"炽热激烈。有人主张，《南方周末》应降低报纸格调，去与小报或兄弟报纸的周末版竞争。李孟昱坚决指出："决不能降低《南方周末》的格调，一味媚俗，用低级趣味的东西去迎合部分读者。那样，即使一时增加了发行量，却会失掉报纸品味和价值！"他强调："我们与之竞争的手段就是在保持格调高雅，坚持正确舆论导向的前提下，把报纸办得更活泼一些，更感人一些，更亲切一些！"在具体稿件的编辑方针上，李孟昱提出："对雅的题材要做俗的处理，以强化其通俗性、趣味性、娱乐性；对俗的题材，则要做雅的升华，文章通俗而不媚俗。"在大家的努力下，《南方周末》尽管遇到各种干扰和冲击，其总的"文""野"咸宜、雅俗共赏的格调始终是稳定的，而发行量也在直线上升。

第三，不断扩大版面，增加报纸的信息量。一张报纸提供的信息越多，读者就越关心、越喜爱。信息量丰富，也是对社会生活深入开拓的表现。为了把《南方周末》的改革推上一个更高的台阶，李孟昱和《周末》的同志提出：《南方周末》在1992年扩大为八个版。在扩版的动员会上，李孟昱强调："扩版，不是一杯浓茶兑上白开水，扩成两杯。扩版不仅是容量的增加，更重要的是内容的递增，质量的提高！"在扩版的过程中，李孟昱始终要求编辑记者把着眼点放在丰富、增大各种信息量上，敏锐地感应和洞察社会生活的新动向，并努力体现到版面上来。每个版的稿件不仅要在内容、题材上求新，而且要在表现形式上求新、求美，努力使每个版以"新、活、美、乐、奇"取胜，做到内在美与形式美的统一，使周末特色更加浓郁，南方色彩更加鲜艳。

李孟昱进而指出，在新增的四个版中，要把第二版的《经济与人》、第五版的《人与法》作为重点版来经营。而各个版中又要有自己的"招牌饭"，即最受读者青睐的专栏，如第一版的"专访特写征文"，《经济与人》的《热点透视》《观察哨》，《艺林》的《艺村中人》，《芳草地》的《社会走笔》等。因为指导思想明确，这次扩版取得完全成功。报纸由四个版扩大到八个版，报价虽然增加了一倍，发行量却由47万份骤增到90多万份。此后几年，又接连扩版，16个版、20个版，最多时达到36个版，发行量也一直超过100万份。改革的成功，使《南方周末》成为了全国最有影响力的周末报。那几年，《南方周末》几乎年年都被评为全国"十佳"报纸。

90年代中，李孟昱应四川日报社邀请，参加全国报业发展战略研讨会。会后一天，川报领导安排宾客参观峨眉山上的报国寺。寺内德高望重、蜚声远近的大方丈，一向很少亲自出面接见来访客人，这回听介绍说，来宾中有《南方周末》的领导，便热情地出面相见。他握着李孟昱的手说："《南方周末》办得好！我是你们的忠实读者。"接着，专门赠送他一块手帕大小开了光的平安符，为李孟昱和《南方周末》送上祝福。四川日报社陪同的同志羡慕地说："我们都没有这种荣幸，而你们《南方周末》却得到了！"

《南方周末》盛名之下，动辄引人关注，一不小心就会犯错。有一篇关于新闻真实性的报道，就让《南方周末》差点被停了刊。

那是1993年7月30日，在《南方周末》刊出一篇题为《袭警案》的文章。文章写得离奇血腥，李孟昱审大样时觉得难以置信，向有关编辑提出："事情是不是真实的，要再核实一下。"有关编辑一时找不到作者，就将其中人物的姓名、发生事件的地址改了，没有再汇报，就付印见报了。

此事由公安部反映到中宣部。中宣部为使《南方周末》得到教训，便指令《南方周末》停刊整顿。后来，由于省委领导的从中调停，中宣部同意边出报边整顿。《南方日报》也采取了三项整改措施：一是在《南方周末》头版头条位置发表《沉痛的教训》检讨文章；二是在《南方周末》内部进行深刻的思想整顿；三是任命副总编辑李孟昱兼任《南方周末》主编。这场停刊危机才平息下来。

这已经是李孟昱第二次兼任《南方周末》主编了。第一次是在20世纪80年末。当时《南方周末》主编赖海晏调离了，那谁来当主编呢？总编辑张琮是第一把手，李孟昱主管《南方周末》，两人在商量人选的过程中出现了分歧。张琮提出的人选是文艺部的主编。李孟昱提出的人选是左方，他是《南方周末》创始人之一。在李孟昱看来，文艺部主编很有才学，但书生气十足，担心他不会处理左右前后的各种关系，给《周末》带来风险。张琮也并不认同李孟昱所提的左方，于是说了句气话："你不同意，那好，你自己来当！"李孟昱不假思索，说："好呀，那我兼任！"

李孟昱名义上兼《南方周末》主编，但实际上把担子交给了左方。他深知，作为一张报纸，主编是非常重要的。什么样的主编，就会办出什么样的报纸。后来到刘陶当总编辑时，李孟昱提醒他赶快任命左方当《南方周末》主编，刘陶立即同意了。从历史的发展来看，幸好是任命了左方当主编，才使《南方周末》发展成为全国最有影响力的周末报。左方为《南方周末》付出的辛勤劳动和智慧，无人能及。

三、推动《南方都市报》迈上新台阶

20世纪90年代的广东报业市场，《广州日报》和《羊城晚报》之间的竞争最为激烈。双方在争夺综合类日报的读者、广告和发行网络上展开了胜负难分的角逐。南方报系除了《南方周末》继续攀升以外，其他报刊都没有更好的表现。在广东报业市场上，经济效益和社会效益都面临着双重挤压。

1996年8月，李孟昱正式领命主政南方日报社，担任社长一职。这位从记者、主任、编委、副总编辑、副社长，一步步成长起来的新当家人

心中非常清楚，自己的人生又经历着一个更大的挑战。

接过南方日报社社长的接力棒，按李孟昱的话来说，当时的处境怎一个"难"字了得！面对日益激烈的媒体竞争，当时的南方日报社发行停滞不前，广告形势不容乐观，除《南方周末》每年有一千多万元的利润，《南方日报》尚能自保外，其他报纸大都是亏损的。之前报社办的三个公司更是亏损严重，仅"东方神草"公司就亏了近八千万元，可谓是经济拮据，人心不振。这位性格直爽的湖南汉子深知：要扭转这种被动局面，除在日常经营中开源节流外，还必须遵循市场规律，进行大刀阔斧的改革。

有一件事不少南方报人还记得。当时广州要出版新的地图，作为广州大道上的地标，南方日报社自然成了候选，但必须出钱。决心勒紧裤腰带过日子的李孟昱断然拒绝，宁肯不要这个虚名，只求报社在事业上的切实发展。

面对报社主业不强、多元化经营陷入困局，账面亏损严重的问题，李孟昱提出必须正确处理好办报与经营、主报与子报、效益与规模等多种关系，首要任务是办好报纸，不断壮大报业经济。

"新官上任三把火"。李孟昱上任伊始便大力整顿公司、审计下属企业，将贪污受贿的人员移送司法机关，将吃里爬外的蛀虫送上法庭。他集思广益开展业务大讨论，达成以报业为依托，扬长避短发展多种经营的共识；明确办报思路，调整采编和经营各部门，削繁汰冗，凝聚共识：办好报纸是我们的根本任务！引导集团跨上质量效益型轨道。

为了突出党报的"旗舰"地位，李孟昱提出，在政策上向主报倾斜，在财政困难的情况下，毅然投资3500多万，将《南方日报》扩为16个版；《南方周末》从8版的文化娱乐型报纸向16版的社会热点型报纸转变。

但李孟昱知道，仅靠整顿、扩版以及开源节流等措施，显然难以遏止南方报业经济下滑的颓势，最重要的还是要找到南方报业新的经济增长点。于是，李孟昱首先想到了《南方都市报》。

如果把《南方都市报》由周报改为日报，在编辑方针上大胆改革，使之更接近市民，接近生活，效果就大不相同。李孟昱仔细琢磨着，

《广州日报》有这方面的优势，但它是机关报，有一定的限制。《南方都市报》就不同了，没有框框，优势更明显，关键在于正确改革方案的有效实施。《广州日报》能做到的，《南方都市报》会做得更好！想到这里，李孟昱心中不觉豁然开朗。当他把这个设想和总编辑范以锦交换意见，两人一拍即合。可是，当李孟昱在社委会提出将《南方都市报》由周报改为日报时，一些人的反应则是或担忧，或反对。

他们的担心不无道理。《南方都市报》创办于1995年3月30日，到李孟昱任社长时，才一岁又五个月，虽是一周才出一期，却已经亏损很多了。而且，因为种种原因一直拿不到全国统一刊号。正如当时主编关健所言："我们磕磕绊绊，连生存也成问题，不要说大展拳脚了。"

而报社有全国刊号的另一张报纸《海外市场报》，创刊于80年代，后因整顿报刊市场被关闭。1995年又重新复刊，但报纸的定位至今不甚明确。读者对象是谁，谁会来投放广告，都不清晰。报纸办得老气横秋，虽有微利，但却十分艰难。而《南方都市报》却像一个嗷嗷待哺的婴儿，虽然弱小，却在不断壮大。在这次社委会上，李孟昱分析了《海外市场报》和《南方都市报》的前景。他知道，要说服大家，首先要领到全国统一刊号。而那时，国家新闻出版署审查刊号非常严格，要办一张新的报纸，必须是"死"一个，才允许"生"一个。李孟昱果断提出：停掉《海外市场报》，将全国统一刊号转给《南方都市报》。

让一家亏损的报纸去取代一家略有赢利的报纸，遇到的阻力与异议可想而知。"这不是剜肉补疮吗？"有人在会上说。李孟昱解释道："这不是剜肉补疮，是壮士断臂！这是以小的代价获取大的效益。大家分析一下这两张报纸的发展前景，你们看好谁？当然是《南方都市报》。而且，不关停《市场报》，《南都》根本拿不到全国刊号。"社委会统一了意见，申请报告送到了国家新闻出版署。所幸的是很快批复下来。有了全国刊号，社委会部分同志的忧心也烟消云散了。

在亏损的情况下，为什么还极力主张将《南方都市报》由周报改为日报？李孟昱主要是基于两点考虑："一是看好它将来会成为报社新的经济增长点；再是考虑到南方日报的产业结构必须调整，需要一份都市类报纸。有条件的话，或许还要办财政类、体育类的报纸。"

李孟昱任社长不到两个月，把《海外市场报》合并到《南方都市报》的大会，就在报社召开。在会上，李孟昱讲了两点：第一，《南方都市报》由周报改为日报，是以牺牲《海外市场报》为代价的，这是无奈之举，但也是希望之所在，大家一定要好好珍惜；第二，《南方都市报》将来要成为南方日报新的经济增长点，其经济收入要在三五年内超过《南方日报》，超过《南方周末》，希望大家努力！

《南方都市报》由周报改为日报的编辑方案正在紧张进行，有人在周会上提出，"一个《南方都市报》，一个《南方周末》，应该如何区分？""那好区分！四个字：一个'大雅'，一个'大俗'。《南方周末》是精英报纸，主要对象是白领阶层及有一定文化程度的读者，文章以深度报道、深层次分析为主，所以要大雅；《南方都市报》是市民报纸，主要对象是平民和蓝领阶层，报道要寓社会问题、社会生活于谈天说地之中，要办得生动活泼。俗，是民俗的俗，不是庸俗的俗。总之，要通俗，要市民喜闻乐见。"许多人频频点头，赞同李社长的观点。

1997年元旦，《南方都市报》由周报正式改为日报。《南方都市报》以崭新的面貌出现在广州市面，冲击着竞争本已十分激烈的报刊市场。但新的问题又出现了，随着报纸版面急剧增加，而广告却迟迟跟不上去，亏损仍在不断扩大。大家心急如焚。

1997年7月间，南方日报报业经济研讨会在南海举行。此时，《南方都市报》亏损已达一千来万。在会间休息时，一群人围着李孟昱在会场外聊天。说着说着，话题一下转向了《南方都市报》。有人说："《南方都市报》改日报已经七个多月了，到底亏了多少？""大概一千来万吧。""这么多！那怎么办？"大家都很关心。李孟昱坦然一笑："过一年两年，就会赚回来！""你做梦吧！""你李孟昱不要又整出一个'东方神草'来！"有人说。面对一同进报社的老同仁们毫无顾忌的玩笑，李孟昱并不在意。这时，一位老兄附着他的耳朵，诚恳地说："好多人都说，要劝你把《南方都市报》停掉，你可要考虑好啊！"李孟昱摆摆手说："这不可能！"

李孟昱知道，一些人的担忧已变成在报社内流传的某种思潮。为了明确前行的共识，在会议总结时，李孟昱强调："《南方都市报》是社委会在当前形势下寻找到的新的经济增长点。我们绝不能因为当前一时的亏损，就看不到它发展的前景。三五年之后，它的经济收入一定会超过《南方日报》，超过《南方周末》，在广州甚至能与《广州日报》《羊城晚报》展开竞争，形成广州新的'三足鼎立'！"他又说："正因为《南方都市报》现在亏损，还处于困难时期，所以我们要给它一个宽松的环境，最重要的要在精神上支持它、爱护它。至于经济效益，允许它第一年大亏，第二年小亏，第三年必须打平！"

李孟昱说这番话时，有人在窃窃私语，也有人在微微摇头，但大多数同志深受鼓舞。所幸的是，李孟昱和总编辑范以锦以及社委会意见一致，力排众议，毫不动摇。

不出所料，到1999年4月，仅两年又四个月的时间，《南方都市报》便开始盈利了！此后几年间，这股"南都暴风"席卷珠三角，直至全国。一纸风靡，万人争读，《南方都市报》的艳阳天终于来了！

2001年5月，在报刊市场的激烈竞争中，面对《南方都市报》的步步进逼，深圳的一些媒体坐不住了，邮局也坐不住了。一天，他们居然联合起来，谋划"封杀"《南都》，不让《南方都市报》在深圳报摊发行。这一突如其来的事变，在新闻界引起了强烈的反响。

第二天，李孟昱召集总编辑范以锦、总经理钟广明一起分析形势、研究对策，布置《都市报》连续发表揭露此事的新闻报道，同时将此事报告了省委。

省委宣传部部长钟阳胜召集各级宣传部领导、新闻处处长，以及李孟昱、范以锦参加会议。李孟昱、范以锦都在会上严正指出：深圳方面的"封杀"行为，不仅影响了《南方都市报》的发展，给改革开放的深圳抹了黑，也影响了广东的形象。要求省委宣传部旗帜鲜明地妥善解决问题。

这一事件在社会上一传出，群众议论纷纷，舆论一边倒，支持《南方都市报》，《南都》的声誉和影响一下子提高了好多。在省委的干预下，《南都》很快恢复了在深圳的正常发行。《南方都市报》前进路上的障碍一个个被扫除了，它飞快进入了新的发展阶段，终于成为全国最有影响力的都市报。

根深才能叶茂。《南方都市报》作为南方日报这棵大树的绿叶，她尽情吸吮着南方日报根部的营养，经过光合作用，又将营养反哺给南方日报，使这棵参天大树更加苗壮、茂盛。李孟昱在回忆《南方都市报》成长的过程时总是感慨地说："这是几代南方报人共同努力的结果。《南方都市报》是刘陶时期播的种，李孟昱、范以锦时期是浇水、施肥、除虫，到杨兴锋时期，已经是大丰收了。"

四、领航南方报业集团化发展

1998年5月18日，是南方日报的大喜日子。是日上午九时，南方日报报业集团举行挂牌仪式。不料一上班，骤然下起了大雨。临近九时，雨下得更欢了，已成倾盆之势。参加挂牌仪式的来宾和报社职工原定是在采编大楼前列队集合，现在大家只好围聚在大楼的飘台下。时间一到，李孟昱宣布南方日报报业集团成立，省委副书记黄丽满、宣传部部长于幼军，徐徐拉开遮在牌匾上的红绸布。此时，雷声、风声、雨点声，加上掌声、欢呼声、锣鼓声，交织在一起，震天动地，热闹非凡。说来也巧，当热烈的挂牌仪式一结束，暴雨忽然停了，火红的太阳露出了笑脸，整个会场顿时阳光灿烂。"风雨之后见彩虹"，大家都高兴地说："这真是一个好兆头啊！"

南方报业集团化改革的初始阶段，是建立现代企业制度的探索阶段，也是广州三家报业集团相继成立的阶段。广东报业一扫过去"散兵游勇"式的竞争模式，纷纷以主报为旗舰，率领各个子报占据一个个战略制高点，掀开了广东报业竞争新的一页。当时，"党报应该依靠子报、子刊创收，以子报、子刊养主报"的观点是主流。李孟昱却不以为然，他坚持要突出党报的主体地位，使之成为整个报业"舰队"的"旗舰"。在这一时期，国内的报业经营也经历了一番激荡：党报转型，都市报崛起，报人的产业链思维、品牌思维、融合发展思维逐步形成。

筹划组建报业集团的时间，大概要追溯到20世纪90年代初。那时的南方日报、浙江日报、大众日报等党委机关报都很积极。当年还在杭州由浙江日报主办，召开过研讨会。但当时，还仅停留在理论研究上，并没有提出具体方案，付诸实施。直到1996年1月，广州日报报业集团即将成立的消息传开，才大大震撼了南方报人。

为什么首选的是广州日报？中宣部的答复是：报业集团先搞试点，选择一家已经自办发行、有影响力的市委机关报进行试点，广州日报已具备这些条件。实际上，此之前广州日报早已在积极筹备。从他们刊发的整整一个版的专论《建设社会主义现代化报业集团　为中国报业集团的改革和发展探索新路》就可以看出，他们的准备工作非常充分。成立报业集团以后，广州日报的事业蒸蒸日上，发行量骤增，社会效益、经济效益都明显提高，影响力不断扩大。

1997年8月间，党的十五大召开前夕，改革开放、思想解放的热潮已经在各地掀起。在省委宣传部召开的一次会议上，省委宣传部部长于幼军提出，各新闻单位有什么改革设想，希望提出来，以便他带到北京去反映，争取中央能给广东特殊的政策。南方日报社委会经过讨论，提出了五项改革措施，并形成文件送到省委宣传部。这五项改革措施的头一项，就是要求组建南方日报报业集团。

当时，大家认为报社事业要进一步发展，必须组建报业集团，这也有利于省委机关报无形资产的增值。这一改革设想与省委宣传部领导考虑的问题完全一致。

于幼军部长参加十五大回到广州后，省委宣传部于10月7日召开了贯彻十五大精神的会议。会上，为了鼓励大家发言，于幼军强调："谁最先提出改革方案，谁就拥有优先权。"话音刚落，李孟昱立马抢先，在新闻系统第一个发言，要求尽快组建南方日报报业集团。在这次会议上，于幼军正式拍板，南方日报、羊城晚报开始筹备组建报业集团，并要求尽快形成书面报告，递交省委。

经过社委会的反复讨论，数易其稿，1997年10月28日，《关于组建南方日报报业集团的报告》终于形成。报告共分五个部分：一、南方日报组建报业集团的必要性和紧迫性；二、南方日报组建报业集团的条件已经成熟；三、南方日报组建报业集团的指导思想和总体思路；四、南方日报组建报业集团的性质、架构和发展目标；五、组建南方日报报业集团近年的具体改革措施。

报告送上去后不久，就传来了好消息。当然，这也是于幼军部长多次向中宣部反映并提出要求的结果。在11月28日至29日中宣部召开的改革开放座谈会上，有关领导正式宣布：全国报业集团试点再扩大六个，即北京的经济日报、光明日报；广东的南方日报、羊城晚报；上海的解放日报，以及新民晚报和文汇报（此两报合为一个报业集团）。在1998年1月17日省委宣传部召开的会议上，于幼军又透露，省委常委会议讨论并同意南方日报、羊城晚报组建报业集团。估计春节前后，中宣部和国家新闻出版署会正式下文批准。

春节过后第八天，即1998年2月3日，南方日报突然接到通知，中共中央政治局委员、书记处书记、中宣部部长丁关根要来广东考察报业集团等问题。陪同丁关根考察的还有国务院副秘书长刘奇葆、国家新闻出版署署长于友先、中宣部秘书长高明光等。2月4日上午，丁关根一行在省委书记谢非以及宣传部部长于幼军的陪同下，先后考察了广州日报、羊城晚报、南方日报。

下午，在省委宣传部召开的广州地区主要新闻单位负责人新闻改革座谈会上，丁关根对三家报社实力予以大力肯定，并与大家进一步讨论落实报业集团扩大试点的问题。他说："大家对新闻事业都很热爱，有强烈的责任心，都想把自己的报纸办好。你们积极向上的气势，使我很受鼓舞。三家报纸欣欣向荣，如果国有企业都这样搞，那就好了。"

接着，丁关根就大家提出的一些具体问题作了回答。例如，关于股份制问题，丁关根说，现在报业集团不搞上市，暂时不搞股份制；至于融资问题，可以向银行贷款。丁关根最后表示，关于报业集团扩大试点的文件，将尽早批复。关于李孟昱当场提出的希望调整报业结构，批准组建出版社的问题，在场的新闻出版总署署长于友先表示有难处。丁关根说："既然批准人家成立报业集团，总要给人家一点什么吧！"因此，南方日报报业集团正式挂牌运行之时，同时也组建了南方日报出版社。

丁关根同志回北京后不久，出了一段小插曲。南方日报、羊城晚报都接到国家新闻出版署的电话，询问组建报业集团的报告为什么还没有送来？要他们立即派人带报告到北京，并准备做修改。李孟昱经与省委宣传部联系后得知，原来送上去的只是以省委宣传部名义撰写的综合报告，而两家报社组建报业集团的详细报告并没有附上，而且也只送给了中宣部。于是，省委宣传部立即安排人员将原报告换了抬头，电传到国家新闻出版署。第二天就收到回音："南方日报的报告写得不错，对我们也很有启发。你们不用派人来北京修改了。"

为落实丁关根同志关于扩大报业集团试点的指示，中宣部、新闻出版署又组织了联合考察组，由副署长梁衡同志带队，于2月26日至3月2日，考察了南方日报社、羊城晚报社筹建报业集团的准备情况，检查了广州日报报业集团试点两年来的工作进展情况。他们得出的结论是："南方日报社、羊城晚报社筹备组建报业集团，已经开展了扎实充分的准备工作，条件基本成熟。"

1998年4月30日，国家新闻出版署正式发文，同意建立南方日报报业集团。批文指出："经考察、研究，南方日报社在传媒实力、经济实力、人才实力、技术实力及发行实力等方面基本具备组建报业集团的条件，同意建立南方日报报业集团。"于是，南方日报社开始着手筹备举行挂牌仪式。

在举行报业集团挂牌仪式前六天，即5月12日，中共中央政治局委员、省委书记李长春在省委宣传部部长于幼军陪同下，来到南方日报考察。李长春同志一见面就说："南方日报报业集团马上就要成立，我现在是提前来了。"李长春在仔细听取李孟昱的汇报后说："报业集团一定要以办报为主。《南方日报》是省委机关报，十分重要。我总的感觉这张报纸办得不错，能够比较准确传达省委的意图，也敢于为老百姓说话，能正确地发挥舆论监督作用。在一些中心工作的报道尤其是深度报道、系列报道方面，能起引导作用。《南方日报》应该在正确引导舆论方面率领潮流，在全省各单位中起龙头作用和带头作用。"紧接着，李长春同志对全省的新闻工作也提出了要求和希望。他侃侃而谈，仅在报社周会会议室就谈了近两个小时，直到十一点半左右。原定还要考察羊城晚报的行程，也临时取消了。

5月18日，南方日报报业集团正式成立，省委副书记黄丽满、宣传部部长于幼军亲临揭幕。于是，南方日报报业集团正式开始运作。

"成立报业集团与不成立报业集团到底有何不同？"这是自南方

日报报业集团成立后，李孟昱在许多场合经常被询问的问题。他总是有条不紊地回答道："我们省委机关报组建报业集团的好处至少有三点：一、进行集团化的管理，有利于新闻改革的深化，有利于新闻结构的优化，提高报纸整体质量，最大限度地提高党报在社会上的影响力和竞争力，使党报无形资产增值；二、组建报业集团后，才能真正按照市场经济的规律，对管理体制、运行机制和资源配置作根本的改革，使经济工作和管理体制完全成为企业性质、企业行为，使集团真正实行企业化管理；三、组建报业集团才能使报社产业结构、所有制结构更加完善，培育新的经济增长点，形成规模效应，实现产业化经营，从而取得更大的经济效益。"李孟昱心里非常明白，要使这三点真正成为现实，必须解决许多政策性的问题。

1998年8月10日至11日，国家新闻出版署在北京召开了报业集团试点单位座谈会。参加座谈会的有国务院副秘书长刘奇葆，新闻出版署署长于友先、副署长梁衡，以及全国已成立的七个报业集团的社长或总编辑。这次会议主要听取各报业集团领导在组建报业集团后有何改革设想，有何要求和建议。

会议的发言按成立报业集团时间的顺序进行。李孟昱第二个发言，他在发言中列举了报业集团的基本性质、领导体制、国有资产管理方式、自主权、新闻资源的综合利用、高新技术的竞争、资本融合、股份制等九个问题，希望中宣部、国家新闻出版署能给出一个具体的意见作为指导。他的发言，得到众多报业集团的附议。

1996年是广东报业发展的一个转折点。南方日报报业集团成立以来，改革的步伐迈得更快，发生了诸多可喜的变化。特别是在内部管理体制和运行机制方面，相继推出了领导体制、人事制度、分配制度、财务管理制度、国有资产管理制度五大改革举措。在遵循"党委办报、经营者持股"的理念下，创办了《21世纪经济报道》；在产业结构调整方面，一举实现梦想多年的自办发行；还相继成立了南方日报出版社，组建了"南方网"。经过几代南方报人为之努力奋斗的新闻出版业务处理系统科研成果通过国家鉴定。这个系统利用计算机技术，开发了涵盖报纸采编、印刷出版、电子出版、卫星传版、在线信息服务为一体的综合业务，在全国报业处于领先地位。集团和李孟昱个人均获得国家新闻出版署科学技术进步奖一等奖。从此，南方日报真正告别了"铅"与"火"，迈进了"光"与"电"的时代。这些，都给南方日报报业集团注入了新的活力。

五、引领《21世纪经济报道》创刊

南方日报报业集团成立后，各项改革措施循序渐进地展开。李孟昱开始着手集团报业结构的调整。此时，国家已经转移到以经济建设为中心，经济报道的任务很重，特别是缺乏具有前瞻性、指导性的高水平的深度经济报道，这仅靠主报《南方日报》一家，肯定是无法适应经济建设的飞速发展的。创办一份财经类报纸，被提上了议事日程。

当时，北京已有《中国经营报》《经济观察》等财经类报纸，但似乎都不很权威，在经济界的影响力有限。李孟昱心目中的财经类报纸必须是立足广东，面向全国，直指全球。当时，全省正在进行报刊整顿，许多部门办的报纸因不符合规定必须关停，这些报刊的全国刊号可以转到需要办报的几家大报。这对南方日报报业集团来说，是一个难得的机会。

在社委会上，李孟昱提出根据形势发展的需要，拟创办两份新的报纸：一为财经类，一为体育类。先集中精力创办财经类报纸。为了鼓励集团上下共同出谋献策，李孟昱第二天便在集团周会上进行了动员："这张报纸办成何种特色，如何编辑，怎么经营，希望大家作为一个新的课题来研究，大胆发表见解，最好是写出具体的办报方案。社委会采用了谁的方案，谁就有进入这家报纸工作、任职的优先权。"最后这句话，在集团立即引起了轰动。

很快，社委会收到了十多份创办财经报纸的编辑方案。这些方案，有简有繁，有大的办报设想，也有具体详细的措施，提出了不少很好的意见。李孟昱逐份细读，又经社委会一一对比，最后选定沈灏提出的创办《21世纪经济报道》的方案。后经社委会讨论，决定任命沈灏担任主编。那时，处级以下干部的任命，南方日报有权决定，但要报省委宣传部备案。于是，《21世纪经济报道》主编的重任便落到了这位朝气蓬勃

的28岁小伙子身上。

第二天，李孟昱找沈灏谈话。"你的方案，编辑方面比较扎实，但经营方面显得有些苍白，还得再考虑。你最好把其他同志提出方案的优点都吸收进来。至于全国刊号的问题，我们准备把省物价局主办的《广东物价报》刊号转给你们，但他们提出什么条件，还得和他们谈。这点你们不用担心。"社长的一番话，极大地鼓舞了这位第一次担负重任的年轻主编。

李孟昱为全国刊号之事与省物价局局长陈小川谈了三次。她提出，一旦报纸停办，原报社人员的遣散费、工作安排、债务等问题都需要资金解决。李孟昱对其难处表示理解，最后以补偿原报社20万元，达成全国刊号转让协议。

《21世纪经济报道》编辑方案定了，主编任命了，全国刊号也有了，但如何经营，是摆在大家面前的一道难题。从集团当前的经济状况来看，尽管《南方都市报》已经盈利，但如果像《南都》由周报改日报开始那样大投入，确实有些难度。《南方都市报》改日报的第一年，就有近两千万元的亏损。如果《21世纪经济报道》也这样，形成的"窟窿"不仅一时难以填平，而且会直接影响集团其他改革的顺利推进。在这一新的难题面前，李孟昱想到了吸纳社会资金来办报的方法。　时，吸引了好几家公司和报社谈合资，有北京的、上海的，还有香港的。最后李孟昱选定了上海复星集团。

上海复星是一家以科技起家的民营集团。集团的领导，不少是当年的大学教授下海创业的。当时，李孟昱之所以选择上海复星集团，就看中它是民营集团，资金雄厚，有自主权。该集团对投资《21世纪经济报道》非常重视，讨论合同的时候，复星集团的董事长郭广昌、副董事长梁信军亲自出面和李孟昱会商。合同很快就签订了。

合同的文本由李孟昱亲自修改了三次。他重点考虑的有两点：一是在《21世纪经济报道》实行股份制，经营管理人员也持股；二是如何把采编和经营严格区分开来。复星集团不能干预报纸的新闻报道和编辑业务。双方最后议定：集团和复星均持股40%，另外20%由管理人员分持。此举措在当时确实有些超前，但也真正表现了李孟昱为报业改革敢为人先的勇气和胆略。

2001年元旦，《21世纪经济报道》如期创刊。报纸以全新的内容和版式出现在全国读者面前，反响强烈。它的创刊词《我们的梦想就是国家的梦想》，释放着对国家、民族和新闻的热爱之情，激荡着浓烈的"经世济民"之情怀。十年后，在习近平总书记的号召之下，实现"中国梦"已经成为全国人民为之努力奋斗的宏伟目标。

《21世纪经济报道》引起社会的强烈关注，除了它宣传的社会效益外，还在于它的经营管理模式，按照"党委办报，经营者持股"的理念，引入社会资金。同时，报纸的采编与经营两分开，建立相对的公司治理结构，按照商业社会的真实逻辑运转。

《21世纪经济报道》实践的结果是令人满意的。它并没有像《南方都市报》由周报改日报时那样，第一年大亏，第二年小亏，而是第二年就开始盈利，达到了社会效益与经济效益的双增长。到李孟昱卸任社长一职时，《21世纪经济报道》每年已经有几千万利润。"几千万利润，南方日报却只得40%，真不合算！"面对同仁们的嘀咕，李孟昱笑道："你只说现在40%的利润，却不想当年对方的投入也是40%，而且是冒着一定的风险来投资的。按合同分利润，理所当然。"

关于《21世纪经济报道》实行股份制的事情，后来省委宣传部派当时的新闻出版处处长张东明来详细了解情况。时任社长范以锦将报社和复星集团签订的合同给张东明看，说："现在《21世纪经济报道》经营效果非常理想，舆论导向没有问题，经济效益每年好几千万，采编业务复星集团从不干预，经营管理他们也只派了一个财务总监……总之，一切正常。"

张东明将情况向省委宣传部领导作了汇报。后来，省委宣传部提出，报纸的股份，复星集团40%，南方日报报业集团也是40%，不妥，报业集团应该控股。范以锦和复星集团商议后，对方马上同意让出1%，于是报业集团实现了控股。省委宣传部将事情上报给中宣部，中宣部也没有提出异议。从此，《21世纪经济报道》走上了正轨。

十多年前，李孟昱就这样描绘过集团未来的架构："经过调整的报业经济组织架构可分为三个层次：第一层，集团的核心部分——即主报及其系列报刊、出版社等。此层次的产权全部国有，主报是龙头。第二层，围绕报业经济五大支柱产业（即广告、发行、印刷、信息、出版）而组建的企业。此层次产权全部国有，或由集团控股，可吸纳多种投资主体，包括内资、外资以及报社职工的股份等。第三层，集团关联企业——此层次由与集团业务发展有关系的以合约形式加盟的企业组成。"这些改革的设想，正一步一个脚印，有条不紊地逐一实施。

《21世纪经济报道》是全国第一家实施股份制的报纸，这在全国报业没有先例可循。在新闻改革的道路上，李孟昱再次选择做"第一个吃螃蟹的人"。头一年办报，第二年就盈利，这是他和同仁们一起创造的又一个奇迹！

六、开创省级党报自办发行先河

发行，是报纸的生命线。报纸的发行量，直接关系到报社的社会效益和经济效益。

在计划经济时期，我国形成了大一统的报刊邮发体制。邮局形成的健全发行网络，对报刊的发展起过重要的推动作用。《南方日报》覆盖全省，面广、点散、线长，自办发行难度大，长期以来依靠邮局发行。其发行量连续13年居全国省级党报的首位，是和邮电部门对报纸发行工作的支持分不开的。但是，随着市场经济的发展，这种垄断性发行体制的弊端越来越明显，并制约着报业的进一步发展。这些弊端主要是：一、发行时效差；二、发行覆盖面不科学；三、邮发拉大了编辑部门与读者的距离；四、发行费率太高。

以发行费率为例。国务院有关文件规定，邮局收取的机关报发行费率为25%。但邮局自定政策，报纸扩版后增加的版要另计发行费。如《南方日报》1997年的发行费率为48.3%，1998年为58.3%。这就是说，《南方日报》发行报纸所收到的款项，有近六成落入了邮局的口袋。而且，每年的巨额报费，邮局收到后不是立即交给报社，而是按月返还，仅报费的利息，南方日报社每年就损失上千万。报社为解决生产资金，只得长期向银行贷款。

这种不合理也不科学的状态实在不能再继续下去了！李孟昱想到了

自办发行。但在那时，虽然有好几家市一级的报纸自办发行取得成功，如广州日报、洛阳日报等，但他们区域范围小，发行网络小，自办发行自然没有省一级党报难度大。而当时，全国没有一家省级党报自办发行取得成功。例如，吉林日报曾自办发行，但不到一年就败下阵来。河南日报也曾想自办发行，还没有开始，就被有关部门制止了。当然，南方日报不同，省委书记谢非、省委宣传部部长于幼军都很支持。但南方日报报纸发行80多万份，在全省发行线路如此广泛，都得自己投送到每家每户，其难度可想而知。

起初，李孟昱和大家商讨的策略是放出风声要自办发行。风声一传出，邮局也感到了压力，寻求与报社的协商方案。1997年5月间，李孟昱、范以锦、钟广明和邮局领导坐下来协商。一位邮局的领导试探地问："你们真的要搞自办发行了？"钟广明接过话头，虚虚实实地回答："是的，千真万确，具体方案都搞好了，发行队伍也开始组织了。"这位领导又说："我们今天能协商解决这些问题吗？"李孟昱说："当然可以。我们搞自办发行也是给逼出来的，不是万不得已，我们也不愿意走这一步。"

接着，李孟昱他们再次列举了邮发存在的问题，提出四点要求：一、提高发行时效；二、适当控制发行费率，新增版每张加收费一律为0.625元；三、报款按季度返还；四、城市部分的发行，允许实行"两条腿走路"，让报社自发一部分。邮局领导听了，认为这四条都很合理，而且完全可以做到，当即指示报刊发行局领导回去落实。

谈到这里，会谈准备结束。但邮局一位领导又提出了一个问题："如果我们回去按照你们的四条要求落实，你们能否保证以后不搞自办发行了？"李孟昱笑了笑，诙谐地说："两条腿走路总比一条腿保险吧！我打个不一定恰当的比喻：这好比台湾问题，我们希望和平解放，但也绝不能承诺放弃使用武力！同样，我也不能向你们承诺以后一定不搞自办发行，这主要看你们的实际操作。只要你们锐意改革，做到我们提出的这几点合理要求，我们就没有必要自办发行了，大家还是合作的好伙伴！"观点鲜明、直言快语，是李孟昱的一贯作风。

对于邮局，李孟昱并没有抱着不切实际的幻想。果然，会谈后总经理办公室一再催促签署发行协议，但邮局却以各种借口推辞，不仅不遵守约定，反而又单方面提高了发行费率。根据这一情况，社委会下定决心：南方日报自办发行！

报纸自办发行是一个复杂、综合的系统工程，必须建立自己的发行网络。包括投递队伍的建设、各级发行站的设置、分印点的开设、网络线路的设计，以及庞大的运输车队的组建，等等。幸好总经理钟广明操作过茂名日报的自办发行，在这方面经验丰富。他写出上万字的《南方日报自办发行构想》，南方日报的自办发行，由他蹲在第一线指挥。

自办发行的前期工作在有条不紊地紧张进行：合并原南方都市报发行部和南方日报发行处，成立发行总公司，独立核算，自负盈亏；利用各地记者站及新闻秘书，组建成三级发行网络，下属的发行站达2000多个；运输车队承包给省直属企业的一个下属公司，免除了报社斥巨资购买车辆的难题；报款的回收委托中国农业银行办理；省外发行则寻找委托发行的代理商……这些繁复而细微的工作，容不得半点马虎。

1999年元旦前夕，李孟昱在全集团的职工大会上作了南方日报自办发行的动员报告，特别强调："南方日报自办发行，是集团作为报业发展的关键，作为报纸的生命线来抓的。但是，在全国还没有一个省级党报取得成功。从这一意义上说，我们每一位职工都是省级党报自办发行工作的拓荒者。需要我们大家齐心合力，共同奋斗。省委在支持我们，全国的读者期望着我们。我们必须成功！"

1999年1月1日凌晨两点，李孟昱、范以锦、钟广明亲自在印报厂发行场地指挥。3点多，南方日报自办发行的第一辆运报车从印报厂徐徐开出，大家兴奋地向司机挥手致意，祝他们一路顺风。领导们、编辑记者们列队站在门口，目送车队走出好远，好远。

但是，在第一批运报车出发后，整个装车速度突然慢了下来。一查，原来是报纸打包在技术上出了点问题。这时，在旁看热闹的邮局的一位科长出来说风凉话了："搞什么自办发行呀，头一天就乱成这样！"钟广明一听火了，厉声道："你瞎嚷什么？你们搞了五十年，我们才搞第一天，你有什么可神气的！"这位科长不好意思地走开了。

具有"生死决战"意义的自办发行第一天，虽然遇到了一点小波折，但总算平安地度过了，这标志着南方日报自办发行的重大举措胜局已定。

南方日报自办发行的成功，在全国省级党报开了先例。为南方日报报业集团的改革创造了有利条件。自办发行全集团总投入仅几百万元。原先预计，实施自办发行后，《南方日报》发行量至少下降10万份。但实践的结果，不仅没有下降，还增长4万份，仅广州市区就上升了11.3%。自办发行的成功，把原来邮发的"四个制约"变为了"四个有利"：一、发行时效大大提高，全省90%以上的乡镇当天可以看到《南方日报》；二、发行覆盖面更为科学，广告源丰富的大城市的订户不断增加；三、报纸与读者的交流更加密切，各发行站能及时把读者对报纸的意见反馈给采编部门；四、发行费率大大降低，比国务院规定的25%的费率还低。更重要的是，每年新年还未到，就已经有好几个亿的报款进入报社的账户了。这能多办多少事情啊！

七、建立人才脱颖而出竞争机制

2000年10月16日下午，《南方都市报》记者王骥飞、吴骏松在广州市白云区采访一宗家庭暴力事件时，遭护村队员野蛮殴打、抢劫、绑架、搜身，两名记者被铁棍击成重伤。这一发生在新中国第一个记者节前夕的暴力袭击记者事件，引起社会各界的广泛关注。

作为南方日报报业集团社长、广东省新闻工作者协会主席，李孟昱就这一事件发表义正词严的声明："这是一起侵害新闻记者采访权益的严重事件，广东省广大新闻工作者对此表示深切关注。呼吁社会各界维护新闻工作者的合法权益，支持新闻记者采访工作。"后来，这一事件得到有关部门的公正处理。

新闻记者，就是那个点亮火把、照亮真实的人。李孟昱关注新闻记者的切身利益，也特别强调人才资源的开发利用，营造人才脱颖而出的环境，让年轻人迅速成长。南方日报报业集团组建后，李孟昱提出，必须在三个方面进行大刀阔斧的改革：一是报纸改革；二是内部管理体制的改革；三是产业结构的调整。在上述改革中，特别强调人力资源的开发利用，培育有利于人才成长的激励机制。

报业的竞争，说到底是人才的竞争。有了高素质的人才，就能保证报业集团各项事业实现高水平、高质量、高效益。但是，当时集团在人才培养上还存在不少问题，主要是没有建立规范化的人才激励机制。激励机制主要表现在两方面：一是经济利益方面的激励；再是职务晋升方面的激励。

在经济利益方面，那个时候采编部门编辑记者的收入还不如印报厂的工人。工厂利润好，奖金就发得多。但是编辑部还在吃"大锅饭"。于是社委会搞了一个定额管理：记者见报多少稿，就有多少奖金。而且稿件质量还分一、二、三等，等级越高，奖金也就越多。懒散不写稿的人，一分钱奖金也没有。当时，记者发稿最多的是梅州记者站站长黄晖，一个月发上百条稿，平均每天得写两三篇。一般记者是很难做到的。由于实行定额管理，编辑记者的收入很快就提高了，差距也拉开了。

在职务晋升方面，存在的问题主要是职务终身制：年纪大的、没有干劲的、水平不高的下不去，年轻的、有才干的上不来。那时，一部分中层干部有能力、有水平，但因资格老，不大好管理。而且，有些人一当上部门主任、副主任后，写稿就不那么积极了。即使写稿，也不一定写得过年轻人。这种状况如不改变，既挫伤年轻记者的积极性，也助长一些老同志的惰性，对提高报纸质量，深化报纸改革显然是不利的。

在这种情况下，李孟昱提出，在全集团破除干部终身制，实行干部全员聘任制，竞争上岗，机会均等。这是人事制度的一次重大改革，其影响涉及所有的南方报人。

李孟昱首先布置人事处制定具体的实施方案，然后经社委会反复讨论、修改。规定竞争上岗的原则是"竞争上岗，优化组合、双向选择"。其竞聘过程大致分为个人报名、演讲答辩、民主测评、组织考察、社委会批准五个阶段。

在社委会上有争论的问题主要是那些竞聘不上的、哪个部门都不要的人怎么安排。有人主张由社委会安排到采编部门，李孟昱主张组织他们办学习班，主要是给他们一个教训。但最后实践的结果是，有人在最后阶段对部门主任实行公关，部门主任为照顾他们的面子，接纳了他们，结果没有一个人被拉下。"这样也好！他们的公关，说明已经得到教训了。"李孟昱说。

1999年3月9日，集团召开全体干部动员大会，李孟昱详细阐述了实行干部聘任制的意义，着重讲解了竞争上岗的资格条件和具体竞聘程序，鼓励符合条件的人积极报名参与。

动员会后，全集团上下可谓群情振奋，前去人事处领取《竞争上岗登记表》的人络绎不绝。因为这在当时还是新生事物，也有人犹豫，自荐当领导，会不会有"伸手要官"之嫌？对此，人事处反复解释，竞争上岗是凭自己的真才实学，通过组织公开选拔上去的，和通过不正当的手段或渠道谋取职位有本质的不同。打消了顾虑，自荐报名的人就更多了。

至截止报名日，集团共有104人自荐竞争22个处级部门的正副职位。在报名表上，每个人都列举了自己竞争的条件和优势，畅述竞争上岗后的目标和措施，真可谓"八仙过海，各显其能"。

经人事处对报名竞争者进行资格审查后，即进入演讲阶段。在各部门竞争正处级岗位演讲时，李孟昱每次都去认真听取。因为他们的演讲，会涉及报社新闻改革的深层次问题，以及解决这些问题的具体措施。他们的演讲有人准备充分，有人即兴而发，有人慷慨激昂，有人幽默风趣。这次演讲反映出各人的气质、风度、语言表达能力、临场应变能力的不同，以及思维方式、知识结构的差异。有的同志演讲出色，多次被掌声打断；有的同志搬出自己厚重的证书、奖励材料作为佐证……"这对我们听者来说，也是一个很好的教育呀！"李孟昱对人才辈出的南方日报后生们，给予了极大的肯定。

演讲之后，接着是各部门就演讲进行评论。评论时七嘴八舌，热闹得很，不少部门的评论会几乎变成了业务讨论会。

竞争上岗的步骤是先确定各部门的正处级主任，然后由他来"组阁"，提出副主任人选；而那些参与竞聘副主任的人员，也可以提出愿意去哪个部门、在哪个主任的手下工作。如果其中有重复的或者缺少的，则由社委会来调节。这就谓之为"双向选择"。

整个竞争上岗的工作透明度很高，每个阶段都必须打分，并予以公布。谁多少分，都一目了然。当然，社委会打的分，所占比例最大。处级部门竞争上岗结束后，接着就是科级部门的竞聘。

初次的竞争上岗，其结果是令人满意的。通过竞聘新提拔为正副主任的年轻人就有18人之多。现在南方报业传媒集团包括党委书记、社长在内的多数领导成员，都是在这次竞争上岗中脱颖而出的。

这次竞争上岗，对南方报业集团的人事制度改革来说有着划时代的意义。领导干部能上能下，一般干部能进能出，真正从根本上打破了"铁交椅""铁饭碗"，领导干部终身制荡然无存。

竞聘，极大地鼓舞了年轻人。既给他们以动力，也给他们以压力。人人都有了紧迫感。因为竞聘期仅两年，这种动态的管理模式，谁也不敢掉以轻心，谁也不敢懒散无为、不思进取了。人事制度改革的这一重大举措，形成了有利于年轻人才脱颖而出的竞争机制，为他们提供了施展聪明才智的广阔天地，开启了南方日报报业集团群情激奋、人才辈出的崭新局面。

八、向江总书记汇报工作

1999年至2000年间，在全国的各级领导干部中，展开了"讲学习、讲政治、讲正气"的"三讲"教育活动。南方日报报业集团领导班子经过学习、听取群众意见、自我剖析、民意测验、整改等几个阶段，进入了巩固和发展"三讲"教育成果的"回头看"。通过"三讲"教育，极大地激发了报业集团领导成员的政治责任感和时代紧迫感，决心以崭新的精神风貌把报业集团的各项工作做得更好。

在"三讲"教育开始前，省委宣传部的一位领导并不看好南方日报的班子，他看好的是羊城晚报的班子。所以，当"三讲"教育工作队队长肖锋鸣进驻南方日报和羊城晚报时，他交代：南方日报的班子比较弱，羊城晚报的班子比较强，希望加以注意。但肖锋鸣到两个报社经过一段时间的调研，得出的结论却完全相反。在发动全集团职工投票的民意测试阶段，李孟昱、范以锦的群众满意度都非常高，就是一个很好的证明。肖锋鸣向省委组织部反映了此事，那位宣传部的领导也改变了看法。

2000年2月，中共中央总书记、国家主席、中央军委主席江泽民同志到广东省出席高州市领导干部"三讲"教育会议并作动员讲话；同时，在深圳、顺德、广州等地围绕加强新时期党的建设和推进高新技术产业发展问题进行调查研究，多次主持召开党建工作座谈会。

一天，李孟昱接到省委通知，江泽民总书记将于2月24日主持"广州地区党建工作座谈会"，要他代表南方日报报业集团在座谈会上发言，向江总书记汇报南方日报报业集团有关党的建设的情况。听到这一消息后，报业集团领导成员都非常高兴。因为，这既是省委对南方日报报业集团的信任，也是省委对南方日报领导成员"三讲"教育成果的充分肯定。

于是，李孟昱开始着手准备向江总书记汇报的发言稿。根据南方日报的实际情况，把发言稿的标题拟定为《加强党的建设　坚持正确导向》。主要汇报南方日报的党建工作，多年来都是遵照江泽民同志关于"党的新闻事业与党休戚与共""以正确的舆论引导人"的指示，围绕如何提高新闻宣传质量，把握正确的舆论导向，增强省委机关报在社会上的影响力、竞争力而展开的。发言稿共分四个部分：

一、抓根本，进行经常性的马克思主义新闻观的教育；

二、抓制度，把"坚持政治家办报"原则和守土有责的要求落到实处；

三、抓机制，提高新闻宣传质量，促进思想道德建设；

四、抓群众性文明建设活动，在创建文明单位过程中加强党的自身建设。

省委组织部很快认可了李孟昱的发言稿，还安排了一次试讲，帮助他推敲有关细节，评估汇报效果。

2月24日，风和日丽，万木争荣。上午8时30分左右，几位发言人在珠岛宾馆一号楼中心会议室大厅排好队伍，等候江泽民等领导同志的接见。江泽民总书记在中央组织部部长曾庆红，广东省委书记李长春，以及中央军委政治部副主任王瑞林，中央和国家机关负责人王刚、曾培炎等陪同下，神采奕奕地来到了大厅，和大家一一亲切握手。报社摄影记者姚伟新不失时机地抓拍了李孟昱与江总书记握手的珍贵瞬间。

　　和中央首长合影后，大家到隔壁的中心会场开会。江总书记先作了一个简短的讲话，然后开始汇报发言。在座谈会上先后发言的有：广州钢铁集团有限公司党委书记袁今昔、五羊—本田摩托（广州）有限公司党委书记钟瑞洪、南方日报报业集团社长李孟昱、华南农业大学党委书记黄朝阳、广州市海珠区南华西街党委书记郑全胜、广州百货大厦党委书记周炳耀。江总书记自始至终面带微笑，认真地倾听大家的汇报，还不时风趣地插话，就有关问题细细询问，发表意见。在李孟昱的汇报中有这么一段话：

　　"在进行经常化的马克思主义新闻观教育中，报社主要领导经常根据新闻工作的实际，分专题向采编人员讲课。去年，社长李孟昱同志讲了题为《深入学习邓小平理论，指导新闻工作的实践》的一课，强调通过深入学习邓小平理论，提高政治鉴别力和政治敏锐性，增强新闻工作的坚定性、思辨性、预见性、创造性、系统性。总编辑范以锦同志讲了题为《党委机关报讲政治，最重要的是坚持政治家办报原则》的一课，根据自己多年办报的经验，总结了在舆论导向上容易发生问题的20种情况，给了大家很大的启发，对防止出现导向错误起到了积极作用。"

　　李孟昱讲到这里，江总书记插话道："你们总结的在舆论导向上容易发生问题的20种情况很好，请送一份给我。"发言结束后，李孟昱立即打电话给报社，让他们把范以锦总结的这20条送过来，亲手交给了江总书记。

　　江总书记在听取6个单位汇报后作了总结讲话。他在总结讲话中强调，要把中国的事情办好，关键取决于我们党。只要我们党始终成为先进社会生产力的发展要求、中国先进文化的前进方向、中国最广大人民的根本利益的忠实代表，我们党就能永远立于不败之地，永远得到全国各族人民的衷心拥护，并带领人民不断前进。

　　江总书记还指示，我们党的党员已经达到6000多万，这么大的一支队伍，要管理好不容易，现在党的建设同新形势新任务不相适应的地方还相当不少，党内在思想上、组织上、作风上存在的不符合甚至违背党和人民利益的问题也相当不少，需要研究解决的新情况新问题也不少。各级党委都要根据当地党的建设的实际情况，制定加强工作的措施，把党建工作扎扎实实地推向前进。

江泽民总书记在讲到坚持正确舆论导向的重要性时，还特别说：我对南方日报报业集团社长李孟昱同志的发言很感兴趣。希望你们以后做得更好。

会后，南方日报报业集团领导成员认真学习、讨论了江泽民总书记的讲话精神。大家一致表示，要把江泽民总书记对南方日报的勉励化为动力，再接再厉，把《南方日报》及系列报办得更好，把南方日报党的建设和报业集团事业继续向前推进。

第六章　桑榆之年余霞满天

2002年1月，李孟昱卸任社长一职。此时，南方日报报业集团已荣膺国家教育部评选的"新世纪中国大学生就业首选企业"五十强、北京大学研究中心评选的"中国最受尊敬企业"二十强，成为全国联璧上述五十强和二十强之唯一报业集团。老子曾云："功遂身退，天之道。"李孟昱顺应这"天之道"，1999年主动向省委递交报告，请辞社长一职，让位给年轻的后来者。随后，他被推选为广东省政协常委。第二年，又被选为省人大代表，任省人大常委、法制委员会副主任。直至2007年，年届66岁的李孟昱才正式退休，离开了工作岗位。

卸任退休，回归家庭。儿子李晓炜品学兼优，事业有成；媳妇谭海云秀丽贤淑，聪慧能干；宝贝孙子李宇阳健康活泼，聪明可爱。一家人幸福和睦，尽享天伦之乐。儿子、媳妇都很懂事，小两口恩恩爱爱，不仅把自己的小日子过得滋润甜美，而且对老人关心体贴，十分孝敬。一应事物，不让父母操劳，希望二老生活得舒适、安逸，快快乐乐地享受晚年幸福。于是，李孟昱夫妇二人便有了时间，有了精力，有了闲情逸致，满怀愉悦地开始了追求人生第二春。

李孟昱退休当年，便兴致勃勃地偕夫人登上广铁旅游专列——"南方快车"，一路向北，途经广东、湖南、湖北、河南、陕西、甘肃，直至新疆。欣赏洛阳牡丹的天香国色，体验"华山一条道"的天堑惊险，瞻仰敦煌壁画的肃穆神圣，品尝吐鲁番瓜果的鲜美甘甜，领略天山天池的雄壮绝美。一路胜景，一路欢歌，乐也陶陶。自此，老两口便爱上了旅游，夫妻亦"驴友"，逍遥走天下。登五岳，临海川，逛都市，行乡间，饱览自然风光的绚丽秀美，感受民俗风情的情趣魅力，怡情健体，幸福满满。

美好的生活是丰富多彩的。旅游之外，夫人李菊华迷上了种花植草，李孟昱则一心沉醉于自己酷爱的书画创作中。他每天倾心于三件事：一为信步登山；二为演练太极；三为挥毫临池。

对于书法，李孟昱从小就很喜爱。"行有余力，则以学文"。70年代初李孟昱初任文艺部编辑之时，经常为报纸书写标题。比如说文艺副刊的题饰，是美术组设计的，而标题字往往是李孟昱书写。当时，就有做生意的梅州人、东莞人慕名而来，专程请他题写站名、铺名。连广州军区《战士文艺》的总编辑也邀请他题写刊名。

李孟昱书法水平不断提升，自己较为满意的书法作品已有一大沓，前来求字的人也络绎不绝，便就想到要出一本书法集。这样，李孟昱退休后的第一本书法集《暇豫墨趣》便在2008年问世了。《暇豫墨趣》见诸同好后，反响之佳，出乎意料。闻讯求书者众，不日竟被索求告罄。香港著名诗人、书法家秦岭雪先生在读到《暇豫墨趣》后，向他赠言："如增加书体大篆和章草，书法集会更丰富多彩。"对同道好友的热忱支持，李孟昱深受鼓舞。每天凝神静气，落纸云烟。相依相知的夫人李菊华，十分理解和关注丈夫对挥毫洒翰的执着与沉醉，因此提议：再出一本书法集吧！最好是专题的书法集。

一日，李孟昱和挚友、南方日报报业集团社委罗裕潮先生聊及此念。他热情支持，积极献策，提议出版一本吟咏中国名胜古迹的书法集，既为书法艺术，又可使人欣赏名胜古迹的古典诗词，一举两得，必更受人青睐。随后，大学时期的几位同窗好友也聚集报社，抵掌而谈，议定书法集冠名《名胜墨韵》，分"名山、胜水、崇楼、雅园"四部分。于是，他又开始了伸纸染毫，探幽析微。不到三年，《名胜墨韵》便与读者见面了。

李孟昱翻看还散发着油墨香味的《名胜墨韵》，心中涌现出新的成就感。然而，又觉得还缺少点什么。对，名胜地貌有了，还缺天象时令！这时，他脑海里突然闪过一个成语：风花雪月。在闪念之间，他的新的书法集的构想形成了。

李孟昱所想到的"风花雪月"，并非近代流行的"作风花雪月之词，记儿女缠绵之事"，而是还其原意，即四时景色也。几经推敲，决定下一本书法集冠名《风月墨缘》，分"风信、花语、雪情、月韵"四篇。这与《名胜墨韵》中的"名山、胜水、崇楼、雅园"其内容正好相应，构成山川风物、时令天象的瑰丽、完整的艺术天地。其中书写的都是清代以前名家的古典诗、词、曲。这两本书法集，应是名副其实的姐妹篇。于是，李孟昱又开始"忘情于笔墨之间"。仅两年多，《风月墨缘》便已摆在读者的面前了。

退休后，接连出了三本书法集，李孟昱本想搁笔休息一段时间。一天，昔日南方日报同仁、现为香港经济研究学者的江霞女士，携一令彩色宣纸登门求字，嘱他为其写几幅书法，其中一幅是写一百个"丰"字。李孟昱知道，集写百福、百禄、百寿、百喜，在民间流行已久，而"百丰"从未见过。但盛情难却，他便求助于书法典籍。翻阅书架上甲骨文、金文、籀文、小篆等书法字帖，居然找到了一百多个不同写法的"丰"字。于是为她创作了以心型为图案，命名为"人寿年丰"的百丰图。由此，又激发了李孟昱创作百字图的浓厚兴趣。一鼓作气，不到三年，竟然创作出一百幅百字图。

自古以来，在书法艺术中一直延续着"立项以尽意"的传统。自《庄子》"得意忘言"之说，到王弼"言义之辨"；自《周易》"意象"之学，到《说文解字序》的以字为"象"：皆可见古人早就注重"象"中之"意"了。因为百字图是中国吉祥文化和民间特有的文字艺术完美融合的结晶，千百年来，已经成为人们寄托心灵颂祝、纳吉迎祥的有着浓郁民俗特色的表现形式。这本书法集，就命名为《民俗墨象》。

收入《民俗墨象》的还有十二篇内容殊异的《千字文》。《千字文》一般人只知道南朝梁代的周兴嗣所著的文本，至于其他不同主题、不同撰文的《千字文》，就不是人们所普遍熟知的了。在《民俗墨象》书法集中，收集了十二种不同编文的《千字文》，可谓《千字文》大观，让人大开眼界。

更为可贵的是，从书法书体来看，李孟昱书写的《千字文》十二种，尝试使用不同的书体，分别使用了大篆、小篆、隶书、汉简、魏碑、章草、唐楷、行书、草书等九种字体，这些书体风格统一地出现在不同的《千字文》作品中。懂得书法的人都明白，李孟昱做了一件高难度的事情。因为书家精研一两种书体，已经足以花费一辈子的精力了，何况是书备众体，那非是有过人的勤勉努力，以及创造性的才思与技能，所莫能轻易做到的。

岁逢甲午，时序金秋。在喜迎中山大学建校90周年之际，八方校友，欢聚同庆。1964级的中文系毕业生李孟昱，以他的《民俗墨象》，作为献给母校90华诞的厚礼。百字图中，放在最前列的三幅，先后是为中山大学建校90周年致喜的《学海无涯》；为纪念中文系1964级入学50周年的《文苑情深》；为感念师恩，向以黄天骥为代表的老师们致敬的《天纵神骥》。这三幅百字图，寄寓了李孟昱对母校、对师恩、对同学的种种感怀。中山大学著名学者黄天骥认为："这是文化民俗的融合，篆隶草楷的汇聚。"书的封面印着黄老简明扼要的概括，扉页则是中山大学校长许宁生院士的题字："山高水长"。

李孟昱年轻时，曾写过不少关于花的散文，诸如描写牡丹的《牡丹小记》，赞美菊花的《菊城行》，刻画凤凰花的《凤鸣朝阳》，渲染广州花市的《春光曲》，撰述花木园林的《初睹芳华》，等等。和夫人李菊华一样，李孟昱对美丽的奇花异卉有着特别的喜爱。《民俗墨象》出版后，家中阳台上姹紫嫣红、争奇斗艳的花草又激发出了李孟昱新的创作热情。他要拿起画笔，染指丹青，绘制百花图。虽然对此并不在行，但由于他的虚心求教，刻苦研习，三年之后，竟成功了。一本汇集一百种花卉的国画，并有相对应的一百首吟花诗词书法的书画集《花情诗韵》已经问世。画绘花，诗咏花，展示一种清新的韵致和特色。娇艳妩媚的花姿，托物言志的古诗，字体多样的书法，融汇一起，更具丰富深厚的内涵。

退休后的李孟昱，对书画如此执着坚持，一是因为喜好，更重要的还是修身养性，强身健体。他曾经说过：通过对书法多种字体的挥洒，"能够锻炼自己双手的灵巧，思维的敏捷，记忆的明晰，身心的愉悦。正如宋赵构在《翰墨志》中所云：'余未始一日舍笔墨，故晚年得趣，横斜平直，随意所适。'"李孟昱现在虽年逾古稀，仍是精神矍铄，步履矫健，鹤发童颜，志趣满怀。这正是和他高雅良好的生活品味和情趣分不开的。

白云山下，南湖之滨，风轻云淡，颐养天年。或漫步山水之间，聆听泉声鸟鸣；或沏上清茶两杯，与妻静坐对弈；或蘸缕缕笔墨清香，绘簇簇梅兰竹菊；抑或读读报、上上网，关注当前世界风云和国家大事……李孟昱的退休生活，是那样自在、恬淡、安逸，若闲云野鹤，优哉游哉，令人艳羡。

近期，随着年事渐高，耄耋老人李孟昱对生活又有了新的追求。他要冲破陈旧的世俗观念，入住社会养老机构，体验国际新潮流的高端养老生活。为此，他开始关注全国先进的养老企业。最吸引他眼球的是泰康集团开创的"泰康之家"系列养老社区。从北京的"燕园"，上海的"申园"，到广州的"粤园"，报纸上、网络上的各种资料都一一披阅，细细评估，得出结论：这是一家具有和国际接轨的先进管理理念和服务模式的高端养老机构。于是毅然决定入住"泰康之家·粤园"。

决心下定，告知儿辈。谁知儿子却一百个不同意，说无论怎样辛苦，也要亲自侍奉左右，让父母在家中安享晚年。两父子各执己见，互不相让。婆媳俩则各自站在丈夫一边，摇旗助阵。一时间，家中唇枪舌剑，好不热闹。如此争执了半年有余，最后李老爷子急了，两眼一瞪，雷霆大作，立马镇住了小李。最后父子达成协议：由儿子、媳妇先行实地考察，若他们满意，即可入住。否则，另作别论。经过多次实地考察，儿子、媳妇确认粤园是个十分理想的养老社区，父母在这里会比在家更舒适，更享福。于是，李孟昱夫妇实现了又一个美好追求，在儿子、媳妇的"护驾"之下，欢欢喜喜搬进了向往日久的"泰康之家·粤园"。在李孟昱的坚持之下，儿子又把父亲最宝贵的书房，经过精简，整个搬进了粤园。

于是，李孟昱夫妇的晚年幸福生活，又提升到一个更高的层次。在粤园，衣食住行、保健医疗，一应琐事，均有工作人员周到细致的照料，老两口只管尽情享受生活，健康快乐每一天！李孟昱老人，这位曾在祖国改革开放的大潮中击浪奋进，取得斐然成就的先锋战士，如今又亲身体验和享受着改革开放成果的美好和甘甜，那胸中的豪情是多么强烈，感慨又是何等深切！他激动地对前来采访的记者说："有这等好日子，我可不能白白虚度。现在每天都在抓紧三项工作：一是写作，二是书画，三是锻炼，力争为新时代做点新贡献吧！"入粤园仅一年有余，李孟昱就出版了两本书，创作出一批书画作品，真是青春再现，宝刀未老啊！

李孟昱的人生，是充满着精彩故事的一生。他真正实现了可贵的自我飞腾，彰显了可敬的大家风范，活出了可赞的多彩光华！

第二篇

众说李孟昱

孟昱其人

郑雨宜

　　李氏孟昱，湖南涟源人也。四十年代初，烽火连天岁月里，李氏降生于苍凉僻隅小山村之中。所幸者，其父李公身居贫贱而志不暂屈，虽仅于秋收冬藏之暇念过数载私塾，而喜闻书香，乐诵稗官野史；以乡间匠作谋生，却每每放下锤头，即拈起毛锥，以笔走龙蛇自娱。父无言之教，子"目击道存"。

　　李氏自幼及长，好学深思，一九五八年以苦读考入高中；旋为"钢铁元帅"所招募，进湘潭一炼铁厂为翻砂工、炉前工，后选着白服为化验员；一九六〇年入伍为攀电线杆之通信兵，自学不辍，期年调为连部文书、营部书记，始于公余试笔文艺创作；一九六四年部队推荐考取中山大学中文系，一九七〇年分配到南方日报社任文艺编辑，乃至加入中国作家协会，一生与文学结不解之缘。又雅好书法，为广东省书法家协会会员。七十年代初偶为报纸书写标题，即为行家所赏识，有梅州人、东莞人不知其为何方神圣，专诚恭请题写站名、铺名。考察李氏性情与追求，皆因其志趣修习所成就，亦可谓"澧泉有故源，嘉禾有旧根"也。

　　观李氏履历，工农兵学商皆曾操练——以法人代表身份总裁南方日报报业集团经营，非商人耶？文艺创作方面，有获奖报告文学《从农奴到"格西"》等代表作传世，散文《菊城行》《铺满"绿色金子"的国土》曾分别列为大学教参和国家中等师范学校语文教科书，并出版散文、报告文学集《春之韵》。然而，其主要业绩乃体现于新闻编辑与报业经营。李氏从报界新人而高级编辑，从初出茅庐记者而要闻部主任，而编委、副总编、副社长，而社长，摸爬滚打历经风雨，为人作嫁呕心沥血，般般件件难以尽述。举其荦荦大端有二：

一为主管《南方周末》。自一九八七年以南方日报编委主管该报，直至一九九六年任社长之前，十度寒暑，政治风云波诡云谲，《周末》兴亡兔起鹘落，而李氏作为"关键"（君不闻"领导是关键"之经典提法乎？国情如斯）人物指挥若定，俾《南方周末》由偏处岭南一隅之四版文娱小报，羽化为影响遍及海内外之三十余版大型周报，生长成中国新闻史上不容小觑之一大景观。《南方周末》报人回顾创业过程，不禁同声称赞李氏政治敏锐、思想开明、业务谙熟、知人善任，厥功不可没也。

其二，一九九六年八月担任南方日报社社长，受命于该社艰难时刻。李氏铁面无私，力主审计报社所办公司，排除多重干扰，终将吃里爬外之蛀虫送上法庭，其秉公持正勇于负责之精神使得人心复聚，士气大振；集思广益开展业务大讨论，达成以报业为依托，扬长避短发展多种经营之共识，大刀阔斧调整采编与经营各部门，削繁汰冗，为报社跨上质量效益型轨道创造了组织条件；遵循新闻工作与市场经济两个规律，寻找党报之权威性与可读性最佳结合点，重塑报业市场主体，以实现"行家叫好与读者叫座"为目标，刷新版面结构，果断决策投资数千万元再度扩版，使一九九八年之南方日报整体质量再上一层楼，进而获准成为全国省级党委机关报组建报业集团第一家。嗣后，又擘划将《南方都市报》由周报改版为日报，并创办《21世纪经济报道》《南方体育》。经数年之浇灌，此三家报纸即成为驰名遐迩之名牌。李氏率领南方日报报业集团"舰队"，在市场经济大潮中破浪远航，运筹胜算，不惧风雨，独领风骚，其为中国报业之中坚乃实至名归也。至二〇〇二年李氏卸任社长之职时，南方日报报业集团已荣膺国家教育部评选之"新世纪中国大学生就业首选企业"五十强；北京大学研究中心评选之"中国最受尊敬企业"，也光荣跻身于二十强，成为全国联璧上述五十强和二十强之唯一报业集团。李氏以其临危不乱，视野开阔，驾驭局面一派大气、大器一派，而获报社同仁及全国党报同行之嘉许。

当今之世，人才固然难得，人品尤其难得。李氏黾勉从事，几十年如一日。《南方周末》报人常忆及其主管之时，审稿"从报纸头一个字看到最后一个字"；律己甚严，永不改军人作风，虽荣领中华全国新闻工作者协会副主席、广东省新闻工作者主席之衔，每晨必提前上班一如畴昔；且是非分明，直言快语，疾恶如仇，不屑惺惺作态，耻于模棱两可。有南方报人云，李孟昱其人，不论为军人、报人、文人、商人，总归一童心不泯之"仁人"。历次运动，七斗八斗，人人自危，自保不暇，不肯为表立场坚定而对人落井下石者即可视为君子矣，而李氏则处乱世弗乱其仁厚之心。"文革"动乱后期，李氏挺身而出护卫今广东省作家协会主席陈国凯之事，至今乃岭南文化人之美谈。其时，工人作家陈国凯发表小说《大学归来》，被北大工农兵学员斥为"黑线回潮"之代表，有关部门决定报社点名批判、工厂组织批斗陈氏。为救助这位年轻工人作家，李氏不惧引火烧身，自承乃本人命题相约、文艺部审稿通过，不可让陈氏独担罪名……终于使陈氏免遭批斗，二人遂结为金兰之交。类似故事，难以尽述。

昱者，光明也，辉煌也。孟昱，幼名梦昱，据闻李氏诞生当晚，其父忽梦一硕大"昱"字，乃欣然命名焉。李氏以其光明磊落之人格之行止，不负先人厚望。李氏卸任南方日报社长之职后，旋即选任为广东省政协常委。翌年被推选为省人大代表，由省政协"转学"至省人大，荣任常务委员会委员、法制委员会副主任委员，倏忽之间由新闻工作者改行为立法工作者。立法，乃国家权力机关按照程序制定法律之谓也。李氏深知使命重大，一改当年诲人不倦之行状，而甘为立雪之小学生也。夙兴夜寐，目耕载籍，切磋推敲，钩玄点窜，潜心遨游于枯燥、严谨的条文款项之中而乐此不疲，大有其语不精确誓不休之意趣也。光阴荏苒，不觉公务倥偬已历四度寒暑，再过四载，李氏将年逾"古稀"矣！尔后，他辞去省人大常委会委员之职，雅居于南湖之滨，若闲云野鹤，颐养天年。每日醉心于三件事：一曰信步登山，二曰演练太极，三曰挥毫染墨。对于以愉悦心身为旨趣之书法，可谓情有独钟，勤恳敦勉，心慕笔追，挥洒难止。于是，便有此册《暇豫墨趣》书法集之面世，其言旨在移樽就教于书法方家也。就搦管濡毫而言，李氏心闲手敏，笔不停辍，探灵索妙，志在必得，其计日程功，亦无可疑也。

（原载《中国报刊月报》1998年第5期，2008年3月修改）

老搭档李孟昱

范以锦

我与李孟昱共事多年，称得上老搭档。我们相处的一个很大特点就是互为上级，相安无事，同心协力参与过一些重大决策。网上有网文称我们为南方报业的"李范时代"（1996—2001年）。

我们都是1964年上大学的，他在中山大学中文系，我在暨南大学经济系。本是五年学制，正常情况下应于1969年毕业参加工作，因"文革"的原因，直至1970年才安排工作。当年9月，我们和来自人大、武大、中大、华工、暨大等院校的20多位大学毕业生进入到南方日报社就业，先进行为期一个多月的培训，李孟昱是我们培训班的副班长。培训完之后安排在当时的佛冈县汤塘公社洛洞大队劳动锻炼，带队的第一把手为来自武大的谢佚芳，第二把手为李孟昱。两个月后，我和李孟昱等人被安排同为汤塘公社的岑坑大队挂职，李孟昱担任大队党支部副书记，我担任副大队长，在那里工作了10个月。总之，在进入南方日报社之初逾一年的时间里，我一直在李孟昱的领导下工作。

下乡回来安排在南方日报编辑部之后，李孟昱从事文艺编辑多年，除了编稿也写一些报告文学之类的作品，后来进入要闻部，那是南方日报编报和把关的最后一个流程，部门重要，责任重大。而我一开始就当一线记者，先安排在工商部当记者，接着到梅州和广州记者站。因记者站工作的需要，我1976年10月起担任了记者站站长，1983年进入南方日报社领导班子任编委（后改为社委）。我比李孟昱早提拔，后来李孟昱也先后担任南方日报要闻部主任、编委（社委）。1991年，我们同时被任命为副总编辑，但排序有变化，他前我后。1995年，南方日报社由一套马车改为三套马车，即由总编辑负责制改为社长领导下的总编辑、总经理负责制，设立社长、总编辑、总经理职务岗位。刘陶任社长，我任总编辑，李孟昱任副社长。我与李孟昱的排序变成我前他后。刘陶从社长位置退下之后，1996年李孟昱接任社长。从此，我又在李孟昱的领导下工作，他还先后担任中国记协副主席和广东记协主席，他退下来之后，我分别接任了他的社长和记协的职务。

尽管我们之间互为担任过领导者和被领导者，但无论在哪个岗位上一直互相支持，为报业的发展共同出力。其中，他担任社长、我担任总编辑时有几项重大决策留下了深刻的印象。

第一项，成立报业集团，创办出版社。广州日报成为中国第一家报业集团之后，李孟昱比较着急，认为此事我们决不能落后，而当时的省委常委兼宣传部部长于幼军也与我们想到一块。李孟昱整理好了成立报业集团的理由、有利条件和未来发展的相关材料后，要我与他一起向于幼军作了汇报。丁关根到南方日报社调研和开座谈会时，我们都参加了，李孟昱作了口头汇报并递交了材料，同时力争要办一个出版社。丁关根在会上表了态，支持办一个出版社，要当时的新闻出版署安排。经过各方的努力，南方报业终于成为了全国第一家省级机关报报业集团。李孟昱还为此专门写了一组论述报业集团的论文，分别获得了广东和中国新闻奖一等奖。

第二项，停办《海外市场报》，将刊号让给《南方都市报》。

《南方都市报》是刘陶主政南方日报社时创办起来的，他指派我参与筹办和分管。因拿不到刊号，只能作为内刊（也称作省刊号）来办，每周出一期。当时刘陶拍板作出的创办《南方都市报》的决策非常重要，为后来该报的发展打下了良好的基础。当时就想办成有国家正式刊号的日报，但申请不下来。李孟昱担任社长之后，想把此事办成也有难度。但当时政策有点松动，即停一个老刊号可补一个新刊号。这时李孟昱就把目光盯在了《海外市场报》上，然而做起来有一定的阻力和风险。当时《海外市场报》尽管办得艰难，但没有亏本，还略有微利；而《南方都市报》则依然亏损。让亏损的报纸去取代有点赢利的报纸，必然有异议和阻力。在这样的背景下，李孟昱依然坚持自己的主张，他找我商议，我完全赞同。与其他一些决策一样，一般来说李孟昱都会先由我们（社长、总编辑、总经理）三人有了比较一致的意见后，再拿到班子上来讨论。社委会通过了这一方案。要说服大家得有充足的理由。从当时的情况来看，《海外市场报》究竟办给谁看、谁来投放广告说不清楚，读者定位、市场定位不明晰的报纸肯定不会有良好的发展前景。再办下去，势必亏损。即便不亏，只赚几万元或几十万元，对南方报业来说无济于事。刊号资源是稀缺资源，要用到刀刃上，把《海外市场报》变成《南方都市报》就是为了优化集团的刊号资源，而且也是市场竞争的紧迫需要。当时《羊城晚报》《广州日报》风头正劲，面临如此强大的对手，《南方日报》遭遇了夹击，在广州市场尤其是报摊市场的影响力在下降。作为省委机关报，《南方日报》务必兼顾城市和农村市场，而不能过分集中在中心城市。广告源最丰富的中心城市的发行量小，势必影响广告的经营。创办《南方都市报》，正是想通过办一份在广州乃至珠三角市民中比较有影响力的市场化报纸，与《羊城晚报》《广州日报》竞争。

竞争只是一个方面，作为南方报业长远的发展战略来看也需要办一份有别于机关报、作为机关报有益补充的报纸。李孟昱说清了道理，大家齐心协力，终于拿到了有国家正式刊号的《南方都市报》。从此《南方都市报》一步一步走上辉煌，成为中国最有影响力的都市报之一。至于新媒体快速发展之后陷入困境，那是另一码事。至少在10余年的时间内，《南方都市报》为南方报业的发展积累了较为丰厚的资金和人才，也为南方报业跨区域创办《新京报》做出了贡献。

第三项，创新体制机制，创办《21世纪经济报道》。

2001年初，南方报业创建《21世纪经济报道报》时，让经营者持股，并引进民营资本，当时在全国报业中开了风气之先。

当时国家层面的文件找不到媒体管理层可以持股的文件，实际上连外单位参股也不行。后来有文件说国有企业可以进来，但是不能参与管理，也就是只允许国有资本进来，至于私人资本根本不行。南方报业地处改革开放的前沿，广东的发展的过程是不断冲破思想禁区、积极探索的过程。摸着石头过河，走前人没有走过的路，红头文件没有的可以去尝试一下。首先要有勇气去做，不行了就退回去。媒体往市场化发展，也是一个不断解放思想的过程。当时南方报业班子的思想是比较解放的，首先是我们的社长李孟昱思想解放，我和南方报业的总经理钟广明也支持他。

引进外来资本还有一个客观原因，当时南方报业利润较低，资金不足。办张报纸而且下决心要往市场化发展需要投入较大的资金。在这个时候，上海复星集团找上门来与李孟昱谈，提出要跟南方报业合作，开办费用大部分由他们出，我们只出一点资金。李孟昱觉得这个想法很好，并拿到社委会上讨论。为什么管理层要持股呢？复星坚持要，如果不持股，"我怎么放心我的资金放在你们那里？"管理层如果持股，个人的钱放进去怕亏损，就会把报纸办好、把经营做好。这样，各利益方都放心。李孟昱觉得有道理。

为了规避风险，李孟昱提出采编与经营两分开，复星不干预采编工作，只是派人参加公司董事会，董事长是南方报业第一把手，也就是由李孟昱担任，复星集团派人任副董事长。同时，他们派财务总监，南方报业也派出财务人员共同监管资金运作。这家报纸运营是成功的，成为了中国最好的经济类报纸之一，利润最高时超过了一个亿。后来21世纪经济报道报系发生的一些问题，与持股和外来资本的进入没有必然的联系。

创办《21世纪经济报道》时，李孟昱有一个理念，要重用德才兼备的年轻人。有一天，我的办公室来了两个年轻人，我问他们有什么事。他们回答："我们有个办报方案，想请你过目一下。"我说："你们提出的创办《21世纪经济报道》的方案，社长李孟昱已经看过了。他已同意了，我支持，其他社委也会支持的。"这两位年轻人，一位姓沈，另一位姓刘，是《南方周末》的业务骨干，他们认为创办一份财经类的报纸正是好时机。李孟昱和我都认为："谁出主意，就由谁来干！"当然，无论是方案还是人员都要经过班子考量后才做出决定。于是，重任就落到了他们肩上，当年他们两人都不到30岁。

为这份报纸起什么名字，当时还争论了一番。讨论时有人认为，

《21世纪经济报道》这个名字"不怎么样，很长，很拗口。"不过，李孟昱和我都认为，几位年轻人创办这份报纸的思路是正确的，为报纸起那么长的名字，也自有他们的道理，所以还是放手让他们去做。后来，正如大家看到的那样，"21世纪"名震业界，有的文化传媒机构还模仿了这一名字。

第四项，竞争上岗，挖掘和培养优秀人才。

有人说南方报业是中国传媒的"黄埔军校"，这是对南方报业人才培养的肯定。这里不仅聚拢了一批人才，也源源不断为全国传媒乃至各类传播业输送了人才。李孟昱担任社长期间，挖掘和培养人才的措施之一就是实行全员竞争上岗。

首次竞争上岗两年一次，后来改为三年。集团公布所有处级和科级岗位及任职条件之后，集团员工可对号入座报名，经集团人才资源管理部门核实和集团领导班子讨论之后公布参与竞聘的名单。集团领导和各机构负责人听取竞聘者发表竞聘演讲并进行评分，入围者还要在原单位进行民意测验和考察，最后由集团领导班子讨论决定。各机构的班子定下之后，各自选定本机构的员工。当时称为"双向选择"，即根据民意确定各机构的班子，班子确定本机构的员工，逐步建立起"能上能下，能进能出"的用人机制。当然，随着时间的推移和用人政策等情况的变化，后来实行了新的用人机制，但不管后来怎样变化，当时实行的竞争上岗的措施，对人才尤其是年轻的人才的挖掘和培养发挥了重要作用，而且注意和发现德才兼备的年轻人等好的用人机制至今仍在实行中。

写于2017年10月

▌ 南方报业的"李范时代"（1996—2001）

郭心华

一、概念的提出

作为全国省级党委机关报中的首家报业集团——南方日报报业集团，成立于1998年5月18日。集团的第一任当家人，是李孟昱。他的团队中，最重要的副手，则是总编辑范以锦。集团的成立，标志着广东报业发展进入了一个新阶段。考察这一阶段的新闻史，具有重要的理论和实践意义。

1995年8月30日，南方日报领导体制作重大改革，将总编辑领导下的编委负责制，改为社长领导下的总编辑、总经理负责制。刘陶任社长，范以锦任总编辑，李孟昱任副社长。一年后，刘退居二线，李孟昱接任社长，由此开启南方报业以李为主、以范为辅的"李范时代"。到2002年1月，李孟昱卸任，范以锦接任社长，杨兴锋任总编辑，平稳过渡到"范杨时代"，共计五年半的时间。

"李范时代"，是南方报业集团化改革的初始阶段，建立现代企业制度的探索阶段，也是广州城中三家报业集团相继成立的阶段。广东报业一扫过去"散兵游勇"式的竞争模式，纷纷以主报为旗舰，率领各个子报占据一个个战略制高点，掀开了广东报业竞争新的一页。林如鹏教授的"旗舰论"，与李孟昱提出的执政思路大有关联。在这一时期，国内的报业经营者也经历了一番"脑力激荡"：党报转型、都市报崛起、报人的产业链思维、品牌思维、融合发展思维……逐步形成。

表面看来，"在李孟昱主政时代，南方报业稳健成长，也无太多风波"。实际上，波谲云诡，冷暖自知。从总编负责制到"三驾马车"（社长李孟昱、总编辑范以锦、总经理钟广明）的领导体制变革；从报社到集团的千头万绪；自办发行的渠道摸索；"只做不说"的试行股份制……报业改革在摸着石头过河。南方报业如何成为"报业结构最合理，读者覆盖最全面，综合运营能力最强"的行业样本？决策层的互动如何？危机和隐患如何排除？这些对13年后的今天，中国纸媒的转型升级有何借鉴？

二、时代背景

"李范时代"的传媒环境，可以从三个维度来分析：舆情、市场和技术：

（一）舆情

1996—2001年间，香港澳门回归祖国、邓小平逝世、三峡截流成功、朱镕基担任总理、中国加入世贸组织……大事不断发生，为新闻业提供源源不断的素材。然而，2000年9月7日，创办了40多年的香港《天天日报》停刊，这是继《华侨日报》《星岛晚报》《工商晚报》和《工商日报》后又一家因经营不善而停刊的传媒。身处改革开放前沿的南方报人，感受到了前所未有的生存危机。李孟昱在任上曾撰文指出："可以预见，入世（世界贸易组织）后的中国新闻领域，必然会出现渗透和反渗透、控制和反控制的激烈斗争。这场斗争，既是意识形态的角逐，也是经济实力的较量。要在这场斗争中掌握主动，就必须充分利用入世头几年的保护期，抓住入世为我国报业提供的难得的机遇来壮大自己，增强竞争实力，以迎接各种挑战。"

（二）市场

1990年代的广东报业市场，由《广州日报》和《羊城晚报》唱主角。双方在争夺综合类日报的读者、广告和发行网络上展开了激烈的竞争。南方报系除了《南方周末》继续攀升以外，其他报刊都没有更好的表现，甚至一度被挤出中国报业十强，在广东报业市场上，经济效益和社会效益都面临着双重挤压。

1996年是广东报业发展的一个转折点。1月16日，《广州日报》头版头条宣布：经中共中央宣传部同意，国家新闻出版署正式批准广州日报组建中国第一家报业集团。从1996年到1998年，广州日报报业集团广告营业额从5.1亿元增长到7亿元，试点成效明显。1998年5月18日，南方日报报业集团、羊城晚报报业集团正式挂牌成立。广东报业进入战略性集团化竞争阶段，掀起新一轮扩版浪潮。这一时期，既有同质化竞争，又有差异化竞争。1997年《南方都市报》由周报改为日报，从开始时排行老三，一路杀出重围，站稳广州，抢滩深圳，过程不可谓不艰难。

（三）技术

1997年，南方日报以香港回归报道为契机，通过卫星天天传彩版，全省各代印点印刷的报纸跟广州本地的一样，也天天出彩报，这在全国是第一家。网络媒体的诞生，对传统纸质媒体提出了严峻挑战。网站的海量信息、实时更新、音视频多媒体传播等优势，都是报纸无法企及的。为进军信息产业，南方日报社于1997年成立新闻信息中心，《南方日报》及系列报的电子版1998年1月1日进入因特网，并逐渐开发了搜索功能、邮件功能和多个数据库。1999年《广州日报》的"大洋网"成立，2000年《羊城晚报》的"金羊网"成立，2001年底"南方新闻网"开通。报业竞争的态势延烧到互联网领域。"因特网以及信息高速公路是新闻媒体争夺的焦点，能否适应未来信息革命的挑战，对新闻媒体来说是一件生死存亡的大事。"

三、"李"和"范"的分工与合作

（一）核心层内，配合无间

李孟昱快人快语，性格耿直；范以锦外圆内方，柔中带刚。这种互补性，正是第一把手和第二把手的最佳组合。李和范的配合，可以上溯到1970年代初，下乡锻炼时期，两人在同一个生产大队，分别任党支部副书记和副大队长。后来各自成长路径不同，却没有影响双方的友谊。直至升上南方日报社决策层，两人还是保持互相了解，互相尊重，互相开玩笑，一旦有什么事都商量着办。这一时期的集团决策，融合了两个人的智慧，不是哪个领导闭门造车或是拍脑袋想出来的。两人的办公室就在对面。"我们有一个君子协定,编务的事情我不管,报什么不报什么,我说你解决不了的问题才来找我。"

这种长期积累而成的默契,使南方报业的决策层形成一个领导核心,有利于顶层设计。报业集团改革的目标模式是现代企业,社长和总编辑的关系,类似于董事长和首席执行官的关系,只有形成一个核心、达成一致,才能不折腾、不内耗,按照现代企业要求,进行领导体制、人事制度、分配制度、财务制度、资产管理制度等方面的改革,在集团内形成科学有序的六个机制:集约化的运行机制、市场化的经营机制、规范化的激励机制、有序化的竞争机制、制度化的约束机制、集团化的人才机制。

(二)李孟昱的顶层设计

1996年8月,李孟昱任南方日报社社长。他提出"必须正确处理好办报与经营、主报与子报、效益与规模等多种关系"。其执政思路可以概括为:办好报纸,壮大报业;自办发行,掌握命脉;竞争上岗,优化人才结构;企业化,集团化。

1. 办好报纸,壮大报业

报社搞多种经营,原本为了积累资金,壮大实体。但报社下属有几家公司经营亏损。李孟昱上任后,整顿公司,并开展业务大讨论,凝聚共识:"办好报纸是我们的根本任务"。为了突出党报的"旗舰"地位,他们在政策上向主报倾斜,在财政困难的情况下,依然投资3500多万,将《南方日报》扩为16个版。《南方周末》从8版的文化娱乐报纸向16版的严肃政经报纸转型。在中层干部的反对声中,李范二人将《海外市场报》停掉,刊号转给《南方都市报》,并定下"第一年大亏,第二年小亏,第三年打平"的目标。1997年1月1日《南方都市报》由周报改成日报,两年后盈利,逐渐成为报社一个新的经济增长点,成为全国最有影响力的都市报之一。

《21世纪经济报道》是全国第一家实施股份制的报纸,按照"党委办报、经营者持股"的理念,引入民营资本,这在全国报业没有先例可循,也是政策敏感区。集团编委会商量后,决定采取"只做不说"的策略。负责运营的是广东21世纪出版有限公司,南方报业占股41%,复星实业占40%，公司管理层占19%，由复星实业派财务总监，双方共同经营，第二年实现盈利。"《21世纪经济报道》本身由一个原点开始，从市场上获得了生命力，并伴随着市场的发展而发展，就像一颗种子获得外部条件的支撑后，发芽长大，生生不息 。"

这一时期，报社不仅诞生了几份新报纸，还成立了出版社，筹办了南方网等等，这样，整个报社的产业结构有所调整优化，报业这个"主干"茁壮成长。

2. 自办发行，掌握命脉

产品销售权是企业的生命线，只能掌握在自己手里，报纸发行也是这样。但是《南方日报》覆盖全省，面广、点散、线长，自办发行难度大，长期以来依靠邮局发行。为了提高时效、降低发行费率，使覆盖面更科学，拉近读者和编者的距离，1999年起，《南方日报》引入竞争机制，多渠道、多方式组织自办发行，抓住了报纸征订和报费回笼两个关键，确保全省90%以上的乡镇都可以看到当天的《南方日报》。

具体负责的是集团总经理钟广明。他写出上万字的《南方日报自办发行构想》，合并原南方都市报发行部和南方日报发行处，成立发行总公司，独立核算，自负盈亏，利用各地记者站组建成三级发行站网络，省外则委托代理商发行。自办发行后，集团总投入仅几百万元，建立了两千多个发行站，《南方日报》发行量增长4万份，广州市区发行量上升11.3%。

3. 竞争上岗，优化人才结构

集团化的目标，是建立现代企业制度。实施同工同酬、绩效挂钩、竞争上岗、中层年轻化，是题中应有之义。改革的第一步，是编辑记者实行定额管理，并采用评分制。

竞争上岗从处级干部开始，逐层向下推。1999年3月9日集团召开干部大会，决定在集团内引入竞争机制，对中层以下干部实行聘任制，"竞争上岗、优化组合、双向选择"。通过演讲答辩、领导打分、全员投票、民主测评、人事处考察、社委会决定等环节，确定正处级领导岗位的聘任人名单。处级干部各自"部门组阁"，一般干部的聘任实行优化组合、双向选择。集团对受聘人员实行分级管理，逐级考核。对待岗人员、拒聘人员、解聘人员，也有具体的安置办法。

李孟昱特别强调人才资源的开发利用，营造环境，让年轻人迅速成长；坚持分配与业绩挂钩的原则，适度拉开分配差距，并通过人事制度改革这个突破口，推动其他方面的改革。

4. 企业化，集团化

十多年前，李孟昱就这样描绘过集团未来的架构："经过调整的报业经济组织架构可分为三个层次：第一层，集团的核心部分——即主报及其系列报刊、出版社等。此层次的产权全部国有，主报是龙头。第二层，围绕报业经济五大支柱产业（指广告、发行、印刷、信息、出版）而组建的企业。此层次产权全部国有，或由集团控股，可吸纳多种投资主体，包括内资、外资以及报社职工的股份等。第三层，集团关联企业——此层次由与集团业务发展有关系的以合约形式加盟的企业组成。" 范以锦也认为，组建报业集团，解决了"子报养主报"的尴尬，体现了在市场面前"报报平等"的思想。在"范杨时代"，南方日报报业集团改组为"南方报业传媒集团"，进一步深化改革，培养出三大报系，实现"龙生龙凤生凤"多品牌发展。有学者认为南方报业集团的"多品牌战略"成效明显，并用"波士顿矩阵" 分析其产品结构，认为其抗风险能力强，发展后劲足。

（三）范以锦的内容管理和危机管理

范以锦在总编辑任上，主抓报纸的内容管理。1995年，他就强调要在权威性、指导性和可读性的结合点上做文章。1999年，他进一步明确提出"突出权威性，强化可读性，增加新闻性"的改革思路，同时强调抓好典型报道、深度报道和批评报道三个拳头产品。在《南方日报》历次改版中，他主张创办经济新闻版，拓展经济领域高层次读者群；增加综合新闻版和地方新闻版版面，增加全身新闻信息量；抓住广州新闻热点大做文章；增加国际新闻版面，深入分析国际形势；改造文化娱乐副刊等。 任总编辑期间，他亲自抓批评报道，对重大批评报道直接指挥和把关，并亲自撰写有关言论。在长期的舆论监督实践中，范以锦总结出了一整套成熟的做法和经验，如找准政府和群众关注的结合点，把握好解决问题的时机等等，对保证批评的方向、强化党报的权威起到了很好的指导作用。

2001年5月，《南方都市报》在深圳的发行遭遇同行"封杀"，并迅速演变成一场舆论战。事发当天，李孟昱就召集范以锦、钟广明、王春芙、李民英开会，分析事态发展，研究对策。他们给分管意识形态工作的省委副书记写了报告，报告转到了常委、宣传部部长手中。经过省委的协调，深圳方面同意报纸上报摊，而《南方都市报》在报上刊发道歉的消息。刊发之后，同情、支持南都的声音非常强烈，当天的报纸脱销。一场危机逐渐化解。危机管理是领导人的必备素质之一，这场危机也是范以锦接班前打的漂亮一仗。

四、"李范时代"的意义和启示

（一）内生型领导，熟悉报社环境

李、范二人都是先记者、再主任、再老总的标准路线成长起来的报人。从1970年代开始就在南方日报社工作，到1996年，李孟昱55岁，范以锦50岁，正是年富力强的时候。他们有丰富的采编和管理经验，掌握国内传媒政策，对新时代、新经济有敏锐触觉，对区域市场有足够把握，对报纸发展方向有架构能力。如坚定支持《南方都市报》由周报改日报，允许它逐步扭亏为盈，就充分证明了他们的远见卓识。

内生型领导是相对于空降型领导（从外单位调入）而言的。南方报业属于正厅级单位，人事变动由省委组织部决定。而张琮、刘陶、李孟昱、范以锦、杨兴锋等几任"第一把手"，均为报社内部擢升。他们熟悉本单位工作环境和人才储备情况，能制定出一系列适合南方报业发展的政策措施，并确保新政的贯彻落实。在任期结束后，能推荐最适合的人选，配好班子，组建一支强有力的、团结的传媒队伍，确保政策的延续性和稳定性。

（二）从名牌战略到多品牌战略

"李范时代"，决策层已经有了一定的"品牌意识"，提出了名牌战略，为"范杨时代"向三大报系延伸奠定了基础。范以锦曾指出：在没有实施多品牌战略之前，南方报业的经营风险集中在《南方日报》上。当报业市场的竞争由政治优势转向综合实力的较量时，《南方日报》的劣势马上凸显出来。但在实施多品牌战略后，南方报业迅速形成了几近完美的品牌组合和产品结构：既有面向全国的，又有覆盖全省的，在国内外影响广泛的报纸；既有综合性的，又有专业性的报纸；既有面向城市的，也有面向农村的；既有严肃的精品大报，又有大众化报纸。整个产品线覆盖了差异化的市场，灵活应对竞争，同时在管理上，权力向集团集中，利益分配向各实体分散，既有利于集团宏观调控，又有利于充分发挥下属各单位的积极性。1998年集团成立后，广告营业额每年以1.5亿—2亿的速度递增，而且创下多项第一。

"李范时代"的改革对中国报业产生了深刻影响。南方报业的集团化过程中，天时地利人和，各有作用，其中"人和"的因素至关重要。"李"和"范"的合作模式、时代特点不可复制，但背后的精神却值得学习。

诚如海尔CEO张瑞敏在香港科技大学的演讲："没有成功的企业，只有时代的企业。"一个企业所谓的成功，只不过是踏上了时代的节拍；没有一个企业领导者可以做到永远地踏准时代节拍，就像发明数码相机的柯达公司，仅仅因为一时的短视就被数码时代所淘汰。中国报业的转型，也需要看准时机、增强实力、与时俱进、大胆创新，尽快建立能与国外传媒在各方面都能抗衡的强势媒体，才能在这个飞速发展的时代，占领舆论的高地。

（网络文章，发表于2014年4月。作者为硕士研究生）

探索1+1>2的规模效应

——访南方日报社社长李孟昱

本刊记者　周燕群

　　记者：在市场经济条件下，《南方日报》是如何把握正确舆论导向，深化改革，扩大党报的影响力和竞争力的？

　　李孟昱：竞争给党报的发展带来了机遇，也带来了难度。要更好地发挥党报的舆论主导作用，不断扩大党报的影响力和竞争力，我认为，让那些经济、人才和技术实力比较雄厚的党委机关报组建报业集团，是一条有效的途径。

　　党报组建报业集团，意味着党报更全面地进入市场参与竞争。组建报业集团是要通过集团化的发展，扩大党报的影响力，增强党报的经济实力，确保党报在新闻宣传中的主导地位。南方日报组建报业集团后，至少有三个方面的优势：

　　一、集团化管理有利于新闻改革的深化，有利于新闻结构的优化，有利于最大限度提高党报在社会上的影响力和竞争力，使党报无形资产增值；

　　二、组建报业集团后，真正按照市场经济的规律，对管理体制、运行机制和资产资源配置作根本的改革，真正实行了企业化管理；

　　三、组建报业集团使报社产业结构、所有制结构更加完善，培育了新的经济增长点，形成规模效应，实现产业化经营，取得了更大的经济效益。

　　记者：您认为衡量一个报业集团是否成功的标准是什么？南方日报

报业集团又是如何通过改革内部管理体制和运行机制，使报业集团在获得良好社会效益的前提下，取得可观的经济效益的？

李孟昱： 衡量党报组建的报业集团是否成功，我们认为，首先要看党报的整体质量是否提高，党报在社会上的影响力、竞争力是否增强了，党报在舆论传播领域的优势和主导地位是否巩固。就我们的实践而言，主要从以下几方面，提高自身的竞争力：

一、以办好报纸为集团的根本任务，把握正确的舆论导向，在新闻改革方面取得实质性的突破。

我们在组建报业集团过程中，就确立了具体的指导思想，即以邓小平理论为指针，坚持社会主义意识形态工作的原则，遵循新闻工作自身的规律和市场经济的规律，解放思想，更新观念，抓住机遇，开拓进取，集中精力办好报纸，把《南方日报》及其系列报办成既坚持党性原则、坚持实事求是、坚持正确的舆论导向，又生动活泼、群众喜闻乐见的报纸；报业经济要坚定不移地走质量效益型道路，依靠高质量的报纸，高效益的管理和高新技术，努力实现社会效益和经济效益的统一，增强南方日报社的经济实力和在社会上的影响力、竞争力，更好地发挥《南方日报》作为党和人民喉舌的作用。

我们报道方针上，把坚持团结稳定鼓劲、正面宣传为主与实施必要的舆论监督结合起来，形成了三个"拳头产品"：典型报道、深度报道和批评报道；在报纸改革的指向上，选择权威性、指导性与可读性相结合的路子，把握好党和政府正在解决的问题与老百姓要求解决的问题的结合点；有关党和政府的工作类报道，从群众关注的角度作切入点；寻找政府工作的难点与群众感到困惑之处的交叉点，为群众解惑释疑；在报道的组织上，把深化报道内容与创新报道形式结合起来。一方面大兴调查研究之风，一方面建立和完善激励机制，鼓励大家创新。我们实施了名牌战略，经营一批名牌产品和名牌栏目。特别从加强经济报道入手，加强阶段性的宏观走向、宏观分析报道，使经济报道能够成为各级党委、政府驾驭经济工作的重要思想库。同时，进一步改进文风，提高引导艺术。

二、以现代企业的要求为目标模式，在内部管理体制、运行机制和资源配置的改革上取得实质性的突破。

为适应社会主义市场经济的规律和要求，我们参照国企改革思路，对内部管理体制和运行机制进行改革，构建责权分明、绩效挂钩、管理严格、控制有力的管理体制和运行机制。改革领导体制建立科学、民主、高效的决策指挥机制；改革国有资产管理体制，建立国有资产保值增值机制；改革人事制度，建立优秀人才脱颖而出的机制；改革分配制度，建立收入与贡献挂钩的激励机制；改革财务管理制度，建立科学的财务运行机制；改革发行体制，建立以自办发行为主的市场发行机制；改革后勤管理体制，建立社会化、市场化的后勤保障机制等等，使之尽快形成适应市场经济的运行机制。

三、调整产业结构和所有制结构，推进经济体制和增长方式的根本转变，努力形成规模经济，在产业发展上取得实质性的突破。

我们大力培植和发展与报业有关的广告、发行、印刷、信息、出版五个支柱产业。将来还要逐步考虑将广播、电视作为支柱产业之一。同时，不失时机有选择地进入其他行业，坚持扬长避短的原则，充分利用南方日报社现有的人才、信息、设备、发行网络等资源来培育新的经济增长点。

记者：在报业集团的建设与发展中，尤其要处理好哪几方面的问题？

李孟昱：社会主义市场经济条件下的报业集团建设是个新的课题，根据我们的实践，当前报业集团运营必须处理好以下八个方面的关系：

一、正确处理好办报与经营的关系。

报业集团是以报业为主的集团，必须以办报为主，经营为辅。报业集团的主要精力首先要放在办好党报上，而集团的经营亦必须以报纸为依托，以报业为主，兼营其他。

二、正确处理主报与子报的关系。

进一步突出主报的地位，让党报成为整个集团"联合舰队"的"航空母舰"。党报质量的高低，直接关系到整个集团的形象和发展。

三、正确处理发挥优势与适应市场经济发展的关系。

省委机关报要适应市场经济的发展，这是无法回避的事实，问题在于怎样去适应。《南方日报》的优势，就是权威性。当然，权威性必须与可读性相结合，这一优势才能充分发挥出来。因此我们提出：强化权威性，突出新闻性，加强可读性。只有充分发挥自己的优势与特色，才能满足高层次读者群的需要，更好地适应市场经济的蓬勃发展。我们既要发挥自己的优势，又要适应市场经济的发展；不能只讲优势而不讲市场，也不能为了适应市场而舍长取短。

四、正确处理主业经济与多种经营的关系。

发展报业集团经济，首先要精心搞好主业经济，经营好自己的主产品，树立市场品牌，扩大市场份额。这是发展报业集团经济的立身之本。从集团经济发展的战略高度来思考，还必须努力完成以报业为主的多元化经济发展的战略布局。所以，我们除了全力培养集团五大支柱产业外，还要不失时机地进入其他行业，形成非报业经济支柱。

五、正确处理办报与营销的关系。

当前，报业集团营销体系主要包括两大块：一是发行，二是广告。办报与发行、广告是紧密联系、休戚相关的。

报纸发行最重要的在于把发行主动权即生命线掌握在自己手中，最大限度地利用一切可以利用的因素，开通一切可以开通的发行渠道，包括利用邮发渠道。采取多渠道发行，有利于在报纸发行中引进竞争机制。各种渠道在发行中互相取长补短、平等竞争，使报刊发行市场更加规范和完善。

广告收入是报业集团收入的主要来源，而广告收入又与报纸质量、发行工作、广告工作密切相关。因此，广告工作是个系统工程，必须进行综合治理。

六、正确处理报业经营与跨媒体经营的关系。

跨媒体经营，当务之急是迎接"第四媒体"的挑战。当前，以因特网为代表的全球电子信息传播网络迅速崛起，对传统报业形成了巨大的冲击。形成跨媒体、多媒体的新闻信息传播，能够向社会提供全方位的信息服务，形成传播信息的规模效应。同时，能使资源得到更合理的配置，既节约了成本，又扩大了效益。

七、正确处理内部管理战略与外部经营战略的关系。

实施报业集团的产业扩张，有两种战略，一种是内部管理战略，一种是外部经营战略。

内部管理战略，主要是按照市场经济的规律和现代企业制度的要求，理顺内部管理体制和运行机制。

外部经营战略，牵涉面更广，更为复杂，如兼并、收购报刊或非报业企业等。在外部经营战略中，还要考虑逐步从传统的产品经营方式，向资本运营的方式转移。

八、正确处理近期发展与长远目标的关系。

在处理近期发展与长远目标的关系上，一定要在抓近期的发展时不忘长远的目标，又要以长远的眼光来看待近期的发展。当前要脚踏实地尽快建立与完善适应市场经济发展要求的高效有序的管理体制与运行机制，这是报业集团增强综合实力、在竞争中立于不败之地的重要保证。

记者：你们是如何依靠科学技术改造传统报纸和传统报业，迎接高新技术和"第四媒体"电子网络的挑战？

李孟昱：报业集团产业扩张的目的，在于追求1+1>2的规模效应。没有规模就没有效益，有了规模也不等于一定有效益。推进产业扩张的关键在于实行两个转变，即经济体制和经济增长方式的根本转变。

实现增长方式的根本转变，其中最重要的方面，就是向高新技术要效益。从1987年开始，我们就利用计算机技术对出版技术进行改造，并开发了涵盖报纸的采编、印刷出版、电子出版、卫星传版、在线信息服务为一体的新闻出版综合业务处理系统。这个系统在全国报业处于领先地位，最近获得国家新闻出版署科学技术进步一等奖。我们除建立原有的因特网址外，最近又新建了"南方网"，以迎接高新技术和"第四媒体"的挑战。

能否适应未来信息革命的挑战，对新闻媒体来说是一件关系生死存亡的大事。这对维护党报的主体地位，维护和扩大我们的广告额度，都有着极为重要的意义。所以，我们在办好现有纸质传媒的同时，要对信息网络传播、多媒体新闻所产生的巨大冲击和发展机遇给予足够重视，紧紧把握住这一报业发展的新机遇，尽早确立自身的网上优势。

我们当前至少要在两个方面做好准备：

一是必须加强现行的舆论管理，强化我们在新闻网络的站点建设和宣传力度，提高舆论引导水平和报纸的整体质量。

二是做好市场竞争的准备。我们必须加大改革力度，尽快实现产业化经营，推进集团的经济体制和增长方式的根本转变，努力形成规模经济，不断壮大经济实力。

（原载《中国记者》2000年第3期）

▍组建报业集团，让党报成"旗舰"

——南方日报社原社长李孟昱感慨当年风雨兼程路

本报首席记者　梅志清

实习生　邓文忠

薪火不尽，代代相传。

1996年8月，李孟昱正式领命主政南方日报。这是一位先记者、再主任、再老总的标准路线成长的报人，但这位新当家人心中非常清楚，自己人生正经历着最大的挑战。

"艰难"。李孟昱回忆当年，这个词频频出现。

面对日益激烈的媒体竞争，当时的《南方日报》发行停滞不前，广告形势不容乐观；《南方都市报》尚是嗷嗷待哺的婴儿，未来方向不明；《南方周末》虽每年有一千多万元的利润上交，但对于整个集团来说，也只是"补贴家用"而已。

那时声名在外的南方日报内部经济之窘迫，让整个集团的人都揪着心。

两件事不少南方报人还记得。一件是当时广州要出版新的地图，作为广州大道上的地标，南方日报自然成了候选，但要出钱。下令勒紧裤腰带过日子的李孟昱拒绝了这个要求。

另一件事是，为了大力开拓市场资源，李孟昱与当时的南方日报总编辑范以锦上门拜访某大型企业掌门人。"没想到平时很健谈的社长，见了企业的老板，一时不知道怎么开口了。"当时陪同前往的广告公司的负责人至今还记得这个耐人寻味的细节。

是非分明、直言快语、雷厉风行、成竹在胸的李孟昱显然不会甘于这种现状。想当年他分管《南方周末》，十年风雨，波谲云诡，但他和同事们一道，将其羽化成影响力遍及海内外的中国媒体力量。在集思广益开展业务大讨论后，很快，南方日报大刀阔斧的改革时代正式来临。

1997年8月的花都会议注定成为南方日报事业发展史上一个有力落点。正是在这次会议上，南方日报明确了以报业为依托、扬长避短重塑报业市场主体的发展模式。也就是在这次会议上，社委会力排众议，果敢决策——投资数千万让《南方日报》再度扩版，咬牙继续支持《南方都市报》发展，允许它"一年大亏，两年小亏，三年平，四年开始有利润"。

正确的方向让南方日报士气大振，人心复聚，李孟昱引领这支"舰队"开始迎风沐雨、破浪远航。

组建报业集团、推出竞争上岗、开始自办发行，创办《21世纪经济报道》……到2002年李孟昱卸任之时，南方日报报业集团已成为"新世纪中国大学生就业首选企业""中国最受尊敬企业"，"南方报业"已开始成为中国传媒的金字品牌。

李孟昱出生于湖南涟源，此地民风彪悍，自古多忠义之士，这一血脉，在李孟昱身上似可寻身影。至今，李孟昱湘音未改，耿直率真的本色未变。而他给"南方"留下的财富，铭记史册。

组建报业集团
"子报子刊养主报"观点违背初衷

记者： 在您主政期间，1998年南方日报报业集团正式成立，全国省级党报第一家，您认为这对于南方日报事业的发展有何深远的影响？

李孟昱： 党报组建报业集团，我认为最大好处就是能够进一步提高党报在社会上的影响力和竞争力，在集团中明确主报与子报的关系，进一步突出主报的主体地位：

当时有一种意见认为，党报由于其喉舌的地位和性质决定了它不能像企业那样一把利润最大化当作自己的工作中心和重点，因此应把精力放在办子报子刊上，依靠子报子刊去创收。以子报子刊养主报。我认为这种观点有失偏颇，也违背了党报组建报业集团的初衷。党报组建报业集团，就应该让党报的主体地位更加突出，成为整个报业"舰队"中的"旗舰"。我当时就很明确提出，在报业中，以党报为主，集中力量办好省委机关报《南方日报》，使其成为一份立足广东、面向全国、走向世界，在海内外具有更广泛影响的综合性大报。根据这个思路，我们将人力、财力、物力向主报倾斜。那一年在经济这么困难的情况下，我们还投资3500多万元，对《南方日报》再度扩版，使其在珠江三角洲地区和省外、国外发行16个版，整体质量上了一个新台阶。

首提名牌战略
品牌之争关键是报纸整体质量竞争

记者：你当时还针对中国加入WTO后党报所面对的挑战，提出要实施名牌战略，那个时候，传媒的品牌意识尚在一个初级阶段，而这对于南方日报来说，也是一大步。

李孟昱：我提出名牌战略，既是自己对于报社事业发展的思考，也是来源于我们集团事业发展的实践。今天回想起来，我还是那句话：名牌战略关键是坚持新闻改革，不断提高报纸的整体质量。名牌就意味着高质量、高品位，报业的品牌之争，实际上是报纸整体质量的竞争。在坚持党性原则、把握正确导向的前提下，努力提高引导水平，仍是当前新闻改革的难点。这个问题不解决，别说占领世界受众市场，继续发展下去，连国内受众市场也会失去。所以，实施名牌战略首先必须深化新闻改革，特别是要树立精品意识。

记者：那个时候我们集团的品牌战略实施得怎么样？

李孟昱：我们用《南方日报》这一名牌，开发出《南方周末》和《南方都市报》这一名牌，后来又对《南方周末》和《南方都市报》这两个名牌进行新一轮的开发，由《南方周末》创办了《21世纪经济报道》，由《南方都市报》创办了《南方体育》。我们还利用集团的新老名牌，开发跨地区、跨媒体经营，已经比较有起色了。

开启自办发行
全省90%乡镇当天可看到《南方日报》

记者：我记得在新千年来临前一年，我们南方日报终于迈开了自办发行这一步。您如何看待这一事件？

李孟昱：其实如果你去翻南方日报的历史，我们在1949年创刊时就是自办发行。当然，南方日报1999年实行自办发行，这是南方日报报业集团进行产业结构调整推出的头一个改革举措，是进一步增强党报竞争力的重要措施。全省90%的乡镇，当天就可看到《南方日报》，这在邮发时期是不可想象的。

南方日报过去交给邮局发行，由于邮局是垄断性经营，在发行时效、发行覆盖面、发行费率三个方面都存在问题，严重制约着我们事业的发展。自办发行后，投递时效大大提高、发行覆盖面更加科学、发行费率大为降低。

引入社会资金
"我们办报，经营者持股"

记者：在您任上创办了《21世纪经济报道》，这是第一份在经营环节引进集团外部资本的报纸，也是第一份尝试建立相对规范的公司治理结构的报纸，头一年办报，第二年就盈利，也算是奇迹。

李孟昱：把《南方都市报》扶上马后，另一个新的经济增长点在哪？我们就想到办一份非常专业的财经媒体。但我们那个时候手中没钱，就想到引进集团外部的资本，我们办报，经营者持股，集团连同报纸中层经营者持股占60%。一些人至今还在担心，似乎引入社会资金办报，就会影响党报的性质，影响党对新闻舆论的控制。其实这种担心是多余的。在办报与经营两分开后，报业经济投资主体多元化，引入社会资金不仅不会影响党报的性质，反而会壮大党报的经济基础。当然，这里最重要的一点就是，新开辟的融资渠道必须安全有效，以确保国有经济成分在报业集团经济中的主体地位。

而我们在《21世纪经济报道》大胆尝试中层经营者持股，也是为了在内部建立合理的利益分配机制和利益驱动机制，确保人力资本在生产要素构成中的主导地位，使职工与报业集团构成利益共同体，让经营者和每个职工的利益追求与集团对战略目标的追求相一致。当时这是非常大胆的改革，现在看来仍是突破。

（原载2009年10月21日《南方日报》）

▎墨寄意　象融情

——李孟昱学长《民俗墨象》读后

钟　东

一、校庆献礼，感念师恩

岁逢甲午，时序金秋，我们正在喜迎中山大学建校九十周年的到来。当此之际，八方校友，同兹欢庆。一九六四级的中文系校友，杰出新闻事业家李孟昱学长，以他的书法艺术新著《民俗墨象》（南方日报出版社2014年7月出版），作为献给母校九十华诞的厚礼。

捧读这本书，卷首有中山大学校长许宁生教授的题字"山高水长"，这四个字，可视为中大校歌精神的浓缩。而在书的封面上，则印着："中山大学著名学者黄天骥教授认为，这是文化民俗的融合，篆隶草楷的汇聚。"黄老师要言不烦的概括，可作为我们对此书的导读。在这里，我想谈谈自己读的感受。

李孟昱学长，1969年毕业于中山大学中文系，长期从事新闻工作。他组建了全国省级党报第一个报业集团，即南方日报报业集团。1991年起，他享受国务院颁发的"政府特殊津贴"，2012年获得广东省首届新闻终身荣誉奖。从事新闻工作的同时，"行有余力，则以学文"。他醉心文学与书法，是中国作协、广东书协的会员。在《民俗墨象》之前，他就已经有作品集《暇豫墨趣》《名胜墨韵》《风月墨缘》，皆以其创意而获得好评。

《民俗墨象》是他今年的新书，专门为母校九十周年大庆而作。

该书由两大部分组成：百字图一百例，千字文十二篇。百字图又分两类型：图案型65幅，嵌字型35幅。不同内容的《千字文》十二篇，分别用九种书体写成。这两类作品，无处不见作者的精妙心思，立意祥和，寄情感恩。

二、借图民俗，寄愿吉祥

百字图中，放在最前列的三幅，先后是为中山大学建校九十周年志喜的《学海无涯》，为纪念中文系一九六四级入学五十周年的《文苑情深》，为感念师恩，向以黄天骥老师为代表的老师们致敬的《天纵神骥》。这三幅图，寄寓了学长对母校、对同学、对师恩的种种追忆。

自古以来，一直在书法艺术中，延续着"立象以尽意"的传统，自《庄子》"得意忘言"之说，到王弼"言意之辨"；自《周易》"意象"之学到《说文解字序》的以字为"象"：皆可见古人早就注重"象"中之"意"了。

"百字图"在中国，确实是民间一种喜闻乐见的形式，为人们寄托心灵颂祝、纳吉迎祥的有着浓郁民俗特色的表现形式。像人们所耳熟能详的百福、百寿、百禄、百喜，就是在一幅作品中摆列一百个字，同是一个汉字，却有一百种写法。这些写法是篆体汉字因种种变化而产生的异体别书。作者借用传统民间的这种形式，创作了一百幅自己的作品。李孟昱学长，用吉祥成语或熟语做标题，把百个篆字排列成图案，或嵌接成汉字，像《春色满园》中是百"春"字，《鸾凤和鸣》是百"喜"字，《寿乐康宁》是百"寿"字。而像《心想事成》就是以"事"字组成"心"字型图，《世尊善乐》则是以"尊"字组成"世"字型图。

三、汇集篆体，考辨精详

百字图案，每一幅都是篆体汉字同字异形的汇集。李孟昱学长，为了创作一幅作品，往往翻查甲骨文、金文、籀文、小篆、玺印文等各种古文字与书法的资料，有时也采用民间流传异体字、俗体字与变体字。这种"无一字无来处"的做法，不如古人写诗的"化用"法来得容易，其实比古人写诗难度更大，因为需要准确地描摹古字的形状。诚如作者所言："要找出有一百种不同写法的具有篆字风格的同一汉字实属不易；而要把这百种不同写法的同一汉字，聚合成一幅以吉祥成语或熟语命名的书法作品，也煞费周章。"

在书中，墨之为象，指画式而言，但组成图案的，是各种篆体之字。书写篆字异体，必须先加以考辨，这一步靠的是学问上的功夫了。这种汇百篆之字而成吉祥图案的民俗形式，装载的是古代文字的种种变体。所以，如果没有古字、古书、古碑、古帖之学，就难以绘此百图、书此千文。换言之，有了古学，才有今作。好在作者长期从事文化事业，既有古代文字与书法的真心爱好、也有书法艺术的长期浸润与陶炼，创作这类作品是厚积薄发，轻车熟路，所以得之于心而应之于手。

四、博大精深，九体千文

至于学长在该书中的十二幅"千字文"作品系列，则又表现出一位中山大学中文系校友另一种精神特征，这就是对待文献与文化，必征其信的精神。古时候，孔子述礼纂乐，删定六经，颇有感想地说："文献不足故也。足，则吾能征之矣。"又说："君子于其所不知，盖阙如也。"这种老实的精神，一直是中国传统的人文精神。李孟昱学长的"千字文"作品系列，以一个实例表现出对"必征其信"传统精神的继承与发扬。《千字文》一般人只知道南朝梁代的周兴嗣所作的文本，至于其他不同主题、不同撰文的《千字文》，就不是人们所普遍熟知的了。我们在《民俗墨象》一书中，居然看到十二种不同编文的《千字文》，诚为《千字文》大观，让人大开眼界。

《民俗墨象》的十二种《千字文》，第一种是大家常见的周兴嗣本。其他"续""再续""别本""叙古"诸种，选自岳麓书社1987年出版的《千字文》一书。而"重续本"则是依元朝人赵孟頫的不完整《续千字文》本，用明朝人周履靖的《三广千字文》补上所缺的三百多字。还有一种明代人李登所作的《正字千字文》，是依据清代人出版物《增广四体字法》（新聚堂版），这是当时企图为规范汉字而撰，故称"正字"。其中的《增寿千字文》则是清初人冯嗣京用周兴嗣本原来的一千字，增"寿"字减"洁"字（原书"絜"与"潔"重复）重新编文，以迎康熙皇帝的"万寿"。以上是《民俗墨象》的作者在《前言》中对《千字文》的说明，从中不准看出其所选题材，皆经过认真地考证与精心地选择。

再从书体来看，李孟昱学长书写《千字文》十二种，尝试使用不同的书体，分别使用了大篆、小篆、隶书、汉简、魏碑、章草、唐楷、行书、草书等九种书体，这些书体风格统一地出现在不同的《千字文》作品中，懂得书法的人都会明白，他做了一件高难度的事情。因为书家精研一两种书体，已经足以花费一辈子精力了，何况是书备众体，那非是有过人的勤勉努力，以及创造性的才思与技能，所莫能轻易做到的。

五、无穷书意，作育人才

李孟昱学长的吉祥作品与千文书法给我们许多启示。中山大学中文系向来在培养学生读书治学、思考问题的能力之同时，还注重作为中文人的基本技能培养。中文系老师们很早就提倡中文系的学生要"三头好"，也即是口头、笔头、指头的基本技能的训练。其中的笔头，就是能写文章能写字。目前，中文系已经连续实行了近三十年的大一学生手写百篇作文，就是为了培养学生笔头好的最有代表性的教学传统。

笔头好的另一个含义，就是能书法。中文人向来绍继着这个传统，既重视撰文，还重视书字。中文人重视这个传统，是因为一直以来认识到书法是传统人文的精粹：对人文学科的知识学习来说，书法艺术是专业辅翼性的基本技能；书法艺术是开启传统历史文化与汉语言文学那扇方便之门的钥匙；书法与诗画琴棋并列，被视为文人必备的本分雅事；书法艺术是调理身心，使人清安的无上法门……其实，从育人的意义上讲，书法艺术是全方位地铸就文化之人的陶钧，是作育人才、疏瀹人心的通途。李孟昱学长在谈及自己用九种书体写《千字文》的体会时，说了几句很有意味的话："之所以采用九种字体，并非我对博大精深的中国书法堂奥的探寻有何领悟，而是企盼通过对多种字体的挥洒，能够锻炼自己双手的灵巧、思维的敏捷、记忆的明晰、身心的愉悦。"书法之育人，是德、智、体、美兼具的！

书法教育，也是"成己达人"的学问。书法之作，如能熔铸今古、该备众体、融合雅俗、寄意于象，承载传统，这应是中山大学人文学科的共同追求。李孟昱学长的《民俗墨象》，正是用笔墨之象寓刚健之趣，弘扬了"山高水长"的精神！

（原载《中山大学报》2014年11月3日。作者系中山大学中国古文献研究所副教授）

花之情 诗之韵

——读李孟昱书画集《花情诗韵》

李菊华

　　博学多才的孟昱兄是一位热爱生活、懂得生活的人。他生性乐观豁达，活力十足，总是闲不下来，好像身上有一股使不完的劲儿。对于生活中的美好事物，只要产生兴趣，便会怀着满腔的热忱，积极、执着地去追求、探索、体验，常有一种"不达目的不言休"的气势，令人折服。这不，退休后马不停蹄地出版了四本书法集后，又雅兴大发，决心拿起画笔，染指丹青了。

　　书法，孟昱兄是行家，但对于绘画，他还真是个门外汉。况且年事已高，也不宜出门远跋，拜师求学。但这，一点也难不住他，一句"山人自有妙计"，便忙活开了。一月有余，这位仁兄竟从各大图书馆、书店搬回了一座绘画书山。自此便一心埋头于历代绘画的书刊和画纸堆里，遍访名家，广寻芳景，勤耕细作，艰辛而愉悦地徜徉在色彩飞舞的世界中。斗转星移，春秋几度，当他将第一幅自觉满意的画作《金菊》展示出来，令人眼前一亮。那画风清丽典雅，色彩鲜和明快，意韵深邃凝练，把生活中的美丽生动地表现在画纸之上，充溢着一种赏心悦目的艺术之美。他的成功其实也并非偶然，这也许和他的博洽、慧悟、才情、天赋，以及书法功底不无关系。当然，更重要的还是他那丰富而美好的精神内涵。此后，部分作品在报社陆续展出、拍卖、刊登后，大获好评。于是，就有了这本书画集《花情诗韵》的问世。

　　孟昱兄之所以选择描绘百花，只因家里的阳台四季如春，姹紫嫣红，幽香四溢。艳红的茶花、淡黄的月季、馥郁的瑞香、火红的石竹、金黄的桂花、淡雅的海棠、紫红的蝴蝶兰、烂漫的勒杜鹃……按季节次第绽放，生生不息，这无不激起他对生活的热爱和创作的激情。孟昱兄在年轻时，曾写过不少关于花的散文，诸如描写牡丹的《牡丹小记》、赞美菊花的《菊城行》、刻画凤凰花的《凤鸣朝阳》、渲染广州花市的《春光曲》、撰述花木园林的《初睹芳华》，等等。这些，都为他创作百花图打下了充实的基础。

翻开《花情诗韵》，顿觉清风徐来，沁人心脾，使人宛如踏进了一个清新、华丽、欢乐的花的世界，置身于一个高雅、美好、脱尘的化境，还真有古人所谓"清风出袖，明月入怀"的美的感受。一百零八种花卉，因生长季节、环境的不同，气势各自有异。因此，他作画首先在构图上讲究总的动势，力求符合生活真实而又新颖别致。枝蕊有开有合，有争有让，俯仰疏斜，参差交错。看似随意点染，实则涉笔成趣。那异彩纷呈的鲜花，或娇艳夺目，现芳香袭人的神韵；或清丽明洁，呈淡雅凝素的气质；或含苞待放，展生机盎然的风貌；或顾盼多姿，荡繁英临风的童趣。这一朵朵鲜花，像一首首或热烈、或豪放、或壮美、或幽淡的小诗，既展示了大自然的美，也抒发了作者对生活热爱的情思。

画绘花，诗咏花，"以物写情、借物抒情"，画情配诗意，构成了《花情诗韵》的韵致和特色。孟昱兄搜集了清代以前名家咏和花卉的诗和词，每种花各配一首咏花状物的古典诗词，并用大篆、小篆、隶书、汉简、魏楷、章草、行书、草书八种字体书写。娇艳妩媚的花朵、托物言志的古诗、字体多样的书法，在《花情诗韵》里熔为一炉，使之更具深厚的文化内涵。读者既能饱赏花颜秀色，又能领悟古典诗词的韵味，同时欣赏到中国书法的妙趣，得到多元的美的享受。

孟昱兄虽年近耄耋，却仍精神矍铄，鹤发童颜，容止闲雅。这全归功于他高雅良好的生活品味和情趣。人拥有良好的情趣，精神就会更加充实欢愉，生活就会更加适意舒畅，身体也就自然而然地康健了。时至今日，孟昱兄仍在以满满的兴致，孜孜不倦地追求着，笔耕不辍。记得几年前，他曾说过这样一段话："常怀着一颗感恩的心，努力撷取前行路上的朵朵成功之花，让生活变得更加精彩，更加亮丽，这是何等快乐之事啊！"斯语，兰言也。

2017年6月

第三篇

李孟昱作品

I 散文

I 菊城行

自古以来，每值秋深霜重、菊黄蟹肥时节，便有那些文人雅士吟诗作赋，对菊抒怀。然而多半是抒发他们个人那种清高、伤感、孤傲的情感罢了。而今天，亿万劳动人民却正用自己勤劳的双手，在谱写一首首豪放、磅礴、壮美的菊花诗。

11月的一天，我随着观赏"小榄菊花会"的浪潮般的人流，来到有"小柴桑"之誉的菊城。一踏进街口，远远就闻到一股清幽的芳香，随风而来，沁人心脾。抬头望去，大街小巷，几乎家家户户的房门口、凉台上，都种着一盆盆、一丛丛花朵灼灼的秋菊。那金黄的、纯白的、艳红的、淡紫的、黛绿的丽花，仰着她们那娇态逗人的圆脸，像是在迎着人们粲然微笑；不时还有一簇簇悬崖菊从墙垣上倒垂下来，摇曳着她那婀娜多姿的玉臂，宛如在欢迎远方的来客。这妩媚的笑脸，婆娑的舞姿，又仿佛是在向人们倾诉她的主人对社会主义幸福生活的由衷赞美。

小榄人偏爱菊花，是有着与众不同的情趣的。他们爱菊、种菊，早在几百年前就已成风习。倘若你问起个中缘由，小榄的每个成年人都会不无自豪地对你讲述一个动人的传说：那是南宋咸淳八年，有一个姓苏的妃子，因不满朝廷，潜逃出宫，藏匿在南雄珠玑巷。宋度宗为追查苏妃下落，肆意屠杀人民。咸淳十年（即甲戌年）发兵查剿南雄。珠玑巷各村百姓相率南迁，一部分人斩竹结筏，浮水漂流到小榄。当时正值清秋，小榄黄菊遍野，金黄耀眼，煞是可爱。南逃人们被这秀丽景色和幽美环境所吸引，于是在这里定居下来。以后，人们为纪念前人开村的功业，便自发组织"菊社"，举行"菊试"，借菊花而寄热爱乡梓之情。在明代，小榄就流传着"岁岁黄花看不尽，诗坛酌酒赏花邮"的佳话，可见当时品菊评诗的盛况。到清代嘉庆甲戌年（1814年），举行了一次规模空前的菊花会，并约定以后每逢甲戌年都举行一次大规模的菊花会。自嘉庆以来，历同治甲戌、民国二十三年甲戌，至今已是第四届菊花会了。每逢菊花会，全镇的人倾城而出，周围几个县的人也纷纷赶来赏花，参加人数之多，场面之热烈，只有广州年宵花市可以比拟。除赏花外，还有品菊、评诗、赛艇、演戏、舞狮、舞龙等活动以及各种展览，使菊花会更充满了诗情画意。

今年的菊花会，是为庆祝建国三十周年，而将六十年一遇的"例会"提前举行，其规模比历届都要盛大。菊花会的主场设在风景宜人的中山公园和烈士陵园，展出菊花品种达八百多种，共三万多盆。踏进公园，展现在人们面前的是一种极为壮观奇妙的景致。啊！是谁的妙手，把天上片片彩霞摘落下来，飘撒在这满园翡翠之中，在璀璨的阳光下，彩色斑斓，使人目不暇接。难怪许多名画家都爱在他们画菊佳作上标上"霞色""落霞"的题款呢！走上前去，那争芳斗艳、仪态万千的繁花，便一个个对你绽开了笑靥。停下你的脚步仔细欣赏一番吧！那迎风飘舞的是小榄传统名菊"嫦娥牡丹"，她凌空舒袖，仿如万里长空翩翩起舞的嫦娥一般飘洒俊逸；那亭亭玉立的"黄海秋月"，恰似明月亮照、光泻大地般柔和晶莹；那含羞欲语的"蜜蜡西施"，瓣带蜡光，散发着蜂蜜般的清香；还有那有如微波荡漾、碧水长流的"秋水长天"；色白如玉、花香袭人的"萃香菊"；芬芳馥郁、根叶比蔗糖还甜的"甜香菊"；耀眼金黄、色香兼备的食用菊"黄莲羹"……这朵朵菊花，简直就是一首首抒情诗，使人们强烈地感受到生活是多么美好！我想，今天人们之所以喜爱菊花，不仅只是因为她象征着无畏、倔强和坚贞，而且还因为她表示着美满、欢乐和幸福吧！

娇妍多姿的品种菊是令人惊叹神往的，然而，在小榄菊花会里，最吸引人的还是那如诗似画的造型菊。看，那用五百多盆各色菊花砌成的脚踏祥云、腾空而起的龙壁，那汲取民间菊艺砌作传统，同时配以电动装置，跃然盘旋、冲天而上的龙柱，吸引着多少摄影机的镜头。飞龙，素来是中国人民的化身，胜利的象征。这飞驰奔腾的群龙，不正象征着复苏的祖国正在实现四化的征途上突飞猛进吗？怪不得那些从海外归来的游子和港澳同胞，都爱在龙壁、龙柱前摄影留念呢！

我徘徊在凤岭下，欣赏着花样繁多的造型菊，蓦地瞥见一位年过八旬的老人，正眯着双眼，久久地凝望着那用黄白菊花砌就的"吉羊"坛。他似乎沉浸于一种如醉如痴的境界，喃喃地自语着："吉祥，吉祥，好啊，好啊……"

老人看见我在注意他，才从沉思中清醒过来，朝我一笑，说："你看，这坛的底座是桔果镶嵌的，上面是三羊，'桔'和'羊'，不是吉祥吗？"

我表示同意，高兴地点了点头。

老人用手捋着飘摆着的银白长须："我们就是盼望着年年吉祥啊！"

停了一会，老人又指着凤岭下那帧用菊花砌成的"双凤朝阳"，说："这里面还有个故事呢！据说这凤岭就是一只金凤凰变的。金凤凰，就是人们传说中的吉祥鸟啊！可是，在解放前，它并没有给小榄人带来什么吉祥，而是连年的灾祸和饥荒。就说这菊花会吧，我参加过民国甲戌年的菊花会，我祖父还在同治甲戌菊花会上得过奖。但那时，哪一届不是土豪劣绅所把持，菊花会成了他们搜括钱财、粉饰升平的工具。解放了，金凤凰才真正带来了吉祥，人们总算过了十几年的好日子。但后来，连'吉祥'都要当作'封资修'来批判的林彪、'四人帮'横行中国，人民又遭了殃，就连小榄菊花也摧残得差不多要绝种了。要不是党中央一举粉碎'四人帮'，这吉祥鸟怎么也不会再会回来，这菊花也不会开得这么盛、这么艳呢！"

老人说着，微微一笑，迈步走开了。而我，却被老人这席谈话引入了冥想。是啊，人们所希望的吉祥，不就是期望安定团结，五谷丰登，六畜兴旺吗？有着这样的感受与愿望的，又何止一个老人。

当人们漫游在花海之中，尽情享受生活之美的时候，自然要感谢那用自己的汗水浇灌出这秋菊佳色的人。此时，我心中产生了一个念头，要见见这些用自己的辛勤劳动美化生活的能工巧匠。我在熙熙攘攘的人群中，好不容易找到了花会的负责人老李。说明来意，他有些为难地摊了摊手："这些艺菊的培植者大都是本地的普通工人和社员，他们现在也许正在车间和地头开工呢，就是来了花会，人山人海的也难找啊！"也许我脸上露出了失望的神色吧，他马上接着说："不过，我倒是可以带你去访访花会的设计人员，如何？"我喜出望外。老李边走边告诉我：这次菊花会的设计，全部出自一群平均年龄不到三十岁的年轻人之手。他们没有一个人受过专门技术训练，就凭自己对生活的热爱和业余的兴趣刻苦钻研，闯出来的。说着，他带我穿过花径，在花丛中拉出一个小伙子来。这年轻人有二十五六岁光景，壮壮实实的，浓浓的眉毛下深藏着一双闪闪发亮的眼睛，略带腼腆的脸颊被身旁的艳花映得格外红润。他起初有些拘谨，后来谈到菊花会的设计，便活跃起来，如数家珍地一一回答了我提出的问题。他充满劳动喜悦的讲述，像山泉涓涓流水那样悦耳、动听，使人耳目一新。我抑制住内心的激动，问："花会的设计真是匠心独运，巧夺天工，能否谈谈你们的经验？"一听到"经验"二字，小伙子又恢复了拘谨、腼腆的神情，他对我憨厚地笑了笑："这没有什么，不会，就学呗！"不会，就学！这是多么简单而又深刻的壮语啊！就是这些年轻人，凭着这种精神，摘下了天上灿烂的彩霞，为我们的生活穿上绚丽的新装；谱写了一首首脍炙人口的菊花诗，给人们的心头送来美的激情。花美人更美，人比黄花俏。我望着小伙子那被繁花映红的笑脸，激动非常。"不会，就学！"这正是千千万万青年的心声！我们的年轻一代要急起直追了，林彪、"四人帮"造成的青黄不接的局面就要扭转了。

"遍地寒英同目赏，漫天秋色迎君归。"在那远离祖国的异国他乡，还有多少爱菊的人！他们的爱菊，更具一层深情：思乡。每逢金风送爽的季节，许多侨居异地的同胞都爱在自己家里种上几盆秋菊，以寄托怀念祖国的情意。严冬过后的春风送来小榄花会的喜讯，怎不使他们欣喜若狂？多少人不避艰辛，扶老携幼，踏上了回乡探亲的归途。因此，本届菊花会的又一显著特点，便是侨胞云集，乡人团聚。偌大个菊花会里，到处都有他们欢跃的身影，到处都可听到他们愉快的笑语。白发苍苍的老侨工，在经历了千辛万苦之后，又能重返故里，再见祖国的光明，对菊咏叹，高兴得流下了热泪；青春焕发的年轻人，穿着五颜六色的秋装，兴致勃勃地穿插于万花丛中，尽情呼吸着异地没有的香甜空气；天真烂漫的小孩子，红喷喷的胖脸犹如朵朵盛开的鲜花。他们第一次踏上自己的国土，眼前的一切竟是这样的美好奇妙，看也看不够，以至无论妈妈怎样哄着拉着，都撒着娇不肯离去。是啊，劫后复兴的祖国，不正像这锦簇花团、千姿百态的花会，吸引着远方游子的心么？

太阳渐渐西斜了，赏花的人仍然川流不息。我步出公园，信步踱上花街柳巷。远望天边瑰丽的晚霞，我深深地吸了一口饱和着花香的空气，啊！多美的花，多美的人，多美的生活！我的心，醉了。

1979年12月

春光曲

——广州花市散记

　　春天和花是连在一起的。"桃红又是一年春""万紫千红总是春"一类诗句就是证明。所以，"愿春光永驻"和"让生活永远像花一般美"的祝福，其意义都是差不多的。

　　像气候宜人的昆明被誉为春城一样，"四时花似锦"的广州，也有一个雅号：花城。而在这座花城里还有座座春光更艳，春色更浓的花城，这便是一年一度的广州迎春花市。这些花城里的花城，花棚是花，花架是花，连牌楼也是用花砌就的。甚至街道上蠕动着的人流——那骑在爸爸肩上的小孩喷红的双颊，那手中擎着鲜花的姑娘脸上的笑靥，不也是朵朵盛开的鲜花么？这些花城里的花城，在恍如白昼的银灯映照下，显得格外美丽、动人。呵，春天，多么美好；春光，何等灿烂；春意荡漾在每个人的心里。

　　据说，世界上共有上千种花，广州迎春花市上当然没有这么齐全，但数目也相当可观，林林总总，异彩纷呈。这些花果，有在本省土生土长的，如白里透红、生气蓬勃的吊钟，果实累累、金光灿灿的金桔，枝如铁干、花若明霞的蟠桃，花大如磐、枝繁叶茂的凤尾球；也有从兄弟省市采购或引种来的，如国色天香、雍容华贵的山东牡丹，冰清玉洁、金盏银台的福建水仙，典雅庄重、高洁明丽的云南茶花，彩色缤纷、宛若繁星的天津瓜叶菊，如火似霞、热烈烂漫的台湾红，绰约动人、展翅欲舞的香港花蝴蝶。还有不少是从国外引进的，如娇妖艳丽的大丽花原产于印度、新西兰，潇洒俊逸的剑兰的故乡在荷兰，花香袭人的含笑是从新加坡引进的，色如雪片的日本白则是邻邦日本的良种……我们想，如果没有这许许多多外来的名花异卉，广州花市怎会有这令人目眩神驰的盛况？

听说，英国伦敦也有一个一年一度的花市，每年五月，在泰晤士河畔的帐篷里，来自世界各地的奇花异卉争妍斗艳。而"春光回照雪霜羞"的艳妆牡丹等源于中国的各种名花，则成为群芳之中的佼佼者，受到赏花人们的格外赞赏，为这异国花市增添了绚烂的异彩。无怪乎英国一位出名的植物采集家感慨地说："如果把源出于中国的花卉搬走，我们的花园便会变得十分空虚。"其实，无论是广州的花市，还是伦敦的花市，要使其春光更加灿烂，春意更加浓郁，在不断培育本地花卉的新品种的同时，还得移植别地甚至国外的奇花异木，以不断充实自己的园地。这岂止是就花事而言，生活中的许多事物不也情同此理吗？美好的东西，是应该互相交流、互相学习、互通有无的。科学技术、文化艺术等等，不也应该这样吗！

徜徉在熙熙攘攘的花市，许多人的心里都会冒出这样一个问题：为什么广州的花分外多？广州的花格外艳？现成的答案是有的：这里得天独厚，是大自然特别宠爱的地方。许多北国的花卉可以移植来南国，南国的一些花卉却无法在北方生长开花。例如，别饶风韵的肉质植物，在北方不仅不开花，连栽活都不容易呢！再拿广东独有的吊钟花来谈吧，它是南国的迎春花，花型美观，活像一串串吊起的小钟。钟色猩红，口如白雪，望之灼灼有光，每一个鳞状花苞里能够开出六七个，十多个，甚至三四十个小铃铛般的花来，确是别有情趣。秦牧在《花城》里作过这样的描写："这些小钟儿状的花朵，一簇簇迎风摇曳，使人就像听到了大地回春的铃铃铃的钟声似的。"真把吊钟描绘得活灵活现。可是这一名花，连粤北都难找到它的踪迹，就更不用说北国了。确实，广州地处亚热带，北回归线就从它的北郊穿过，因之最美好的鲜花也喜欢在这儿落籍，繁衍。但是，据屈大均的《广东新语》记载，广州在明代已有花市，但卖的只有素馨花。那么，为什么随着时间的推移，特别是解放以后，花市的规模越来越大，不但花十倍百倍地增多了，买花的人也十倍百倍地增多了，以至赢得了"花城"的盛誉。这里边，难道没有社会原因吗？记得朱道南、于炳坤写的《在大革命的洪流中》里，有这么一段记载：在广州起义革命军里，有一个年轻的女战士刘辉，她和同志们一道，在十字街头同敌人进行了殊死的战斗。子弹打光了，敌人冲了过来，于是她拉响最后一颗手榴弹，和敌人同归于尽。后来，人们从刘辉身上找到一封她写给亲人的信，上面写道：

　　……当革命开出鲜艳的花朵后，你们可以骄傲地说："我的小辉儿也用鲜血灌溉了这株鲜花。"

　　羊城四季花如锦，烈士鲜血灌溉成。呵，中国反帝斗争的策源地，具有革命光荣传统的英雄城市广州，今天所以百般红紫斗芳菲，不正是成千上万像刘辉这样的革命先烈，用他们的满腔热血，浇灌了这缤纷馥郁的鲜花么！

　　前人咏梅有诗云："向来冰雪凝严地，力挽春光竟是谁？"明媚的春天是从冰冻的隆冬过来的，我们的革命先烈驱走严寒，创造了灿烂的春天。我们的英雄人民还傲霜斗雪，保卫了美丽的春天。我们决不会忘记，十多年前平地刮起的妖风，霎时间，花谢了，叶枯了，落红满地，有几百年历史的花市也销声匿迹了，璀璨的春光被魔爪毁坏了。1970年春节前夕，董必武同志来到广州，面对这落英缤纷、一片萧索的羊城，忆起当年"通宵灯火人如炽""千红万紫报春光"的花市盛况，不胜愤慨地挥笔写下"破旧已无花上市，迎春将有艺如潮"的诗句。这岂止是董老一个人的心声，他倾吐了千百万爱花惜春人民的心愿。春光，孕育着勃勃生机的春光，洋溢着胜利欢乐的春光，你究竟在何方？你何时才重返故乡？"向来冰雪凝严地，力挽春光竟是谁？"人们冒着凛冽的寒风，遥望着北方的上空，盼呵盼啊，盼望着那力挽春光的巨人。终于，盼来了，妖魔消灭了，乌云驱散了，迎来了朗朗艳阳天，挽回了艳艳好春光！花城苏醒了，花市复生了。"不耐严冬寒彻骨，如何迎得好春来？"重游花城之花市，顿觉劫后重放的百花更娇更美了，人们的欢声笑语也更脆更甜了。

　　生活中的美都是劳动创造的。试想，今日"奇花独立树枝头，玉骨冰肌眼底收"的名菊，几千年前竟是只有铜钱大小的野花；原本生长在南方山岭中的灌木，却成了花市摇铃报春的吊钟花，人们便不由得赞叹起世代花农们的辛勤劳动。而当看到春意盎然的花市，竟然超脱于大自然之上，集一年四季的鲜花于一时，则禁不住要惊叹那巧夺天工的妙手绝技！花市开幕的前夕，我们在越秀公园曾见到"花王"梁仁，他便是这样的能工巧匠。这位祖居花地、世代种花的花工，今年已六十开外了，然而毫无龙钟之态，一张红铜般的日字脸，宽阔的前额，炯炯有神的眼睛，说起话来眼里闪烁着对生活无比热爱之光。他从懂事之日起就跟着爷爷、爸爸种花，"揠、扦、驳、插、压"样样皆能，他种的牡丹，一株能开三十多朵花，而且能准确无误地将花期从北方的五月提前到春节盛开。他培育的金桔，叶似碧玉，果如金珠，浓密均匀，恰似繁星点点。每逢桔果转黄的时候，他总要把铺盖从宿舍搬到桔棚附近的茅寮，熬夜值班，精心管理。他几十年如一日，用辛勤的汗水，催开了千万朵娇憨逗人的鲜花。人们都称他是播种春光、保护春光的人。提起他，还有一段感人的故事呢！那是祖国春光被魔爪撕裂、踩蹋的时候，历史小丑们把种花、赏花也诬蔑为封资修，花城自然在劫难逃。于是，往日玉笑珠香的奇花异卉都被毁掉，改种起穿心莲、番薯、芋头来了，多痛心啊！更使梁仁痛心的是，他辛辛苦苦从无到有地培植的四十三个品种的茶花，共两千多盆，也要毁掉。梁仁敢怒而不敢言啊！他不忍让这些名花毁于一旦，背地里把十多个茶花名种悄悄转移出来，分散藏在花圃的墙脚下、草丛中。他每天背着人去浇水、施肥、除草，悉心照料。每一开花，便忍痛掐去。留得枝叶在，等待春归时啊！就这样，在万花纷谢的严寒时候，梁仁留住了一片春意。"山茶花开春未归，春归正值花盛时。"春天终于归来了，复苏的茶花，开得更加鲜妍了。保护了春光的老人，饱经风霜的脸又绽开了笑容，笑得就像一朵傲雪凌霜的秋菊花。

现在，梁仁已经退休。然而，他并没有回家，仍然留在这艳丽幽香的花圃里。他把主要精力放在培育另一种新花幼苗上。他言传身教，为美好的社会主义生活培养着育花人。他带出的青年花工进步很快，有的已颇有一手技艺。去年，广州、香港的电视台还专为他培养出的青年花工的杰作——花塔，拍了电视呢！眼看着幼苗茁壮、新花初放，这位播种春光的老花王心里该多甜啊！

在生意盎然的祖国大地上，像梁仁这样勤劳勇敢、育春留春的能工巧匠又何止千万！你看，那花市银灯下笑脸迎人的花农，那肩托金桔，朗声欢笑的工人，那手执花束、满面春风的女工程师，那面对花海，眼里流露出喜悦目光的战士……他们不都是各条战线上辛勤的播春人吗？他们播送的春色，将融汇成祖国万里河山无边的灿烂春光！

1980年2月

▌牡丹小记

牡丹，雍容华贵，娇艳妩媚。历代诗人、画家曾为她写下了多少绮丽的诗篇，描绘出多少令人神往的丹青！而自从唐代李正封"国色朝酣酒，天香夜染衣"的佳句问世以后，"国色天香"就成了牡丹的专门雅号。

生长在南国的人，是难得看到牡丹花的。即使春节到迎春花会去，也不过见到几盆数十朵罢了。因而，我常常以此为憾事，渴望能够饱览牡丹的芳容。今年春节，我竟然了却多年来的夙愿，在深圳的"中国牡丹花展览会"上，尽情地欣赏了来自牡丹之乡——山东菏泽的两千多盆争妍斗艳的牡丹花。

一踏进花会，我立即被那浓妆艳抹、花团锦簇的牡丹所包围，所拥抱。那一朵朵硕大的牡丹花，仿佛是用胭脂凝成的，美艳润泽，芬芳馥郁；那衬托着花朵的叶片，好像是用碧玉雕就的，繁茂厚实，青翠欲滴。各色牡丹，荟萃一园。这里，有"千片赤英霞烂烂"的红牡丹，"宿露枝头藏玉块"的白牡丹，"翡翠轻棱叠雪装"的绿牡丹，"乌龙卧墨池如翠"的黑牡丹，"玉佩停湘女，金盘扶汉仙"的黄牡丹，还有紫牡丹、蓝牡丹、粉牡丹，等等，真是七彩缤纷，眩人心目。再仔细看看，这五颜六色的丽花，其芳容更是千姿百态。你看，她们仰着那鲜艳的圆脸，向你闪露出各种娇态逗人的笑意：有的娇羞忸怩，有的顽皮狡黠，有的娴雅矜持，有的欢腾雀跃……她们一个个媚而不贵，妩而不俗，令人感受到蓬勃向上的青春活力，人们从她们那沁人肺腑的芳香中嗅到了浓郁的春天气息。历代不少文人墨客在吟咏牡丹的美艳时，总喜欢把牡丹描绘成富贵娇气、无力醉卧的娇美人。这实在是有些委屈牡丹了。你看，眼前这生机盎然的牡丹，她们不是和其他春花一样，正以那蓬勃的生气，傲霜凌雪，迎接着春天的到来么！

花会除牡丹外，还展出了梅、桃、菊、大丽、吊钟等杂花、盆景一千多盆。"独占天下第一春"的牡丹和竞放着的繁花，交相辉映，相得益彰。宋代文学家欧阳修曾作《洛阳牡丹记》，在他看来，似乎只有牡丹才配叫作花。诗人舒元舆的《牡丹赋》则走得更远：牡丹一出，"玫瑰羞死，芍药自失。夭桃敛迹，秾李惭出……"他笔下的牡丹，已不是"花中之王"，而简直是"花霸王"了。我想，牡丹这"花霸王"之嫌，当然是文人们穿凿附会的。不信，你看看这花会吧，腊梅灿灿，夭桃灼灼，秋菊烨烨，大丽盈盈，和"国色天香"的牡丹顾盼生姿，比肩竞放，把整个花会映衬得春意盎然。"一花独放不是春。牡丹虽好，还须众花相伴。"正是这似锦繁花，这万千仪态，才组成了百花齐放、万紫千红的春天。这自然界的规律不是也能给我们以启发和深思么？

在几棵粗大挺拔的牡丹树前，我遇见了山东省菏泽县赵楼大队牡丹技术组组长赵孝庆。他才三十二岁，黑里透红的脸庞上嵌着一双闪亮的眼睛，厚实之中显得聪明干练。别看他年纪还轻，却已是种牡丹的能手了。最近几年，他年年都要来南国。前几年香港、澳门举办"中国牡丹花展览会"上的牡丹，以及我国从香港出口的牡丹，都是他和技术组的同志们培育出来的呢！小赵告诉我：牡丹原产我国西北地区，已有一千五百多年的栽培历史。最初以药用记载于《神农本草经》。唐朝开元年间，牡丹"始盛于长安"。至宋代，"洛阳牡丹为天下冠"。到了明代，曹州（即菏泽）牡丹已经"甲于海内"了。明之前，菏泽是没有牡丹的。据说是赵楼村有个叫赵瑞波的医生，酷爱花卉，在秦岭采集药材，将牡丹引回菏泽。后来，又不辞劳苦，长途跋涉到洛阳，寻得姚黄、魏紫、二乔等名贵品种。从此，菏泽牡丹就闻名天下了。在清代，赵楼村有个叫赵玉田的，专门建有种植牡丹的大花园，取名为"桑篱园"，盛极一时。赵玉田著有《牡丹谱》，说"山左十郡二州，语牡丹则曹州独也；曹州十邑一州，语牡丹则菏泽独也"。小赵笑着说："说起来，我还是赵玉田的后代呢！"

说到这里，小赵明澈的眼睛里闪露出激愤的神采，沉默了一会，他又给我讲起一件往事。那是在许多年前，他们赵楼村有两棵名贵牡丹胭脂红，树龄有两百多年了，树高两米，全棵树要四五个人拉着手才能围住。每年开花几及千朵，远远望去，宛如一抹绯红的轻云。可是，就在袁世凯称帝那年，一声令下，要赵楼村将这两棵胭脂红送到袁世凯的公馆。两棵人间罕见的牡丹，就这样被他们霸占了……在过去，劳动人民是赏不到最好的牡丹花的啊！

小赵叹息着，好一会才从沉思中醒过来。随后，他望着花丛中指指点点、赞不绝口的赏花的人们，满怀感慨地说："现在不同啰，牡丹成了人民的花中之王。"他又指了指前面几棵粗大挺拔的牡丹树："就是在南方，人们也可以欣赏到有二十多年树龄的老牡丹花了。"

我喜爱地望着这几棵怒放着的锦袍红、朱砂垒，问："花会结束后，这些牡丹都要运回山东老家吧！"

小赵摇了摇头，声调里带着惋惜："不行啦！凡是在南方开过花的牡丹，带回北方都不会再开花了。就是在南方，也只能开一次花。第二年，还得从山东重新运来。"

"这是什么原因？"我困惑不解。

"大概是地理气候的关系吧！这还是个谜。不过，"小赵一下子变得兴奋起来，"我们技术组已经着手研究了，相信以后一定能解决的。我们还采用了现代科学，如用激光、辐射来培育牡丹的新品种……"

谈起他们的试验，小赵更开朗了。他说，在牡丹花中，墨、绿两色，是稀世少有，最为名贵。前些年他们培育出一个绿色新品种叫娇容三变，初开时碧绿如玉，盛开时绿中带红，近谢时白如凝雪，为牡丹增添了异彩。他们还培植了一种叫什样锦的牡丹，可以在一棵牡丹树上开出十来种品名的花朵，为牡丹园树起了新的一枝。还有，花大盈尺、紫红耀眼的特大王，色似黑绸、状若乌珠的冠时墨玉，洁白如雪、蕊嵌翡翠的青翠欲滴等名贵品种，都是他们在最近几年培育出来的……

小赵如数家珍，心里充满着劳动的喜悦。最后，他盛情地说："这次花会仅展出五十多个品种，还看不到菏泽牡丹的全貌。谷雨三朝你到我们赵楼来吧，全国三百多个品种，都可以在那里看到。"

告别小赵，我盘桓花前，饱赏秀色，不禁想起了"灌园叟晚逢仙女"的故事。恶少张委将秋翁满园牡丹打了个只蕊不留，而司花仙子只一拂手，就能使满园落英返枝、牡丹重放。此时，我置身在这姹紫嫣红的牡丹丛中，观赏着朵朵北国南来的丽花，想着她们本是四月开花，如今竟能提前到春节笑脸迎人的奇迹，真仿佛走进了秋翁的牡丹园，遇上了那美丽善良的司花仙子呢！

是的，赵孝庆他们，不正是当今巧夺天工、妙手回春的"司花仙子"么！

1980年3月

凤鸣朝阳

我观赏过"一树独先天下春"的梅花，也吟咏过"春光回照雪霜羞"的牡丹，却从来没有留意过那普通而又细小的凤凰花。

此刻，我站在南海县东二大队小楼的窗口，目光竟被村头那云霞般的凤凰花吸住了。凤凰木，这名字取得多确切呀！它那碧绿而有光泽的二回羽状复叶，不就是凤凰鸟闪光的羽毛吗？那火苗儿一般的花朵，自然是凤凰鸟的丹冠了。而更重要的，恐怕还是它们性格的不贰。古语云："凤凰火精，生丹穴。"它无疑是烈火般的性格了。而凤凰花呢？你看它，树姿巍峨，枝干虬屈，整个树冠上都缀满了瑰丽的火红花朵，像是点燃了的万千熠火，无怪乎人们又称凤凰木为"火树"了。我想着，这火红的花朵，才是凤凰木的本色。无论在万物凋敝的岁月，还是万象更新的今天，它总是用它那火红的花瓣，给人们带来希冀，带来喜悦，这大概也是人们要给它誉以如此吉祥美好的名字的缘由了。你看，今年东二大队的凤凰花便是愈开愈盛，愈放愈烈，宛如无数条火龙翻舞在村子的上空，盘旋宛转，把整个大队都烘托得生机勃勃，喜气洋洋的。

确实，这几天我来到东二大队，所接触到的干部社员无不满脸喜气，他们仿佛连眉毛都在笑。那从田畴上飘来的，或者是凤凰木下飞散开的阵阵欢声笑语，就像一条清凉湍急的小河，从我心田流过，使我的心胸也顿时变得无比欢畅、开阔。他们怎能不高兴啊！三年前，他们这个大队还是全公社最落后的后进队。那时，大队粮食平均亩产一千零几斤，连国家的征购任务都完不成。人均分配呢？才九十六元，这在南海县是够低的了。可是，经过三年的奋战，粮食亩产去年一下子激增到一千七百多斤，人均分配达到三百四十多元，今年将要突破四百元。三年三大步，甩掉"老大难"，大踏步跨进先进队的行列。这是一个多么了不起的成绩啊！这叫社员怎能抑制住内心的欢乐呢！不要说他们，就连我这个客人，这几天也一直是乐滋滋的。当然，我的喜悦不只因为他们的生活已经过得像凤凰花那样的火红了，而更重要的，我发现这里的人们，还有着像凤凰木般火热的性格，火热的心肠。

就说大队党支部书记彭柏吧！一见到他，总是使人联想到那土生土长、栉风沐雨的凤凰木。你看他，高卷的裤腿满是泥浆，黝黑的脸庞闪现着深沉、自豪的笑容，那眼角爬满皱纹的眼睛是这样的明亮、炽热，简直就是两苗火，两朵盛开着的凤凰花。

彭柏在五十年代初期就是全省闻名的人物了。当时他是全省成立最早的南兴农业生产合作社主任。人们一提起南兴社的创建，总要竖起大拇指夸赞彭柏几句。成立南兴社的那会，彭柏虽然已经当了两年的乡农会主席了，却还是个稚气未消的毛头小伙。是全国合作化运动的鼓声，给他跳荡的心鼓足了劲。为在南兴成立全省最早的农业合作社，他走东家，串西户，四处奔走，大声疾呼！南兴村群众走社会主义道路的积极性的火焰，终于点燃起来了！全村一百多户人家，第一批报名入社的一呼啦就有八十四户。可是，正当他按捺着兴奋激动的心情，等待着上级批准的喜讯时，区里却通知他，合作社规模必须控制在三十户左右，其余的暂时不入社。彭柏还未听完，拔腿就冲出大门，朝区政府奔去。他心里像是塞着一团火。八十四户贫下中农，个个都在眼巴巴地盼望着入社的喜庆临门，而今，却要他们中的一部分退出，让谁退？谁肯退？彭柏找了区的领导同志，又到县里找了县领导，还找了省里派来的同志，真是踏破了铁鞋磨破了嘴，终于说服了上级领导，决定打破合作社关于人数的限制，破格批准了南兴社。这个喜讯传到南兴，整个村子都沸腾起来了。在一片震耳欲聋的锣鼓声和鞭炮声中，年轻的社主任和那班生气勃勃的伙伴们欢笑着在村口种下了两棵凤凰木，也在他们心里埋下了更加美好的愿望。从此，这两棵具有象征意义的凤凰木，就伴随着它们的主人，开始迎着风霜暴雨茁壮地成长起来了。而年轻的彭柏，也随着南兴社的巩固、壮大而闻名遐迩了。那时，有多少人渴望见见这位南兴社的带头人啊。就连著名作家欧阳山也慕名而来，在南兴社生活了一年，和彭柏结下了深厚的友谊，并写出了中篇小说《前途似锦》。

几年过去了。当村口那两棵凤凰木爆出一嘟噜一嘟噜的火红花朵的时候，合作社过渡到了高级社。彭柏干得更起劲了。为了壮大集体经济，除了抓粮食生产外，他还大力号召社员多种瓜菜，多养三鸟。谁知，就因这几十亩瓜菜地和两三万只鸭子，给彭柏招来了灾祸。县里有人批判他带头搞资本主义，并限令彭柏，立即将蔬菜地犁转改种水稻，将鸭子全部卖掉。彭柏心想，农民搞点副业，让自己的生活更富足一些，有什么错？对来自县里一些人的批判，他根本不予理睬。但是，等到瓜菜、鸭子可以上市的时候，县的某些领导竟然通知商业部门，不准收购。县领导的无理阻挠，激怒了倔强的年轻人。彭柏在社员大会上说："好吧，你们不收购，我们自己卖！"自然，这样做的后果是不言而喻的，"严重右倾""片面的农民观点"的大帽子一顶顶向他头上扣来。接着，以借调上公社为名，解除了他大队党支部书记的职务。这还不够，县的一些领导几乎大会小会都要把他端出来作为资本主义的活靶子，点名批判一通。然而，一向来火气挺盛的彭柏，对这些强加在他头上的"罪名"并不在意，他一想到丰收后社员们一张张像凤凰花般的笑脸，心里就格外踏实："我没有错，由你们瞎批好了。"随后，"文革"开张了，他也因此受审查，进"学习班"。那时，农村办的所谓"学习班"，比起劳改队来大概是毫不逊色的。某些人要他向毛主席请罪，彭柏大声说："我一心跟着党，跟毛主席走，哪里来的罪？"于是，又招来了这些人的更为恶毒的诽谤。

在村口的凤凰木遭受风袭雨侵的日子里，失去了精通生产的带头人的东二大队则成了每次"路线教育"运动的重点。仅七十年代，"路线教育"就搞了三批，东二大队却出现了合作化以来超历史的三低。哪三低？粮食产量低、人均分配低、社员情绪低。大队年年完不成国家任务，还欠债十六万多元。那些合作化时期的老积极分子又是摇头，又是叹息，逢人便说："这烂摊子还得请彭柏回来才能收拾呀！"粉碎"四人帮"后的1978年，村口的凤凰花笑得特别欢畅。由于群众的迫切要求，公社党委决定派彭柏回大队。彭柏还未回来，消息就传来了。人们奔走相告，老人们咧着嘴直笑："哈，马骝仔回到了花果山，东二大队有希望了！"果然，不出三年，东二大队的生产就上去了。

到底彭柏有什么良方妙策，能在短短的三年内使东二大队改变面貌？那天，我在村里华盖似的凤凰木浓荫下见到他，开门见山提出这个问题。

在落英铺成的红色地毯上坐下，彭柏笑得像刀缝似的眼睛里闪着两点火光，他不假思索地说："哪来的良方妙策呀！我这是横吹笛子直吹箫，就抓了大队、生产队的班子，成绩是大伙干出来的呀！"

"那么，在经营管理方面总是有些具体措施的罢！"我问。

他眨眨眼睛："在生产队搞联产计酬责任制呗！"

"哪一年？"

"1978年。"

噢！那时候，联产计酬责任制不少地方还是把它视为资本主义的洪水猛兽呢！"当时没有人反对吗？"我又问。

"怎么没有？"彭柏喷着烟圈，沉入了回忆。他告诉我，东二大队搞联产计酬责任制在南海县是最早的。那年春上，他们刚把田地、农具包到各作业组，省里突然来了个什么处长，说要和他们开座谈会。彭柏如实将他们搞联产责任制的想法向处长作了汇报。这位处长话还没有听完，就直摇头："不行呀，凡是有个'包'字的都不准搞！"彭柏默然了。送走了省里的处长，生产队长、社员们纷纷围住彭柏，问："怎么办？"彭柏抬头望着村口已经含苞欲放的凤凰木，没有一丝怯懦和畏缩，从容平和地说："不管他，我们干我们的！"他声音不高，却很有力。联产计酬责任制就这样在大队搞开了。好在当时县、公社对他们是采取开只眼闭只眼的"打鸟政策"，才没有太多的干扰。社员的反映就不同了，他们说："联产联着心，越干越起劲。"这个大队联产计酬三年，粮食平均亩产增加六百斤，仅去年一年就增产粮食九十多万斤，这还不是胜利吗？

我和彭柏那炯炯有神的凤凰花般明亮的眼睛对视着，我感到他的眼睛里像是蕴蓄着无穷无尽的力量，一种崇敬的心情油然而生。

"据说，又要调你回公社去？"

"是啊，工作需要呗！"彭柏眼睛里闪烁着兴奋的火花，"可是大队的干部、社员都不让我走。公社书记几次亲自来大队做工作，怎么说也不行。我现在兼着两个职务，除大队支书外，还兼着公社工交副书记。每天一半时间在大队，一半时间到公社。"

"那真够你忙的了。"

"忙是忙一点，可是忙得快活，忙得舒心。解放前，我给地主当佣人，合作化时期，我当了红人，'文化大革命'中，我当的是'罪人'，现在粉碎'四人帮'了，我得当个好带头人。不下死劲多干点工作，怎对得起党的培养和社员们的信赖呢……"彭柏扬声笑着，抬起头来醉心地欣赏着眼前如火如荼的凤凰花。他的神态，使我深切地感受到，他正是一个除了党的事业外，什么都不计较的人。

我也循着彭柏的目光，向村口那两棵伴随着它的主人经受过无数风风雨雨的凤凰木望去，那怒放的火团儿似的花朵，仿佛变成了一把把火炬，映得全村都亮了，连天空的云朵也被点燃了。我的心怦然一动，眼前的凤凰花，它那炽热的性格，不正是包括彭柏在内的许许多多普通而又不平凡的共产党员的真实写照吗？它那火红的颜色，不正是我们伟大的党的象征吗？

眼前的灿若云霞的凤凰花，激起了我层层思想浪花。蓦地，我的脑海里跳出了两句古诗："凤凰鸣矣，于彼高冈；梧桐生矣，于彼朝阳。"如果没有粉碎"四人帮"，没有党的十一届三中全会，被埋没在泥土中的像彭柏这样有才华的优秀党员，是永远也焕发不出他们的光和热的。这凤鸣朝阳的局面，是在党的十一届三中全会春风的吹拂下，才可能出现的啊！

1981年7月

▎鼎湖醉绿

秋天，不少人是喜欢用"萧瑟""寂寥"等字眼来形容的。然而，前不久我随同广东林学会的专家、学者们去鼎湖山自然保护区考察，在那里看到的秋色，却是一派青葱翡绿、万木争荣的景象。

我们沿着鼎湖山东麓的公路上山，只觉得绿意扑眼而来。那绿色，那么浓，浓得沁绿滴翠；那么鲜，鲜得耀人眼目。从树隙间举目远望，郁郁葱葱的山林覆盖着绵亘起伏的峰岭，层峦叠翠，逶迤莽莽，宛然一个翻卷着浪花的茫茫绿海。观近处，林木葱茏，藤萝密布，各种各样的乔木、灌木、奇花异卉在山坡上、峡谷间拥塞着，攀缠着。它们有的淡绿，有的翠绿，有的深绿，有的墨绿，有的黛绿，各自闪着不同的美色，组成了一个和谐的绿色世界。最令人注目的是那一棵棵参天蔽日的古树，从碧绿的群树之上，张开葳蕤的树冠，宛如一把把撑开的青翠欲流的碧罗伞。朝晖穿过擎天的华盖，被筛成镶着绿边的千万缕金线，一丝丝地斜挂在碧罗伞下，然后又在地上投下了一圈圈带有绿色的斑斓图案。这一切，使山林显得清幽、神秘、迷离，使人恍如置身在童话里一样。

我沉浸在这奇幻莫测的景色之中，似醉如迷。而那些专家、学者们对这些景色似乎是毫不动心的。他们所关注的是那些绚丽多彩的植物。一踏进茂密的林莽之中，他们就各自寻找自己最感兴趣的对象，悉心研究去了。

这时，鼎湖山树木园为我们带路的老丁见我还停在那儿，嗬嗬地放声笑着："走吧，鼎湖山保护区面积一万七千亩，这样磨蹭你看得完？"

我冲他笑了笑，问："这山里有些什么珍贵植物？"

老丁是个植物学分类专家，他不假思索地说："仅高等植物就有一千七百多种，其中不少是属于我国特有的珍贵树种。这里的特产植物有鼎湖钓樟、鼎湖冬青等，列为国家一类保护的珍贵树种有格木、野生荔枝等，还有我国特有的、研究植物分类系统有宝贵价值的观光木，两亿多年前的孑遗植物桫椤、黑桫椤、苏铁等等。这些孑遗植物是研究古代植物演替和遗传的活化石呢！还有……"

他一口气说下去，又列举了几十个树种的名称。显然，对我这个"林盲"来说，这些名字都是生疏的，也是神秘的。我简直连一个在行的问题也提不出来。沉默了一会，我突然记起听人说过，鼎湖山植被的代表性类型是亚热带常绿阔叶林，具有向热带森林过渡的特征，便问老丁："这向热带森林过渡的特征是什么呢？"

也许是觉得我提出的问题有趣吧，老丁对我眨了眨眼睛，下巴朝左前方一努，说："你看看这里就明白了。"

我顺着他指的方向望去，不由得张大嘴巴"呀"了一声。前面半山腰里，长着几棵要四五个人才能合抱的大树，超然卓立，苍翠横空，上撑青天，下临绿海，那气势，真是雄伟慓悍，倔强峥嵘。更奇特的是它们的根部，板状的树根在离地面一、两公尺高的树干上像翅膀一样向四周伸展出来，形成一堵堵"木墙"，远远看去，这一棵棵带着翅膀的树干，就像一枚枚镶嵌着翡翠的绿色火箭，仿佛就要凌空飞去。

老丁说："这是人面子树，属板根植物。"说到这里，他顿住了，用手一挥："咱们再到下面去看看。"

他带着我，顺着山坡，来到更加幽深的山谷。一条山溪从层峦叠嶂里奔涌出来，溪水清得发绿，就像一条流动着的翡翠；流水铮淙作响，宛如一位无忧无虑的乐师在拨动着诱人的琴弦。我们沿着山溪走着，突然，一棵乔木从溪流对岸斜伸过来，挡住了去路。这棵树的果子不是长在枝头上，而是直接从粗大的茎干上生出来的。密密麻麻的圆形果子，吊在树干上，映着溪流清波反射出来的光，绿莹莹、翠滴滴的，就像一串串绿色的宝石。

"这是水同木，人们称它为茎花植物。"老丁说，"奇特的板根植物，众多的茎花植物，是热带森林的特征之一。它们的形成是与森林里阴湿的生活环境密切相关的。它们的存在，证明鼎湖山自然林具有向热带森林过渡的特征。"

老丁边说边走，我边听边看，时而穿越密密的藤蔓和树丛，时而徒涉潺潺的溪流和水潭，几乎每走几步便可以看到一幅迥不相同的绿色画图。看，粗大的藤萝，像银灰色的巨蟒攀扭着大树，一直盘缠到二三十公尺高的树冠，它们相互扭结，绕树盘山，纵横交错，令人惊叹；那寄生在乔木上的各种蕨类植物和盛开着金黄色花朵的脆花兰，或紧贴树干，或倒挂摇曳，千姿百态，蔚为奇观；还有那"森林的绞杀者"榕树，虬枝盘旋，像网络一样紧紧绞住寄生的树干，我甚至好像听到了被绞杀者透不过气来的喘息，和绞杀者那胜利的狞笑……

我简直被这如画的山色迷住了。我知道，鼎湖山自然林是世界上特殊的森林类型之一。由于世界上同纬度其他地方的森林已残缺不全，这就使它成了一座天然的博物馆，被誉为回归沙漠带上的绿洲。不久前，它被联合国定为国际性自然保护区和"人与生物圈"森林生态系统定位研究站。我一路走着，感叹着，蓦地，脑海里又跳出一个问题："这片森林保存有多少年了？"

"至少有四百年。"老丁说。

"呵，真想不到！为什么能保存这么久而不受破坏呢？"

老丁指着东边一片山峦，说："那得感谢它呢！"

我抬头望去，只见林壑深处，茂林密菁之中，露出半角倚山而筑的参差楼阁，我疑惑地问："庆云寺？"

"对！"老丁点了点头，"庆云寺建于明代，那时寺院有专职管理山林的和尚，每天日夜轮流巡山守山，一直持续到解放。应该说，庆云寺在保护这片森林上是有功劳的哩。"

"那么，解放后会更好一些啰？"我问。

"是啊！"老丁两眼凝视着一棵从悬崖上挺柯而出的锥树，若有所思地说："不过，也不是没有斗争的。我介绍你去访问一个人吧，他是我们树木园主任，叫黄吉祥，人们都叫他'王老吉'。鼎湖山自1956年划为自然保护区以来，经受过三次大的冲击，几乎每次都是他带着大伙顶回去的……"

老丁显然激动起来，脸涨得通红。他告诉我：第一次冲击是在1958年，那时搞什么'大跃进'，大炼钢铁，每天有多少群众上山啊！有人甚至扬言，要把鼎湖山烧成炭，炼出铁。一天，一个县委书记亲自带领一百多人上山了。王老吉在半山腰拦住了这位书记，连劝带拉，硬是把他们拦了回去。后来王老吉得到上一级领导的支持，才顶住了这股歪风。第二次是1960年经济困难时期，山下的群众为了渡灾荒，都想上山砍些柴，卖点钱，调剂一下生活。群众上山，只能说服，不能压服啊！于是，王老吉除了加强护林巡山外，天天晚上都要赶好几里山路到附近的大队、生产队去做说服工作，直到深夜才回来。群众的思想做通了，王老吉的眼睛也熬红了，身体也累垮了。王老吉是个三等残废军人，在战争年代，他多次立功受奖，也多次受伤，现在胸部还有一块弹片没有取出。为煞住这股乱砍滥伐的歪风，王老吉付出了多大的劳动啊！第三次冲击就更厉害了，那是"史无前例"的年代，一些不明真相的群众不仅上山砍林，还要上山抓人。树木园护林队长小谢是群众组织的头头，一些人挑动派性，要把他抓去。王老吉明白，把护林队长抓去，护林工作就会瘫痪！这天，一伙人又上山闹事了，指名要抓小谢。王老吉把小谢藏好后，挺身而出，拍着胸脯说："你们要抓人，先抓我吧！"这伙人在树木园转了几圈，找不到人，只得作罢。面对某些群众的压力，当时树木园的第一把手，提出应该放松封山条款，直径三十公分以下的树，可以任由群众砍伐。这岂不是等于解除封山！王老吉坚决反对。但是，那位领导却一意孤行，准备在群众大会上宣布。王老吉一见，急了，激愤地从墙角端出一把锄头，吼道："你要宣布，我就和你拼了！"由于王老吉挺身而出，极力抵制那位领导的错误决定，才没有造成恶果……

老丁的话语像这山涧清澈的流水，潺潺不断；王老吉不畏艰苦、忠于职守的精神，令我久久激动。有人说，森林是人类的绿色卫士，我看，王老吉就是绿色卫士的卫士啊！

我深深吸了一口甜丝丝的空气，感慨地说："现在可好了，不会有什么干扰了。"

　　"不，不见得！"老丁回过头来，带点忧虑地凝望着我，"现在鼎湖山面临着第四次冲击呢！那就是保护自然林同旅游的矛盾。这个问题不只鼎湖山存在，其他自然保护区存在，国外也存在，是个急待解决的世界性问题……"

　　我们这样谈着，走着，不知不觉之间，竟然攀上了鼎湖山自然保护区的中心——三宝峰。登上山顶，眼界豁然开朗。苍郁蓊翳的山谷，正给阳光照着，每棵树、每片叶子都显着不同的绿色，绿得发亮，绿得耀眼；每棵树、每片叶子都泛着点点金光，闪闪灼灼，变幻着奇光异彩。我站在这绿色世界之巅，仿佛感受到这绿浪粼粼的山谷里，正滚动着蓬勃的生机，跳动着旺盛的生命。你看，每一棵树、每一株草，都沐浴着阳光，拼命地在往上长，往上长。它们芊芊莽莽，挨挨挤挤，发出沙沙絮语，像是热情地在向人们点头、招呼。我心里怦然一动：这绿色，不就是生命的颜色、春天的颜色吗？这绿色，不正是孕育着蓬勃的生机，象征着闪光的青春吗？这里，由于有那护卫着绿色的卫士，将永远是明媚的春天！

1980年12月

初睹芳华

　　具有高度艺术成就和独特风格的中国园林，在世界园林史上占有极为重要的地位。继1980年苏州古典园林的一景在美国纽约大都会艺术博物馆展出后，明年4月，由广州市园林局设计的具有浓郁岭南特色的园林"芳华园"，又将在西德慕尼黑国际园林艺术博览会一展中国园林绰约多姿的风采。

　　在芳华园的第一批花木已经空运慕尼黑，第二批构件正在包装待发的时候，我们慕名来到广州兰圃的一角，领略了芳华园"淡着烟云轻着雨，竹边台榭水边亭"的古朴幽雅、隽秀奇巧的景致。

　　此刻，我们站在芳华园的中心"临碧"画舫上，凭栏纵目，迎面是一泓绿水盈盈的碧池，波光潋滟，荷叶田田。碧池沿岸，水映台榭，古亭玉立，柳丝蘸水，翠竹扶疏，繁花争艳，山石斗秀，曲径通幽，各见奇趣，好一派岭南园林秀色。在这占地不到一市亩的园子里，竟构筑着如此众多的亭台、曲径、小桥、碧泉、假山，并种植着这么多色、香、姿俱佳的花木，布局新巧大方，多而不挤，繁而不乱，疏朗参差，明丽开阔。在有限的空间里包容着这样丰富的景色，这不能不使人赞叹园林设计者非凡的艺术才能，他们不愧为岭南园林建筑的翘楚。

　　建筑芳华园的总负责人、广州市园林局副局长王缺告诉我们：我国古典园林一般可分两大类：一类是帝王的苑囿，一类是官僚、地主和富贾的私园。前者规模宏大，庄严华贵；后者小巧雅致，曲折幽深。江南园林以后者为主，岭南园林则属江南园林的一支。它们共同的最为突出的特点是，用"咫尺山林"再现大自然的风光，造景充分运用对比、衬托、层次、对景等手法，使园景达到小中见大、以少胜多的艺术效果。

　　确实，芳华园在园林布局、造景设计上是独具匠心的。你看，来到芳华园的入口处，尚未进园，人们便可透过门口一幅巨大的漏花照壁，依稀窥见园里的亭榭楼阁、茂林修竹，激发起人们的游兴。园门由紫藤盘根错节缠绕而成，很有点淳朴的田园风味。进园门，经过一丛青翠欲滴的佛肚竹和一簇簇的奇花异卉，一棵枝干虬蟠的迎客松仿佛正在躬身迎客。迎客松下，错落地摆着一组米黄色迎宾石，上书"起云"两个大隶字。绕过迎宾石，展现在面前的又是另一幅雅致的画面：一座用整块花岗岩雕就的石桥横跨池畔，这无疑是小桥流水了。桥下的一端，沿着湖岸建有一段汉白玉栏杆。粼粼碧水，映衬着洁白栏杆，水挼兰，翠相挽，又自成一景。过小桥，一座门廊迎面而立，匾额颜曰："入趣"；两侧对联是："风暖鸟声碎，日高花影重"。唐代大诗人白居易的佳句镌在这里，熨帖天成，更增加了园林的诗趣幽情。过门廊，只见对面壁崖上，潺潺泉水从壁缝里汩汩涌出，水花如滚珠漱玉，飞溅在镶嵌于壁崖的叠石上，然后滴落壁池，叮当有声。池畔配植蕙草、美人蕉、万年青等花卉。小小的一汪壁泉，竟为整个园林平添了"坐石可品泉，凭栏能观花"的诗情画意……从园门到壁泉，仅仅十来米之遥，几乎每走几步便可看到一幅迥然不同的美妙图画，真可谓步移景异，目不暇接。在咫尺之间，就使人获得"迂回不尽之致"，"云水相逢之乐"。

　　"咫尺应须论万里"。芳华园主体景区"临碧"画舫更是小中见大的杰作。画舫建在占园林面积最多的碧池的一端，其他亭阁、花木、山石，或隔水而立，或绕池环舫而设，并用曲径、回廊将其连接起来，使园林布局曲折有致，疏密相间。伫立画舫，可以从左右、前后、上下不同方向、不同角度，观赏到一幅幅舒展自如、各呈风致的图景，毫无一览无余的感觉。

　　听老王说："岭南园林风格的独特之处，还在于两点：一是建筑的轻巧，再是颜色的雅淡。"这时我们才对园里亭榭楼阁的造型注意起来。

　　画舫系木结构建筑，上盖金黄色琉璃瓦，下支赭褐色木楹柱，翼角飞翘，轻盈舒展，洒脱活泼。三面向景的舫厅，均饰以贴金雕花挂落。

古典仕女图案的刻花玻璃屏风、明丽通透的木雕通花窗格，构成了画舫玲珑剔透、精巧多姿的外观。

我们边走边谈，出画舫，过景门，浏览叶茂花繁的牡丹台，细赏松竹梅"岁寒三友"结伴的小花丘，登上了全园的最高点——"酌泉漱玉"亭。凭高眺远，园林的绮丽景色尽收眼底。这里没有北京园林那样金碧辉煌的殿堂，也没有苏州园林那般幽深静穆的廊苑，但它纤巧玲珑，自有一种潇洒、秀丽的气韵。放眼四望，全园青苍翠绿，素洁淡雅，令人神清气爽，恍如置身在幽碧恬静、超凡脱俗的氛围之中。老王说，园林雅淡，重要的一环是把园林建筑和绿化有机结合，和谐融汇于一体。芳华园配植的全国各地的奇花异木数以百计，除本省的名贵品种外，还有来自山东菏泽的姚黄、魏紫，苏杭的荷花、睡莲，四川的紫薇、罗汉松，武汉的红梅、红叶李，首都北京的宫槐、玉堂春，等等。这些花木，都颇为名贵。这些花木各显风姿，竞炫秀美，足以吸引游人流连忘返。

我们久久凝视着这明媚迷人的园林，想象着芳华园这朵园林艺术之花在西德展出时，将给国际友人带来的诱人的魅力，禁不住从心底涌起了自豪的感情。

我们观赏的修建在兰圃西侧的芳华园，是将在西德展出的芳华园的实样工程，现仍在继续修建，尚未开放。待国际园林博览会在慕尼黑开幕之时，广州的游人就可以在这里饱享眼福了。

1982年8月

生命的火焰

　　暮春的一个黄昏，沐浴着瑰丽的晚霞，我们来到和越南接壤的边陲城市——凭祥。落日的余晖给翠黛的峰峦、宁静的山城蒙上了一层彩色斑斓的轻纱薄绡，使这边陲城市显得格外绮丽和娇媚。很难想象，数月前就在离这里不远的地方，曾发生过一场激烈的战争。我们在边防部队某部招待所安顿好住宿，天色已经很晚了。夜，显得格外的安宁、静谧。关副政委刚开完师里的一个会议，就来到我们驻地。他和我们谈起指战员们的勇敢精神，谈起生和死的严峻考验，谈起英雄们豪迈的气魄、广阔的胸怀。他说："人生最宝贵的是什么？多少年来，人们都这样回答：生命。"关副政委爽朗地笑了，"你们到我们连队去和战士们谈谈吧，他们的回答一定会使你们感到满意。到那里，你们就会真正了解我们的战士。"

　　第二天，我们驱车到了某部二连。这是一个老红军连队。当年红军强渡大渡河，就是这个连的十七勇士，冒着枪林弹雨，驾着小木船，冲过惊涛骇浪，为长征开辟了通路，二连因此获得"大渡河连"的光荣称号。听说我们来了，连长张道安和副指导员樊干发迎了出来，把我们领进连部。我们围着桌子坐下，攀谈起来。

　　"怎么说好呢？"张连长略微思索了一下，说："我给你们讲讲王成富的事迹吧！这就是我们的战士！"他顿了顿，说了下去："他是海南岛琼中县人，1975年入伍的，算是老兵了。他平时沉默寡言，可是一上战场，真比老虎还要勇猛。这次自卫还击战中，全连攻占了八个高地，就有四个高地是他最先冲上山顶的。因为他出色地完成了战斗任务，立下了卓越战功，在战斗的后阶段，我们有意保护他，把他调到连部当通讯员。他当然也知道连里的用意，可是他却一再要求回到班里去。在攻打五三六高地时，连队被阻挡在一个暗堡前。不立即把这个暗堡炸掉，及时攻占高地，扣马山的敌人就可能漏网。我接连派出几个爆破手，都牺牲了，这时，站在我旁边的王成富，悄声对我说：'连长，让我去把它炸掉！'他知道我肯定不会同意他去的，没等我答复，就从旁边一个战士的手里夺过爆破筒，一个箭步，冲了上去……"

张连长说到这里，他那怒火闪现的目光长久地注视着门外，好像外面就是那疯狂地喷吐着毒焰的暗堡，而王成富正迎着嗖嗖横飞的弹雨，向暗堡冲去……停了一会，张连长才接着说："我立即派出一个突击组，掩护王成富。他们在敌人密集的火网下，交替掩护，很快迂回到暗堡的侧翼。敌人发觉堡旁有人，接连甩出几个手雷。就在这同时，王成富腾地跃起，把拉了火的爆破筒顺着地堡的射孔猛插进去。随着山崩地裂一声巨响，一股黑烟冲向天空，地堡炸飞了，而我们的王成富，也献出了他宝贵的生命……"

我们默默地望着张连长。他心情沉重，眼睛也湿润了。隔了好一会，他才深沉地说："难道王成富不知道夺过爆破筒冲上去，可能牺牲自己的生命吗？知道，他当然知道！但是，在我们战士的心里，祖国和人民的利益，是比自己的生命更可宝贵的第一生命，为了祖国和人民，我们的王成富自觉自愿，毫不犹豫地献出了自己的生命。"

我望着张连长，琢磨着他平淡话语里所寓的深意。这时，一直坐在旁边没有讲话的樊副指导员，接过张连长的话茬，激动地说："我们的战士，还把战友的生命看得比自己的生命更宝贵。"他给我们讲述了他们连吕志金的一个感人泪下的故事。吕志金是连里的卫生员。在连队攻打五三六高地时，许多战友负了伤，吕志金冒着从耳边啾啾飞过的弹片，五进五出，救出了七个伤员。当他将第七个伤员包扎好，回头一看，六班长在一块开阔地中弹负伤了。吕志金担心六班长的安危，不顾一切冒着弹雨跑到他身边。他怕敌人的枪弹再打伤六班长，便用自己的身体遮挡着枪弹射来的方向。他刚打开急救包，顿觉左腿火辣辣的痛，知道自己中弹了，但他不管这些，迅速而又仔细地替六班长包扎。突然，又一发子弹打进了他的胯骨，他还是不管，仍耐心继续包扎。敌人的第三发子弹打穿了他的腹部，肠子立即从伤口涌了出来。他咬着牙，忍着剧痛，将流出的肠子硬顶了回去，然后用腿压着自己的伤口，继续替六班长包扎。刚包扎完，他就昏倒在山坡上。战友们看到吕志金倒下了，马上赶过去救护，要把他抬下去。吕志金清醒过来，说："不要管我，先抬六班长。"说完，又昏过去了。后来，吕志金就牺牲在担架上。临死前，还拉着樊副指导员的手，断断续续地说："副指导员，我没有完成任务就受伤了，对不起党和同志们……"

我们为吕志金这种崇高的阶级友爱和献身精神所激动。这是一个多么可爱的战士啊！他虽然只活了二十二岁，但他生命的火焰却放射出了无比灿烂的光辉，他为祖国、为战友而献身的革命精神，永远留在我们的心里……

我们正沉思着。突然，从门口传来一声"报告"，打断了我们的思路。抬头望去，只见一个身着战士服的年轻人走了进来。张连长连忙给我们介绍："这是副连长陈学度。"

陈学度？我们禁不住久久地端详着他：那黑红的脸上嵌着一双深邃、闪亮的眼睛，微微上翘的嘴唇露出笑意，闭合时显得倔强，微启时带着稚气。陈学度的事迹，昨天已听关副政委介绍过。他是1977年入伍的，在这次自卫还击战前后，由班长提升为排长，继而又提升为副连长。在自卫还击战中，他出色地指挥了攻克炮台山表面阵地的战斗。炮台山又叫"法国炮楼"，是当年法国侵略者修建起来的。据说，第二次世界大战时，日本侵略者曾在这里打过四十五天，也没有攻下。自卫还击战一开始，我军在炮台山下攻了三天三夜，进展缓慢。陈学度主动要求带一个排去攻占炮台山。他首先指挥突击组，乘着夜色巧妙地运动到山下，向炮台山发起出其不意的攻击。然后，他又向师部建议，我炮火组成排炮，由山下向山顶层层延伸，突击组就跟着我炮火的爆炸点，向山顶冲去。在突击组离山顶还有三四十米的时候，我们的大炮不能再射击了，山上敌人的火力点立即恢复了疯狂的射击，陈学度果断地拉过一挺重机枪，压上曳光弹，命令周围战士："照我的弹着点打！"愤怒的子弹把山头上的火力点压住了。这时，周围三个高地的敌人发现了陈学度这挺重机枪，霎时，各种火炮一齐恶狠狠地朝陈学度射来。陈学度根本不顾这些，一直狠狠地扫射着，掩护着突击组冲上了炮台山顶。不到半天时间，他带领二排仅以一伤一亡的代价，就攻占了这座庞然大物。

我们贸然地问道："你当时这样镇静，有没有想到自己会牺牲？"

他微微一笑，不假思索地回答："一开始打仗，我们就作了牺牲的准备，为祖国流尽最后一滴血。只要能完成党交给自己的任务，牺牲也是光荣的。"

陈学度的话，强烈地震动了我们的心灵。他满含真情的话语，表达了我们的战士对祖国、对人民的热爱和忠诚。而这，不正是我们英雄的战士不怕牺牲、英勇无畏、一往无前的力量源泉吗？……

傍晚了，我们依依告别二连的指战员们，乘车回住地去。一路上那袅袅的炊烟，潺潺的流水，翠绿的荔枝林，谈笑风生结队收工的社员，嘎嘎追逐、嬉戏欢叫的鹅群、牛群，组成了一幅热烈、恬静的和谐画面。坐在吉普车里，我们的思想也像这飞转的车轮在驰骋：这恬静安宁的环境，不正是我们的战士用生命换来的吗？这如花似锦的画面，不正是我们战士的鲜血染就的吗？生命是宝贵的。但是，个人的生命只有同伟大的共产主义事业紧密地结合起来，溶化在一起，才能放射出璀璨夺目的生命火焰。在我们的时代，更宝贵的是我们战士为祖国、为人民而献身的革命精神……

1979年11月

铺满"绿色金子"的国土

一

今年四五月间，应芬兰共和国的邀请，我们中国新闻代表团一行六人赴芬兰访问。虽然对这个北欧国家的美丽、富饶早有所闻，然而一下飞机，我们仍然被她那迷人的魅力深深吸引住了。

芬兰有"森林王国""千湖之国""千岛之国"之美称，苍翠的森林，晶莹的湖泊，星罗棋布的岛屿，构成了这个位于欧洲北端国家的独特风光。

一踏上芬兰的国土，便宛如走进了无边无际的大森林。所到之处，万绿参天，举目葱茏，人恰似在绿色的海洋中徜徉，真有一种翠海茫茫，不知何处是岸的感觉。

首都赫尔辛基便是一座举世闻名的"森林城市"。周围繁茂无垠的森林，从四面八方涌向市区。大街小巷，浓荫婆娑，泼绿叠翠，好一派都市中的森林风光。

而处于芬兰北部的大森林，则又有另外一种撼人心魄的雄壮之美。寒凝大地，白雪皑皑，高高的树木挺立在冰雪之中，宛若披着银铠晶甲的千军万马在整装待发，给人以美的陶冶，力的震撼。驾着驯鹿拉的雪橇在茫茫的林海雪原中奔驰，呼吸着北极圈内纯净得带有一丝甜意的空气，使人感觉整个身心都得到了净化、升华。令人神往的北极村就在这冰雪包裹的树林里，一片美丽的银树玉枝，几栋别致的木筑小屋，住着那位身穿红袍子、一把大胡子的"圣诞老人"和他的"仙童"们，每天在忙着为世界各地的孩子们送上美好的祝福。

芬兰的森林，既蕴藏着浓郁的原始气息，又焕发着现代的勃勃生机。它是那样美丽，令人陶醉，又是那样神奇，引人遐思。

"森林养育了芬兰。没有森林，就没有我们国家。它是绿色的金子。"芬兰朋友自豪地说。的确，森林是芬兰最重要的自然资源。全国森林面积为2322.2万公顷，占全国陆地面积的76%，覆盖率居世界之冠。也就是说，芬兰四分之三的国土长着森林，生产林面积占陆地面积的66%，人均占有量为4.7公顷。经过长期的优胜劣汰，林中生长着的多为经济价值较高的树木，其中，松树占46%，杉树占37%，白桦占15%，只有9%是价值较低的丛树。森林的"含金量"相当高。

森林工业是芬兰工业的重要支柱，在制造业总产值中一直占着首位。每年木材的采伐量达5900万立方米，木材储积量为18.8亿立方米，是世界第二木材出口大国。芬兰的木材加工业历史悠久，技术发达，称雄世界。造纸工业尤为突出，全国有28家造纸厂，年产新闻纸690万立方米，其中88%出口。有46家纸浆厂，年产纸浆850万吨，有30家纸板厂，年产纸板69万立方米，出口量均占近九成。产量之高，质量之好，使芬兰的木材制品成为驰名世界的名牌产品，畅销150多个国家和地区，为芬兰带来了巨大的财富。据芬兰农林部高级官员西卡尼女士介绍，芬兰每年仅森林工业的出口额就达到133亿美元，占全国出口总额的三分之一。

还有一组很有趣的数字，就是芬兰森林工业与全世界森林工业产值的比例：芬兰的森林面积仅占世界森林总面积的0.5%，但其森林工业的产值却占世界森林工业总产值的5%；木材出口量占世界木材总出口量的15%；纸张出口量占世界纸张总出口量的25%。这说明，芬兰的森林工业不仅是本国的经济基础，同时在世界的森林工业中也占着很大的份额。

芬兰的森林工业如此发达，除了它拥有丰富的自然资源外，高科技的发展是极为重要的因素。政府为落实"突出重点，以精取胜"的高科技发展战略，大力支持企业开展科技研究，科技经费以每年10%左右的幅度递增，在促进芬兰森林工业发展上发挥了巨大的作用。在距离赫尔辛基市150公里的瓦拉卡镇，有一个芬兰最大的私营森工集团所属的伐木场。该场拥有方圆90平方公里的森林，工人们从事的是高度机械化的作业。那天，我们到该场参观，只见力大无比的采伐机轻而易举地把30—

60厘米直径的大树齐根锯断，不仅去枝除丫，而且按不同用途截成圆木、造纸材，这一切，竟是在不到一分钟的瞬间完成的，如此神速，简直使人不相信自己的眼睛，真有点在看科幻片或神话故事的味道呢！在我面前创造奇迹的这台价值200万芬兰马克的采伐机，每天可伐木300立方米，而这个公司竟拥有350台这样的机器，芬兰森林工业的效率之高、产量之大、利润之丰，由此便可想而知了。

芬兰如此大量砍伐、利用树木，会不会导致森林资源的减少以致枯竭呢？"那怎么会？"富有幽默天性的芬兰朋友对我们微微一笑："我们有法宝啊！"

他说的"法宝"就是法律。芬兰是一个高度私有化的国家，森林的70%为私营，其中"家庭森林"高达63%。"以法治林"是国家对森林的采伐利用和开发种植进行宏观调控，确保森林的可持续发展与使用的有力措施。芬兰的森林法规定：树木要生长30年后方可砍伐，砍伐前须先向林业管理部门申报获准。我们在一个大型伐木场看到，伐木的树龄均在80年以上。工人告诉我们，像这样"高龄"的林子在芬兰到处皆是。森林法还规定：砍一棵成树，须栽四棵幼苗，并确保成活。现在，芬兰的人工造林已占森林总面积的60%，另有14%的种子林，而自然生长林只占26%。片片人造森林，树成行，行有距，无杂草，无丛生灌木，无天然次生林。计划种植，管理有序，近20年中，已杜绝了森林火灾等森林灾害。森林法又规定：私有林木伐光时，林主必须将一笔用于林木更新的款项存入银行，直至幼林长成后才退回，如果没有幼林长成，款项将被没收，林主则被强制进行植树造林。在芬兰的森林管理中，森林法是至高无上的。任何林主不按森林法行事，林业部门有权采取强制措施并向法院起诉。

森林法、银行利率、税收、劳动力市场等的调控，再加上高水平的科学技术，形成了芬兰一整套合理、高效的森林管理系统，确保了芬兰森林的"绿色长存，永续利用"。现在，芬兰森林每年的砍伐量为5900万立方米，生长量为8000万立方米，生长量大大超过砍伐量。近20年来，全国增加了20%的森林积蓄量。芬兰的森林真正成了千秋长绿的宝库。

芬兰，那一片涌动着无限生机的绿，给人多少惊喜，给人多少启迪。

二

在芬兰，使人随时随地感受到的，除了苍翠森林的迷人魅力外，便是那浓郁的文化教育氛围了。

芬兰的教育事业发达。国家十分重视发展教育事业，每年教育经费预算占了国家预算总额的20%左右。全国实行九年一贯制义务免费教育，成年人识字率达100%。教育水准之高冠于北欧诸国。

芬兰拥有一批著名的大学，如赫尔辛基大学、赫尔辛基技术大学、赫尔辛基经济管理学院、坦佩雷大学等。其中赫尔辛基大学创建于1640年，已有350多年历史，是北欧规模最大的一所大学，现有近3万名学生在这所以文科为主的综合性大学里攻读。

经过不断的调整和改革，芬兰的学校教学很有生气，焕发着活力。大学十分重视与校外的研究部门和生产企业进行交流，开发应用技术，并积极开展成人教育和就业教育，使大学教育直接成为国民经济生产力的组成部分。中小学教育同样十分重视面向社会，旨在引导学生在实践中消化课本知识，锻炼实际操作能力。在芬兰北方萨瑞沙卡小城镇的淘金博物馆里，我们遇到了一群天真可爱的孩子，这是当地的小学生在上自然地理课。他们在博物馆工作人员的耐心示范和老师手把手的指导下，学习淘金的操作。孩子们端着小筛子，在流动着的"河床"上仔细筛淘金沙，其神情是那样专注，动作是那样认真，连我们在旁边为他们拍照也无暇顾及。在热切紧张的期盼中，当小筛子里剩下一小撮细沙时，终于看到了那金黄色的金沙粒。小"淘金工"们高兴得跳起来，一阵阵惊喜的喊叫声此起彼伏，在大厅里回荡。

芬兰是一个喜爱读书的民族，读书看报是芬兰人日常生活中必不可少的重要内容。据统计，每个芬兰人平均每年要读17本书。芬兰全国报纸日销售量达320万份，按人均计算，当居世界首位。主要报刊有《赫尔辛基报》《晨报》《新芬兰报》《首都日报》《芬兰画报》等。每天一早，当日的报纸便摆在各个售报点，派往各个家庭；地铁口、宾馆内，更是免费赠送，任人取阅，十分方便。在芬兰逛街，你会发现一个有趣的现象：最热闹的地方往往是书店。芬兰的书店相当多而且考究，布置恬适清幽。在芬兰，逢节假日商店都关门，而书店却不同，什么时候都是熙来攘往，门庭若市。在赫尔辛基一间颇具规模的书店里，记者正浏览着书柜上那品种繁多、浩如烟海的书籍时，忽觉衣襟被轻轻拉动，低头一看，不禁乐了，只见一个约莫三四岁的小娃娃，正仰头扯着我的衣服，圆圆的大眼睛里露出期盼的神采，伸出胖嘟嘟的小手指着书架的一排儿童画册，嘴里焦急地嚷着什么。看得出，小家伙是看上了那些画册，个子矮够不着，而身旁年轻的父亲选购书籍入了迷，竟忘了顾及小儿子同样的需求了。当记者将画册取下送到娃娃手中时，他高兴得"咯咯"笑了起来。笑声"惊醒"了沉浸在书海中的父亲，他转过身，看见记者是"外国人"，急忙用英语连连道谢。环顾书店内人们寻视书籍的急切目光和看书时爱不释手的陶醉笑容，你不能不赞叹，芬兰人爱读书真是名不虚传啊！

首都赫尔辛基是芬兰的文化中心。闻名遐迩的高等学府、华丽壮观的歌剧院、古朴典雅的古代建筑、姿态万千的艺术雕塑，无不光彩夺目，美不胜收，使人恍如置身于文化艺术的长廊之中。特别是各种各样的博物馆、纪念馆、珍藏馆，更是琳琅满目，令人目不暇接，流连忘返。其中最为奇巧、最吸引人的是松鼠岛上的露天人文博物馆，人们习惯把这个岛称作博物馆岛。岛上鸟语花香，风光旖旎，郁郁苍苍的绿树掩映着一座座古代的村庄、教堂、商店和作坊，内中陈列着芬兰各个历史时期的生活用品、劳动工具以及车辆、船舶等，展示着古代的风土人情、社会状况。在岛上漫游，若不是有工作人员时时在旁作热情的讲解，人们还真以为自己走进了时空的隧道，回到了芬兰的古代社会。

高水准的文化教育不仅促进了国家高科技的发展，而且孕育了民族的高素质。据芬兰内政部的官员介绍，芬兰的社会秩序良好，很少发生偷盗和抢劫案，难怪我们在芬兰的街头始终没有见到警察。芬兰是个产酒的国家，但却很少人酗酒，即使几个好朋友在酒店欢聚，畅饮时仍是那么"斯文"，并不大声喧哗。因而，在酒店边享受美餐边读书阅报的也大有人在。在芬兰访问期间，所到之处，人们那衣冠楚楚、文质彬彬、和蔼有礼的风度，给我们留下了很深的印象。

芬兰，这个喜爱读书的民族，她所创造的美，不仅仅是在外表。

三

芬兰是蜚声世界的高福利国家，有"福利国家的橱窗"之称。

制度化和社会化是芬兰高福利政策的两个基本特征。通过立法，把社会福利纳入社会经济体制之内，变成一种合法的制度。社会福利的提供按照一定的规定自动进行，不需要申请，不需要选择。高福利制度使全体国民，无论男与女，老与幼，工作与否，健康状况如何，都无一例外地享受着国家提供的社会福利。

芬兰社会福利包括两大部分：一是各种社会服务和公共消费，如教育、医疗、育儿、住宅等；二是各种保险制度，如儿童津贴、养老金、失业保险、病休保险等。有人称芬兰的福利事业是惠及人们"从摇篮到坟墓"整个人生的事业。其实，芬兰的孩子在娘肚子里就已经开始享受福利待遇了：从母亲怀孕开始，父母就可以享用45周的假期，其中父亲可占用3周；假期中发给66％的工资；假期用完后，母亲还可以留薪停职3年。孩子从出生到16岁，政府每月发给540芬兰马克的抚养费（1芬兰马克约等于1.66元人民币）。这就在时间上、经济上为父母精心培育后代提供了良好的条件。在芬兰，我们碰到不少带着孩子漫步街头的年轻父母，那些小娃娃们或坐在童车里，或依偎在父母怀中，一个个白白胖胖，健康可爱，惹得我和同行们纷纷举起相机，精心制作出一幅幅美轮美奂的洋娃娃图。孩子们从小学到高中毕业，上学的费用全部由国家承担，每天中午还享受一餐免费供应的营养丰富的午饭。如果升大学，国家每月发给1500芬兰马克的补贴，直至完成学业。

芬兰政府规定，芬兰公民最低生活线为每人每月2000芬兰马克。年轻人走向社会后，如一时找不到工作，政府就按这个标准发给基本生活保障金，直至找到工作。对于失业人员，政府根据每个人的工龄长短和原工资金额发给相应比例的失业津贴。月收入低的失业者，每月补助原工资的70％，月收入高的失业者，补助原工资的50％。在失业500天后，则按国家基本生活标准每月发给2000芬兰马克生活费。同时，政府对失业人员实行免费就业再培训或转业培训，帮助失业人员重新进入劳力市场。员工病休时，雇主仍然付全薪。患者看病治疗可享受当地政府提供的健康保险，到医院就诊几乎全部免费。

芬兰的高福利政策对老年人特别优惠。65岁以上的老人，无论以前有无工作，每月都享受基本养老金2400芬兰马克。如以前有工作的，还可根据工龄的长短、原工资的金额，再发一笔劳动市场退休金，工龄40年以上的高达原工资60%。优厚的福利待遇，无疑使芬兰老人在经济上得到了生活保障，解除了颐养天年的后顾之忧。在芬兰，公园内、广场上、树荫下、草坪中，你随时可以看到老人们的身影，他们或轻轻漫步，或静静阅读，或闭目养神，或絮絮交谈，神情是那样宁静，那样安逸。在他们的脚下，成群的鸽子在"咕、咕"地寻觅食物。阳光、草地、老人、鸽子，构成一幅多么温馨的图画，使人禁不住从内心为老人们的健康长寿而祝福。

实行高福利制度，使芬兰人普遍享有较高的生活水准。现在，芬兰平均每两个人拥有一辆汽车，每3个人拥有一部移动电话。人均居住面积达30.5平方米，有一半以上的家庭拥有独立的带草坪、花园的住房或别墅，宽敞舒适，环境优美。芬兰人对居住条件的要求相当高，一是要服务设施齐全，便于生活工作；二是要位于森林、河流边，利于休闲、度假。芬兰人每年都用一定的时间休假、旅游，假日生活多姿多彩，情趣横生。冬天，他们一大早就来到冰封的河面上，将冰面凿开一个洞口，垂入鱼钩。然后，或去打冰上高尔夫球，或去堆大雪熊，或关在房子里静静地读书。中午时分，回到河面上，拉起鱼钩，必定有一尾大鱼在"恭候"，全家便围坐在篝火旁，兴致勃勃地品尝烧烤鲜鱼的美味，其乐融融。由于有基本生活标准的保障，在这块土地上，没有生活赤贫现象。街头巷尾，见不到伸手要钱的乞丐和横睡路边的流浪汉。

实行高福利制度的优越性是显而易见的，但是，我们也感到，它所带来的问题，也是不容忽视的。

从70年代开始，芬兰的高福利制度开始出现危机。主要的症结所在，是国家财政负担沉重。按照社会经济学的规律，社会福利的增加应与经济发展水平和经济增长速度相适应。虽然芬兰是一个经济发达的国家，但因用于社会福利的开支过大（高达国民生产总值的34％），福利的增加超过了经济增长所提供的现实能力，政府已感到十分吃力。特别是近年经济发展放慢时，为了保持需要的社会再分配水平，只能依靠进一步提高税率或增加财政赤字来解决。芬兰税收之高是惊人的，每人每月要拿出工资的30％—50％来交个人所得税，此外还有财产所得税、企业家所得税等等。收入越多税额越高，特别是那些厂长、经理们，每月要将赚来的大部分钱上缴政府。由于税收过重，不少企业被迫裁员甚至破产。近年来，芬兰的失业率一直居高不下，40万失业大军成了社会的沉重负担。失业者虽然基本生活仍有保障，但生活水准的下降，无所事事的闲散无聊，也必然会产生这样那样的社会问题。据介绍，芬兰吸毒的人数呈逐年上升的趋势，其中大多数是精神空虚的失业人员。

高福利制度的负面效应已引起芬兰人的担忧和焦虑，芬兰政府正在研究新的政策，采取有力措施，降低税收，控制失业率，力图扭转社会福利增长失控的局面。

1997年5月

II　报告文学

▎神奇的"窦一虎"

一

孩提时代我是个故事迷，曾跟着老祖父听了不少稗官野史、传奇神话。每听一个故事，幼小的心灵对那些本领高超、神通广大的传奇人物，总要顶礼膜拜好一阵子。记得其中有个叫窦一虎的，给我印象颇深。听老祖父说，这个人具有超凡绝世的武艺，他虽然身材矮小，然而灵活异常，神出鬼没。敌手打他，杳无踪迹；他捉敌手，突然现相，出奇制胜。那时，我常天真地想，要是窦一虎活到现在，用这样的隐身术抓敌人、擒坏蛋，那该多带劲呀！随着岁月的推移，年岁的增长，这些传奇人物在我脑海里渐渐淡漠了，有时想起来，还不免为童稚时代的荒唐念头而哑然失笑。然而，不料就在最近的一天，我竟然从一份材料中看到"'窦一虎'威震贼胆"一行大字。我按捺不住好奇的心情，一口气读下去，不禁拍案叫绝：好一个厉害的"窦一虎"！

去春的一个中午。春寒乍暖，微风吹拂。广州市四路汽车沿着长堤朝西驰去。车上，人们迎着适意的春风，在有节奏的摇曳中，慵困地站着、挤着，有的甚至微闭着双眼。此时，唯有一位男青年显得格外精神。他那混浊的眼睛轱辘轱辘地转着，最后视线停留在一个外地乘客的后裤袋上。这位乘客眼勾勾地望着窗外，显然是被珠江秀丽景色吸引住了。令男青年遗憾的是，这位乘客后面空着一个位置没有站人，众目睽睽，难以下手。眼看着这位乘客就要下车，男青年急得两眼冒火，额角沁汗。正在这时，从旁边走过来一个工人模样的矮个子乘客，背靠背地站在外地乘客后面，刚好把周围人们的视线遮住。"真是天助我也！"男青年一阵狂喜，立即紧贴上去，藏在手心的钩刀轻轻一划，钱包到手了。说时迟，那时快，就在罪恶的黑手拿着钱包离开裤袋的一瞬间，突然，那位曾经"助"他的"乘客"猛一回身，喝道："不许动！"铁钳般有力的手紧紧地把男青年抓住了。人赃并获，扒手落网。不少乘客都看呆了，想不出这位神奇的"乘客"是怎样如此神速地发现并抓住这扒手的。

去年初夏的傍晚。红日西沉，华灯初上。一辆拥挤的七路车行驶在北京路。车上，一个獐头鼠目的家伙朝一个留着长头发的青年诡秘地闭了闭眼睛。于是，两个人从不同方向挤到一个乘客的旁边，一个稍前，一个略后，形成左右夹攻之势。在蒙蒙夜色的掩护下，长头发青年抓着扶手的臂肘故意朝乘客的眼睛弯去，把乘客的视线遮了个严实。与此同时，另一个家伙飞速地从后面把两个手指伸进乘客胸前的衣袋。然而，就在扒手的肩膀向上微微一耸的刹那间，只见一个头戴草帽，身着香云纱唐装的"农民"，从斜刺里一个箭步跨过来，猛伸手抓住扒手的右臂向上一举，嗬！不早不迟，钱包正好夹在扒手手指间。长头发青年见势不妙，拔腿想溜。这位"农民"直呼其名："刘××，你也跟张××走一趟！"两个惯犯望着这位"从天而降"的"农民"，惊得竟然忘记了反抗，情知不是对手，只得垂头丧气，束手就擒。

去年仲秋的黎明。晨曦初露，朝霞如火。一伙手执火药枪的扒窃集团，天未亮就在解放中路乘乱打劫。五路汽车到了，歹徒们夹在乘客中，你推我搡，故意制造混乱。案犯黎××推着一个乘客上了车，又连忙退了出来，得意洋洋地将双手插在裤袋里，招呼同伙快走。这时，突然从车门口凌空"飞"下一个人来，仿如雄鹰扑击，一把抓住黎犯的后裤头，命令道："偷了什么东西？交出来！"五六个歹徒看见他们的头目被抓，一个个睁着贼眼，围了上来，有的还动手拔出双响火药枪，亮出寒光闪闪的匕首尖。情势危急！但那人毫无惧色，左手紧紧抓住案犯裤头，右手机警地伸进挎包里，怒斥道："你们想干什么？我是公安局的！"双方瞪着眼对峙着。此时，歹徒中不知谁突然一声尖叫："啊！他是'窦一虎'！"这一喊不要紧，歹徒们一个个脸色刷白，犹如惊弓之鸟，丢下他们的头目，四散而逃……这一精彩镜头，惊呆了多少赶来相助的过路行人！真是虎威震贼胆啊！

看到这里，读者想已明白，这位神出鬼没的"窦一虎"，并非历史上什么传奇人物的再世，而是一位本领高超的公安战士。他，就是威震广州城的反车扒英雄王正声同志。

王正声是广州市公安局刑警队反车扒组组长。近二十年来，在同扒窃罪犯分子的斗争中，屡建奇功。仅在去年，他单独抓获和参加抓获的车扒罪犯就有三百三十五名。他先后十一次被评为先进工作者和青年社会主义建设积极分子，今年，他荣获公安部授予的二级英雄模范的称号。

读了这份材料，好像有一股奇妙的力量，又把我崇拜传奇英雄的童心唤醒了。我竟然像天真的孩子一样，怎么也抑制不住要亲眼见见这位英雄的强烈欲望。于是，在今年仲秋的一天，我便做了"窦一虎"的不速之客。

二

站在我面前的便是我急于要见到的"窦一虎"了。可是我却禁不住睁大了眼睛，惊讶得一时不知说什么好。尽管我已经对他的形象做了各种推测、想象，然而，却怎样也无法一下子把那位令窃贼闻之丧胆的带有传奇色彩的英雄，与眼前这位瘦弱、文静、温和的年轻人联系起来。陡然一看，他矮个子、瘦身躯，不仅没有那种粗犷、威武的气质，反而觉得未免过于文雅、沉静。但仔细瞧去，却又不然，只见他浅褐色的脸盘上，浓眉似剑，目若朗星，灵活的眼光里闪烁着天赋的聪慧，显得又干练，又机警，又有毅力。

访问从他的绰号谈起，我开门见山地问道："怎么叫你'窦一虎'？"

王正声微微一笑："那是扒手给取的花名。"

"你这一身本领也确实不简单，"我说，"干这行多年了吧？"

"快二十年啦！"他颇为感慨地说。接着，便向我追述了那难以忘怀的岁月……

1961年，刚满十八岁的王正声，从省交通学校分配到广州市公安局。集中学习一个月后，领导找他谈话了："小王，你想干什么工作？"

"侦察员！"王正声不假思索地回答。他从小爱看侦探小说、反特电影，早就向往着要当一个机智勇敢的侦察员。

于是，他被分配到刑警队。梦寐以求的夙愿就要实现了，别提小王有多高兴了。他心里洋溢着蓬勃的热情、炽热的希望和美丽的幻想。但是他没有想到，原来，自己与之交锋的并不是老奸巨猾的特务或阴险毒辣的间谍，而是一伙流里流气的扒手、小偷；每天的活动，也没有他盼望已久的惊险、离奇、浪漫的场景出现，而是成天在车上挤来挤去，又累，又单调、又平淡。那时，社会秩序较好，扒手、小偷是个稀罕之物，十天半月，也难得发现一个。小王有些失望，瞧不起这项工作了。

然而不久，亲眼所见的一件事，在他心底激起了波澜。一天，在公安局门口，他看见一对携儿带女的农民夫妇在抱头痛哭。一问，知道他们是从潮汕来广州治病的，含辛茹苦积攒下来的几百元钱，一下子在车上被扒走了。他们那不幸遭遇的诉说，呼天抢地的哭声，就像刀子一样攮着小王的心。当小王从身上掏出自己不多的钱和粮票，送给这位失主作为返乡的些微帮衬时，他是怀着怎样内疚的心情啊！他亲眼看到了扒窃分子给人们带来的严重危害，感到了自己担负的为民除害的重大责任。

对事业意义认识的加深，常常给人带来的是长足的进步。但是，不管任何工作，空有政治热情也是做不好的。一天，他和一个老侦察员在车上好不容易盯上了一个扒手。老侦察示意小王去抓。别看小王平时那样盼望着惊险场面出现，但事到临头，却慌乱了，心里甚至比那个扒手还要紧张。他强压着卜卜心跳，从人缝里钻到那个家伙的后面。案犯的手刚插进乘客的裤袋，他就慌忙地抓住了扒手的手臂，一声吆喝："你偷钱？"案犯的手被拉了出来，钱包"啪"的一声掉落地下。扒手回过头来，用力一甩，手甩脱了，凶神恶煞地嚷道："谁偷？你自己吧！"两人争吵起来。后来，老侦察过来，才为他解了围。将扒手带回公安局，终因未当场抓定，扒手矢口抵赖，给预审带来困难。这件事，给王正声留下的印象特别深。他以自己的切身体会，细细琢磨着老侦察员的经验之谈：抓扒手，最重要的是人赃并获。这就必须掌握捕获的时机，操之过急，钱包还未掏出，容易落空；行动迟缓，赃物可能转移，容易造成被动。所以，要求侦察员做到观察准确，决策果断，行动敏捷。

经过这些教训和磨炼，小王慢慢变得老练和纯熟了。斗争的考验和启迪，老侦察员的帮助和诱导，犹如绵绵春雨，滋润着小王的心田。他决心把自己的青春献给反车扒事业，一头钻进了这五光十色、复杂离奇的"反车扒学"的研究里。王正声废寝忘餐向老侦察员们搜集了数以百计的车扒案例，潜心研究，总结出扒窃犯二十多种作案手段，和如何识别、跟踪、抓获现行扒窃犯的一整套经验。由于他悉心学艺，善于从实践中总结经验，很快，他的技艺就超过了那些老侦察员。就拿识别罪犯来说吧，在拥挤的公共汽车上，王正声从人们的眼神甚至眼睛的偶然一瞥，就能判断出谁是扒手，谁是正常的乘客；根据扒窃分子肩膀或下车后某个微妙的动作，就能断定他是否已经偷到钱包；在摩肩接踵的人群中，凭腿部动作的某些细微变化，就能确定这是流氓犯，还是扒窃犯，扒窃犯是掏失主的裤袋还是胸袋……

王正声还有一手绝招，就是擅长"认人""认相"。多狡猾的对手，他只要看上一眼，或瞧瞧照片，就能经久不忘，甚至几年之后，仍然能在人群中快速准确地将这个案犯辨认出来。一次，他和一个老侦察员在十路车上执行任务。汽车从延安路拐入文德路时，王正声突然看见街道行人中有一个青年，似曾相识。车到文德北路站，王正声一声呼哨，争先冲下车，撒腿就往回跑。老侦察不明白是怎么回事，也只得跟着冲下来。他们尾随那个青年，一直跟到北京路。抓他时，老侦察还在犯疑："他没有作案，不好抓吧！"王正声果断地说："不！两年前我抓过他一次，送去劳改，现在还未满期，肯定是逃出来的。"抓住一审问，果然如王正声所说。同志们给王正声的特异本领，取了有意思的名字，叫"空对地、地对空、空对空"。"空对地"，就是能在车上发现街道人群中的作案对象；"地对空"，就是能在车站或街道上，发觉车上乘客中的扒窃分子；"空对空"，就是在两辆公共汽车会车的瞬息间，发现对面车上的可疑人物。真可谓是目光犀利，神通广大了。

有人把王正声这种奇异的本领，归之于他有惊人的记忆力。这当然不无道理。然而，更主要的是他的苦练！反车扒工作，是非常辛苦的。每天披星而起，戴月方归。有时为了追踪一个犯罪分子，要到夜深等犯罪分子进了旅馆或回家歇息了，自己才能回机关。第二天天不亮，又继续跟踪，一直到人赃并获时为止。他们每天几乎都要连续工作十几个小时。但是，不管怎么忙，不管工作到多晚，他每天都要利用午休时间，或夜阑人静的深宵，到预审室和暂押室辨认当天抓获的案犯，细心察看历年来被公安机关处理过的惯偷相片和车扒犯罪分子的登记卡，从上千张照片中，辨认当天发现的扒手，从而掌握了一批惯犯的姓名、特征、住址、处理情况等等。他天天如此，从未间断，进行着十分艰辛的劳动。为练出这身特异本领，他流了多少汗，吃了多少苦，度过了多少个不眠之夜啊！

三

经过数年的磨砺和钻研，王正声的技艺谙熟，几乎达到炉火纯青的地步。这正是他大有作为的时候。可是，就在此时，那场"史无前例"的所谓"大革命"爆发了。公检法机关首当其冲。连扒手、惯偷都成了响当当的"造反派"，还要反车扒小组干什么？于是，一声令下，反车扒小组解散了。

革命者最不能忍受的是事业上的空虚。难言的不能战斗的痛苦，袭击着王正声的心。真是罪过啊！"文化大革命"给人们带来的"史无前例"的"成果"之一，就是广州市扒窃案以成倍的数字骤增。他的心更加难以平静。一个星期天，他终于憋不住劲了，何不利用休息时间去抓他几个？他兴冲冲地登上了公共汽车，犹如猛虎归山，蛟龙入水，行车不到两站，就当场抓了一个，扭送到附近派出所。令人气愤的是，派出所竟然不收。那位所长打着官腔："你是公安局的，为什么还送来派出所？"可是，王正声又不敢将扒手带回公安局，怕人家说他不安本分。唉，那时要办一件事情，真难哟！后来，王正声学得聪明了，每逢节假日抓到扒手，就说自己是省交通学校的某某，派出所再也不好往外推了。

在"史无前例"的那些年月，中国的不少事情说起来实在可笑又复可怜。那阵子，扒窃犯在大街上、汽车里恣意作案，用他们罪恶的双手，把血泪、辛酸、愤恨播送到人们的头上，可是，有几个领导过问过？关心过？直到有一天，某首长的爱人在公共汽车上被小偷扒去了一个钱包，这才像是发生了一件什么"历史性"的重大事件，引起了某些首长的注意。于是，又一声令下，恢复反车扒小组！

王正声得以重操旧业，兴奋而又激动。上面是怎样考虑的，何必去管他？王正声的要求并不高，只要能参加战斗就行了。然而，事物总是发展和变化着的，经过"史无前例"的"锻炼"，连小偷、扒手也在"成长"。譬如说，六十年代的扒手、小偷，就没有那么多"造反派脾气"，只要人赃俱获，就会乖乖地跟你走，极少反抗；七十年代就不同了，他们采用的是"实力地位"政策，如果觉得对手可欺，轻则怒目而视，反咬一口，重则拳打脚踢，扬长而去。又如，六十年代的扒手、小偷多是单个行动；七十年代的扒手、小偷多是成群结伙，而且都"武装到了牙齿"，电工刀、匕首、火药枪，应有尽有。再如，六十年代的扒手、小偷，作案多是徒手；七十年代呢，似乎也向"现代化"迈进了一步，不少人采用的是手术钩刀等技术作案手段……根据七十年代这些扒窃集团的特点，王正声在工作中就更注意讲究策略和发动群众了。每逢遇到对手，他总是镇定自若地走到扒手后面，左手抓住对方的裤头，右手轻轻拍拍他的肩膀，表明自己身份，警告他不许动，然后向群众讲明情况，获得群众的支持，从不盛气凌人。这样，对手十有八九不敢反抗。同时，他还采取一个重要的技术措施，就是掌握抓获的时机，讲究斗争方法。一次，他在五路汽车的后门，看到中门有个高大的扒窃犯在作案，因为离得远，无法当场抓获。到站了，扒手急忙从中门下车，王正声也同时从后门跳下来。这时该可以抓了吧？但是他不！眨眼间，案犯消失在人群中。王正声紧紧盯住，走了一段路，扒手回头瞧了瞧，忍不住从裤袋里掏出钱包来察看。就在案犯低头数钱的当儿，王正声突然从背后插上，一手抓住了他的裤头。案犯见他突然而来，猛吃一惊，不知所措，又怕周围有埋伏，不敢反抗，只得乖乖就擒。

如果遇到扒窃集团，要人赃并获，就得花费一番心思了。一天黄昏，天下着蒙蒙雨，王正声在一路拖卡客车的后车厢，透过玻璃窗，看见前车厢有两个女扒手在作案。车到海珠广场，她们下车了。王正声也跟着下来，才发现她们一共是四个。她们大大咧咧，嘻嘻哈哈，穿过海珠广场，在一个僻静处坐下来分赃。抓？还是不抓？王正声冷静地判断着：当时，虽然证据在握，但天正下雨，行人稀少，一个对四个，对方又是女的，弄得不好，会被反咬。他决定暂时不抓。随后，他又尾随她们到了泰康路，在街上碰到两个戴袖章的街坊大婶，虽然力量对比已是三比四，但街坊大婶都已年迈，帮不了多少忙，而且戴着红袖章，容易暴露，决定还是不下手。这时，刚好十路汽车到站，女扒手蜂拥而上，王正声也一闪身上了车。车上乘客不多，她们挤在一条长凳上说悄悄话。王正声走上前去，放低声音威严地说："我是公安局的，刚才你们偷了什么东西，赶快拿出来。"女扒手想站起来诡辩。王正声眼睛里射出不可违抗的严峻神色，命令道："坐好，有话到公安局再说！"这时，售票员和许多乘客都围了上来，她们只得低下了头。车到总站，乘客们急着要下车了。女扒手仍然不声不响，偷偷把手放到座椅后面。王正声也不动声色，等乘客下了车，才慢悠悠地说："怎么样？自己把钱包捡起来吧！"售票员转过头来一看，四个女扒手的座位底下，丢着一串钱包……

近二十年来，王正声抓获的罪犯不下数千，只要碰到他手上，案犯无不俯首听话，真正反抗的没有几个。由于他技艺精深，再诡诈奸猾的老手，也逃不出他的手心。扒窃分子遇上了他，就像老鼠碰上了猫，对他又怕又恨，便给他取了个绰号——"窦一虎"。他们谈"虎"色变，甚至在汽车上，只要看到身材矮小的乘客，也心惊肉跳。于是，"窦一虎"的威名这样在扒窃分子中流传开来了……

王正声在向我介绍他的上述经历时，话语平静而又坦然。我静静地倾听着，脑子里突然跳出一个问题，就问："你遇到过反抗的扒手吗？"

他还是微微一笑，淡然地说："有，但是不多。碰到这种情况，就免不了有场激烈的搏斗！"

他告诉我，仅近两年他就碰到过两次。一次是前年春末。那天，王正声在十六路车上抓到一个扒窃犯，在农林下路下车后，准备把他扭送到派出所去。从东山的交通岗到农林派出所，左边是公路，右边是铁路，公路和铁路之间有一个两米多高的斜坡。王正声抓住案犯的裤头，刚走到斜坡旁，案犯突然拼着全力从公路边往两米多深的铁路洼地跳去。王正声死死抓住裤头不放，由于他力小体轻，被案犯拖了下去。案犯双脚着地，王正声却是横着身子而下，胸部先着地，重重地撞在铁轨旁的粗石堆上。他只觉得眼睛一阵发黑，胸部像要炸裂开来一般疼痛。这时，案犯已经挣脱他的手。王正声挣扎着爬起来，踉踉跄跄向前追去。在群众的协助下，又抓住了案犯。他把案犯押送到派出所时，全身冒着虚汗，就像整个身子在水里蘸过似的，刚踏进派出所，就晕倒在地……

另一次是去年仲夏。早晨五点钟他在解放南路上了五路车。几分钟后，发现一个彪形大汉从一个外地农民的口袋里扒出了一叠人民币。王正声连手带钱，一把抓住。但那家伙人高力气大，用力一挣，手挣脱了，赃款却留在王正声手上。理屈词穷的人只能用发怒和行凶来掩饰自己，这家伙恶狠狠的双眼一瞪："你干什么？"出其不意，挥拳猛打过来。王正声躲闪不及，正打在鼻梁上，顿时，几股鲜血从鼻孔从嘴里流淌出来。王正声只觉得天旋地转，头冒火星，打了个趔趄，又站住了。此时，他连血都顾不得擦一下，强忍剧痛，带伤战斗，从车上打到地下，滚得满身泥水，终于将案犯扭送到公安局。后来，到医院一检查，鼻梁骨被打断。可是，他上了一点药，第二天又带着伤痛，战斗在车上……

这位勇如猛虎、功绩卓著的英雄，在讲述他这些动人心魄的战斗事迹时，语调平缓、轻松，像是偶然谈起一件趣事似地笑着。而我的心却紧缩着，充满了关切和敬仰的情感。听到这里，我再也忍不住了，不禁脱口而出："真险呀！以后可得注意点呢！"

"邪不压正。"王正声说，"只要胆大心细，再凶狠的家伙也对付得了……"他那炯炯的眼睛更加明亮了，就像秋天的高空一样，清朗、深沉。啊，这是一双何等犀利、敏锐的眼睛啊！有什么样的坏人能逃过这双神鹰般的眼睛呢！

王正声的时间是宝贵的，我恋恋不舍地站起身。握着那只曾擒捉过多少魔爪的有力的手，望着那双曾识穿了多少黑心的锐利的眼睛，我仿佛看到了他那颗平凡而又高尚的心。啊，大显神通吧，英雄的"窦一虎"！愿你在新的战斗中，永振虎威，连取大捷！

1980年10月

从农奴到"格西"

生活本身既不是祸，也不是福：它是祸福的容器，就看你自己把它变成什么。

——蒙田

人生，这是一个怎样神秘诱人的字眼！每一个人，当他呱呱坠地的时候，就开始了自己的长途跋涉：宽阔的、狭窄的，平坦的、坎坷的，鲜花盛开的、荆棘丛生的……在这千万条人生奋斗之路上，又将会出现多少出人意料、引人赞叹的事情啊！

格勒，一个藏族郎生①的儿子，一个降生在牛棚里的小农奴，谁会想到，现在他竟成为藏族第一个社会科学硕士学位获得者，我国第一个人类学博士研究生？当笔者询问他成功的奥秘时，格勒用流利的汉语引用了19世纪法国生物学家巴斯德的名言："我唯一的力量就是我的坚持精神。"

一

"一切都是从妈妈生我的那晚、狂风吹熄了酥油灯开始的。啊！妈妈……"格勒沉入了遥远的追忆。

三十四年前，黑暗还笼罩着康藏高原。在雅砻江畔一个叫绒坝岔的山村的一间牛棚里，昏黄的酥油灯下，一个产妇躺在牦牛堆里痛苦地呻吟着。在她临近分娩的时候，农奴主说她污秽了祖宗的灵气，派人把她

---

① 郎生：无房无地的终身奴隶。

抛进了牛棚。她挣扎一个晚上了，在黎明即将降临的时刻，突然一阵狂风呼啸而起，昏黄的酥油灯忽闪几下，熄灭了。黑暗中，传来了婴儿凄厉的哭叫——小格勒来到了悲苦的人世间。

狂风吹灭酥油灯，使梅朵拉措非常惊恐。这是祸胎，这是不祥之兆：孩子将来要下地狱！传说只有朝拜释迦牟尼，才能逢凶化吉，获得新生。为了孩子的幸福：虔诚的梅朵拉措决心到千里之外的拉萨去为儿子祈福。她怀抱着刚刚满月的小格勒，一路行乞，住山洞，吃野菜，忍饥挨饿，终于来到了拉萨。她把乞讨到的糌粑一点点积攒起来，换来一条哈达、几两酥油奉献在释迦牟尼的佛像前……

小格勒长到五岁半了，但梅朵拉措还在担心着小格勒不祥的命运。后来有人告诉她："哪怕教格勒认识牦牛大的一个字，进地狱也不会受苦。"梅朵拉措焦急万分，只好去恳求村里的农奴主，请为农奴主念经的喇嘛教格勒认字。"老爷，行行好吧！老爷，行行好吧……"梅朵拉措一见到农奴主就跪在地上哭诉、苦苦哀求。一天，农奴主被缠得发了"善心"。当时讲定的条件却是：喇嘛教会格勒三十个藏文字母，而格勒必须听从喇嘛的役使！

一个重大的命运转折降临了。五岁半的孩子，天不亮就得起来，给喇嘛扫地、烧火、端水、倒茶、擦供器、换供品……小格勒吃的猪狗食，干的牛马活；稍不如意，就用皮鞭抽，抽得格勒皮开肉绽，死去活来；用烧红的火钳烫，烫得格勒皮肤青烟直冒，嗞嗞作响。幸好小格勒天资聪颖，学藏文字母从不挨打，连喇嘛也不得不暗暗称赞他头脑灵慧。一年过后，小格勒不仅能认会写藏文字母，还能拼写简单的词句了。

1956年，民主改革工作队开进了绒坝岔。绒坝岔办起了小学。梅朵拉措头一个把格勒送进了共产党办的学校。进了小学，小格勒犹如一头饿久了的牛犊闯进了肥嫩的草地。刚学了半年，老师就让他跳班，升到了三年级。

几年后，梅朵拉措拉着格勒的小手走在通往县城的大路上了。她的背篼里装着格勒的行装，她要送格勒到三十公里外的甘孜民族中学念书。她慈祥的脸上带着温和的微笑："格勒，记住过去，我要你认字是怕你来世受难。现在，是希望你今生当个格西①。"格勒懂事地点着头。梅朵拉措望着儿子那苍白的脸，那聪颖的眼睛，纵横的老泪在她满是皱纹的脸上奔流。那时正是国家经济困难时期，儿子缺乏调养啊！

从此以后，在绒坝岔通往甘孜的路上，每隔十天就会出现梅朵拉措背着背篼蹒跚地行走的身影。她背篼里装的是糌粑、酥油，而她自己的肚子里却是常常什么也没有……每隔十天，甘孜中学一间课室的窗口，就会出现梅朵拉措那瘦小的布满皱纹的脸。格勒高兴地扑出来。她手忙脚乱地将糌粑、酥油塞满了他的衣兜。望着儿子吃得那样香甜的样子，梅朵拉措脸上绽出了甜美、满足和幸福的笑意。

二

格勒没有辜负妈妈的期望。1964年，他考上了西南民族学院中专班。消息传来，整个绒坝岔轰动了。

公社决定到喀察温泉为他饯行。

秋日的喀察温泉，绿树成荫，鸟语花香。一早，社长领着全村的人来到这里。老人们穿着崭新的氆氇，带来了青稞酒、酥油茶；小伙子们早已搭起帐篷，弹起心爱的六弦琴。乡亲们沐浴过后，席地而坐，吃着喷香的砣砣肉，饮着甘甜的青稞酒，由社长带领，一齐向格勒祝贺。接着，六弦琴四起，踏着优美的乐曲，男女老少尽情地跳起了粗犷的"锅庄"，跳起了欢快的踢踏。

这只有节日才有的盛况，是乡亲们给格勒的最高荣誉。他带着乡亲们的喜悦和期望来到了成都。

苦难中成长的格勒深知学习的艰辛。老师讲授的每一门课程，都为他开启了心灵的窗户，打开了新的视野。格勒忘情地徘徊在知识海洋的岸边寻珍觅宝。然而，一场骤至的风暴毁坏了格勒和他无数同辈人的梦想。1968年，他没有读完课程可却从中专"毕业"了，带着遗憾和一大捆从大学班毕业生遗弃在宿舍的旧书、教材，他离开成都，要到一个新天地去了。

---

① 格西：藏语"格威喜联"的简称，意为有知识的人，相当于现在的硕士或博士。

色达，在国民党统治时代称之为"野人区"。那里，地处高山寒带，一年有八个月是冰冻期，人们世世代代过着古老的游牧部落生活。格勒在这里当过翻译，担任过县的广播站站长及共青团县委书记。但是，他一心追求的仍然是：读书。"不愿学习的人，绝不可能成为真正的人。"格勒把一位政治家的这句格言作为座右铭，贴在自己床头。工作之余，一有闲空，不管是节日假日，不管是白天黑夜，他就如饥似渴地捧着书本研读开了。他房间的酥油灯，经常成宿地亮着。他像小鸡啄食那样，一点一点地啄。读完了《马克思恩格斯选集》《列宁选集》，又读完了《中国通史》《世界通史》以及许多大学教材……

走向社会，接触实际更多了。皑皑雪山，茫茫草原，陶冶着他热爱祖国的高尚情操；十年浩劫给藏族人民带来的巨大灾难，激起了他的满腔悲愤。他立志为改变本民族的愚昧和落后，促进国家的民族团结，贡献出自己一点点微薄力量。他的兴趣和精力完全转向了研究和挖掘藏汉文化方面。

"相信生活，它给人的教益比任何一本书籍都好。"歌德的名言给予了格勒很大的启迪。从此，他的学习，不单单局限在书本知识，而要从生活这部浩瀚的大书里汲取养分了。格勒一有闲暇就往寺院跑，就找老人聊。他收集了多少藏族的传说、故事和民歌啊！哪怕是一个小小的地名，也忘不了要考证它的来历和渊源；他结识了多少热心的牧民、歌手和喇嘛啊！每到一地，他会立即被牧民们包围起来，给他讲古老的民间传说，为他跳古典的民族舞蹈……牧民们都把格勒当做自己的亲儿子，听说格勒正在收集资料，要写藏族自己的书，纷纷把自己珍藏了数代的古书、经卷送给他。

一天，一个素不相识的老牧民扛着几十斤重的三卷经从远道来找格勒，要把经卷送给他。格勒惊喜地接过来：啊，《十万龙经》，藏族苯教的根本经典！像这样的版本，已属稀世之物。这三卷《十万龙经》原来是收藏在一间苯教的寺院里，"文化大革命"中，在红卫兵举火焚烧这间寺院时，这位牧民装扮成"造反派"冲进寺院，冒着危险在混乱中将《十万龙经》抢救出来，一直保存到现在。前几年，有人愿意出重金购买，他舍不得；现在却无偿地送给了格勒。他拍着格勒的肩膀说："志在顶峰的人，不会在平地上停留。格勒，愿你为我们藏族增光！"

三

1978年，他作为"文革"后的第一批大学生再次来到西南民族学院。一进学校，格勒就给自己选定了主攻方向：在短期内攻克古汉语。他除一字一句研读王力编写的《古代汉语》外，还要通读《资治通鉴》，选读《二十四史》。

三个月后，中文系系主任找他谈话："格勒，你在这里'吃不饱'，去考研究生吧！""研究生？"格勒大吃一惊，"我大学才读了三个月呀！"系主任说："你想真正学点东西，就去试一试。"

研究生考试的结果，他的藏文和汉文考卷令专家们赞叹不已！仅有大学三个月的学历，就具有这样高深的古藏文和古汉语知识，简直令人难以置信。他被录取了，成为中国社会科学院研究生院第一个藏族研究生。一个农奴的儿子，竟跻身于全国最高的科学殿堂了，心情怎能平静呢？他高兴极了，睡梦里也发出了笑声。

这次报考研究生，按规定他免试外语。不懂外语，算什么研究生？要攻克它！在繁重的学习任务上面，格勒又给自己加码了：利用空隙时间，自学英语。

格勒的追求是这样的执着，他想学什么，就会迷上什么。为了学外语，你看吧，他无论走到哪，一见到什么，就要用英语单词去对号。他口里经常念念有词，不知道的还以为他神经出了什么毛病！有个经常和他一起吃饭的同学，看见他老是在饭前半闭着眼唠叨着什么，疑惑地问："你们藏族风俗和天主教一样，吃饭前也要做祷告的吗？"引来了一阵哄堂大笑。他哪里知道格勒是在背诵英语呢！

有一天，格勒从住地北师大乘二十二路车去中央民族学院上课。一上车，他又背开了。不知不觉，汽车开到了前门总站，全车的人都下完了，他才突然惊醒："呀，过站了！"只得又搭原车回去。谁知车子一开动，他又半闭着眼，口中念念有词了。要不是笑弯了腰的售票员提醒，他几乎又乘过了站。

一次，格勒接到他爱人周文君的来信。信里只有简短的几句话："格勒：我激动地收到了你的来信，可惜我一句也看不懂……"怎么回事？格勒像丈二金刚摸不着头脑，连忙写信去问。文君只得把原"信"寄了回来。嗨，哪里是信！竟是他用英语默写的一篇课文……

忘情的学习，换来的是惊人的进步。仅一年半工夫，格勒就可以翻译英文，并能熟练地用英语会话了。

不久，来自美国的一位诺尔布教授应邀来华访问。诺尔布是国外有影响的藏学家，他要求我方派一个懂得汉、藏、英三种语言的学者陪同。格勒的指导老师、著名的藏学家李有义教授毫不犹疑地推举了格勒。诺尔布在访问期间，根本不相信格勒还只是一个在校的研究生。他多次竖起大拇指对李有义称赞："中国能培养出格勒这样年轻的藏学人才，了不起！"他多次表示，欢迎格勒去美国深造。

陪同诺尔布考察回来，一个新目标又在格勒心中萌发。他要将自己在色达草原工作十年所积累的资料，研究、整理出来，写一本书，作为献给家乡人民的礼物。他的想法立即得到李有义教授的全力支持。住在中央民族学院的李教授要格勒想办法住得离他近一点，以便随时指导。

为了找一个既安静又离李教授较近的住所，这天，格勒来到中央民族学院，敲开了扎西旺都老师的门。在色达，格勒曾陪同扎西旺都考察过，他们有着深厚的师生之谊。格勒将来意说明，扎西旺都为难地摊开了双手。他一家四口，也是身居斗室，爱莫能助呀！

扎西旺都怀着内疚的心情将格勒送出门口。突然，格勒的视线被门口一间工棚吸住了。这是当年搭的地震棚，因为住房紧，一直没有拆，堆放着杂物。格勒像哥伦布发现新大陆一样欣喜，一头钻进棚里。油毡铺的棚顶，稀泥糊的苇子墙，又小又矮，进出都得弯腰。没有窗户，里面黑洞洞的，布满了蜘蛛网……

"这哪行？"扎西旺都喏嚅着。

"满行！"格勒非常高兴："比牛棚强多了！"

格勒一头扎进了地震棚，像是着了魔，发了疯。他抓紧一分一秒，拼命地看，拼命地写！那时，正值盛夏，地震棚没有窗户，里面闷热得就像一个大蒸笼。而格勒呢？似乎酷热严寒，阴晴昼夜都是另外一个世界上的事，与他格勒毫不相干。

一天，格勒正写得起劲，忽然听到棚外有人喊他。他很不情愿地放下笔，钻出棚。喊他的是扎西旺都的小女儿央金。"哈！哈！哈！"央金冲着格勒那傻模傻样笑开了。格勒低头一看，自己全身就像在水里蘸过似的，汗水沿着手臂、双脚涔涔地流下来。肘腕和臀部竟被汗水粘着好几张写满了字的稿纸，被晚风一吹，宛如身上长了翅膀。格勒赶紧钻进棚，小心翼翼地把稿纸揭下来，再钻出棚问："央金，什么事？""什么事？吃晚饭了！""晚饭？"格勒张大困惑不解的惊愕的双眼，"不是刚吃过吗？""刚吃过？你昨天刚吃过吧！"央金不管三七二十一，拉着还在发愣的格勒就往家跑……

四

这时，格勒的爱人小周到北京探亲来了。他手忙脚乱地把摊得满地的书挪到一堆，才腾出一小块地方让文君坐下。他歉意地对文君笑了笑，又忙着写自己的去了。

文君深情地望着格勒深陷下去的眼窝，眼睛湿润了。她默默地掏出笔，摊开稿纸，亲昵地凝视着格勒："我来帮你抄……"

扎西旺都一家都惊诧了：怎么？又出了个书痴子！

要说文君"痴"，确实不假，她也是痴在格勒的事业上。他俩是西南民族学院中专班的同学。说起来也好笑，文君对格勒产生爱慕之情竟是"文革"中的一次批判斗争大会上。斗争会在一片声嘶力竭的叫骂声中进行。早已看透了这一套的藏族姑娘文君，转着大眼睛，厌恶地看着某些人的精彩表演。突然，她的视线被格勒奇怪的举动吸引了：他双膝上摊着一本《红旗》，《红旗》下却是一本厚厚的《中国通史》。他全神贯注地在读着《通史》。别人呼口号了，他举着手；别人不呼了，他还在举着。看着他那滑稽的样子，文君忍不住扑哧一声笑了。这一笑，惊醒了格勒。他赶忙把《通史》装进挎包，塞在屁股下……"真有胆量！真够刻苦！"文君赞叹不已，一股敬佩之情在心里油然而起。不久，他们就相爱了。毕业后，文君分配在甘孜州邮电局，后来还担负了领导工作。他们结婚后，为了格勒的学习和工作，文君一个人承担着全部的繁重家务，从来不要格勒插手。文君觉得不这样，仿佛就难以表达自己对格勒的深深的爱。这种爱，有时甚至达到了近乎"痴"的程度。

格勒猛攻外语那阵，她竟从遥远的四川帮格勒订了一份《英语学习》，按期寄来。格勒说，这《英语学习》是北京出版的呀，我还订不到？文君却说，还是我帮你订吧，免得你跑邮局花时间，费精神！格勒考上研究生，家里经济收入减少了一半。两个孩子、一个母亲，全靠她一个人的工资维持生活。格勒在北京总是设法寄点钱回去，每次，文君都退了回来。她说："钱，你自己买点东西吃，买书看。"而文君在家，却是一分钱也要掰开两半儿花。格勒每次回家探亲，如果换成别的妻子，一定要把自己房间布置得舒舒服服，迎接亲人团聚。而文君偏不，她总是设法在僻静的地方给格勒找个单间。她说："这样安静，不影响你看书……"

这次来北京两个月了，她连公园也没有逛过一次。扎西旺都骂格勒了："你怎么忙也得带她到外面看看呀！"这天一早，格勒抄起两手，对文君说："走，到八达岭看长城去！""不去。""为什么？""资料还没有抄完呢！""不到长城非好汉。去吧！""是好汉就一定要到长城吗？你还是老老实实给我坐下来写吧，别为我分心了。"文君偏着脑壳调皮地眨着眼睛。"你这样不嫌单调，乏味吗？""不，我觉得幸福。"文君的脸上带着特别的柔情蜜意。在文君心目中，丈夫的理想，就是她的理想；丈夫的事业，就是她的事业。对格勒，她不仅没有丝毫怨言，反而爱得更加真挚、深切……

经过八个月的苦熬，二十多万字的《甘孜州史话》脱稿了。接着，格勒又写出了他十万余言的毕业论文，即硕士学位论文《从游牧部落直接向社会主义过渡——对色达草原游牧社会的民族学研究》。经专家们鉴定，这是两篇"民族学研究的成功的有独立见解的学术论文"。格勒受到了国内专家们的交口称赞，他理所当然地获得了社会科学硕士学位，成了藏族的真正"格西"。

毕业了，格勒以优异的成绩被分配到全国人大民族委员会工作，办公室就在十亿人民向往的人民大会堂里。从破陋阴暗的小牛棚，到壮丽辉煌的大会堂，格勒在他的人生道路上，顽强地走过了一段多么艰难曲折的路程啊！幸福的阳光沐浴着这个昔日的小农奴，今天的"格西"！可是，此时的格勒在想些什么呢？陶醉？享受？不！他想到了高尔基的名言："一个人追求的目标越高，他的才力就发展得越快，对社会就越有益。我确信这也是一个真理。"格勒，又为自己确立了更加远大的目标。今年三月，他毅然放弃了优越的工作条件和生活环境，来到了中山大学人类学系，成为我国第一个人类学博士研究生。从他虔诚地向指导老师、著名的民族学家、中山大学人类学系系主任梁钊韬教授奉献上洁白的哈达那一天起，格勒在人生奋斗的道路上，又开始了新的艰辛的长途跋涉。

当笔者向格勒表达真诚的祝愿的时候，他笑了，以左拉的话结束了我们的长谈："生活的全部意义在于无穷地探索尚未知道的东西，在于不断地增加更多的知识。"

1983年3月

浴血沙场显英才

一

晨曦穿过重叠的山岭，闪出璀璨耀眼的光辉。某部驻守的玻堡高地上，战斗的硝烟已经消散，除时而有几声冷枪在山头飞过外，几乎是一片寂静。唯有玻堡高地西南侧的前沿，炮声仍在震撼着山岗，火光映红了半边天空。

开展对越自卫还击战以来四天没有怎么合眼的战士们，有的蹲在猫耳洞里，有的半躺在堑壕内，抓紧时间在休息。三排长陈学度似乎没有半点睡意，在堑壕里焦急地踱着步。金色的霞光洒在他身上，那实实墩墩的个儿，黧黑的面庞，深沉而又带着稚气的眼睛，向上挑起的眉毛，像是用花岗石雕刻出来的一样，眉宇间透出一股英俊之气。他踱了一阵步，斜倚在堑壕的土墙上，深邃的目光长久地注视着硝烟弥漫的前沿阵地。前面，正在激烈战斗的是和玻堡高地隔山相望的炮台山。在我军攻克越南北部重镇同登县城后，同登守敌越军王牌第三师所谓"飞虎团"残部，已龟缩至炮台山，凭着险要的地形，负隅顽抗。炮台山是同登西南侧紧靠铁路的制高点，控制着同登县城及其通往谅山的铁路和公路。迅速攻占炮台山，直接关系到我军向谅山方向的发展和进攻。友邻部队已经在这里攻了三天两夜了，还没有拿下，今天一早又发起了进攻。陈学度看到，友邻部队还没有攀到山腰，敌人猛烈的炮火就像一道火墙一样又把他们堵了回来。陈学度心似火烧，两道粗黑的眉毛拱曲起来，厚厚的嘴唇轻轻地翕动了一下，猛地跳出堑壕，蹲在一个土坎前，久久地凝视着，思索着。他自1977年参军，1978年担任班长以来，就养成了一个勤于思考的习惯。平时训练，无论走到哪里，翻过哪座山头，总要设想一下，敌人在这个山头会怎样守，我们应该怎样攻；或者敌人怎样攻，我们应当怎样守。现在，和越南侵略者作战，他思想的机器运转得更加快了，敌人从附近山头打来的冷枪，把高地上的灌木丛打得啾啾直响，他也像是没有听见。他的思绪已完全被对面炮台山所吸引了。炮台山的情况，他曾听连长张道安说过，这炮台山又叫"法国炮楼"，是当年法国殖民者修建起来的，长八十米，宽六十米，全是用铁轨当钢筋用水泥浇铸而成。炮楼分三层，顶层露出地面，下面两层深藏地下，地面部分壁厚达一米五至三米，即使炮弹直接命中也只能留下一个白点。据说，第二次世界大战时，日本侵略军曾在这里打过四五十天，也没有攻下。近几年来，越南侵略者为了充当苏修指挥棒下的反华急先锋，以我为目标，进一步对炮台山进行了改建，构筑成射孔密布、火力交叉的立体防御工事。山上地堡成群，山腰处处设防，山下建有可容万余人的永久坑道，设备完善，工事坚固，明碉暗堡，洞洞相连。周围高地与炮台山火力互相支援，织成了层层火网。因此，越南侵略者曾吹嘘炮台山"是攻不破的堡垒"。陈学度攥紧拳头，恨得直咬牙，嘿！炮台山，你神气不了几天了！你就是铁打的，钢铸的，用毛泽东思想武装起来的中国人民解放军也要把你打下来，捏个粉碎！陈学度深深地喘了一口气，平静下来，全神贯注地捉摸着一个方案：这炮台山南北走向，西南有如绝壁，东南却是缓坡，友邻部队几天来都是选择东南方向进攻，而越南侵略者的主要火力，也集中在东南一侧，再加上敌人还盘踞着的三三九高地和那门高地的炮火支援，使进攻部队腹背受敌。如果我们的进攻路线改在西南一侧，那里虽然是绝壁，只要先攻占东北侧的长形无名高地，除去后顾之忧，然后给越南侵略者以出其不意的猛攻，局面可能将是另外一个样……陈学度想到这里，心头激荡着火一样的激情。"对！要求师首长把主攻任务交给我们排！"陈学度霍地一个转身，正想迈步去找连长，突然又停了下来！心头布满了乌云。他委屈地蹲下身子，拳头恨恨地朝地下砸去，被炮火炸松了的黄土坡，被砸出了一个洞。这几天为要求战斗任务，他和连长"蘑菇"过不止一次了。可连长总是说："不要急嘛！仗有得打的，好钢要用在刀刃上！""老蹲猫耳洞，算什么好钢？"陈学度嘟哝着。他越想越激动，眼睛望着那云山苍茫的远方，默默地沉思着，几天来的战斗情景又一齐涌上了心头……

3月17日早晨，对越自卫还击战打响了。连里交给三排的任务，是从弄怀穿插到同登东侧铁路一线，攻占六号高地，以配合全连攻占玻堡和四、五号高地。陈学度带领三排沿着一条水沟神速隐蔽地穿插到位后，我们的炮火开始轰击六号高地。成群的炮弹在他们身后刮起一阵急风，越过头顶，向六号高地飞去。霎时，狂风呼啸，炮声隆隆，震得大地直晃荡。陈学度抬头一看，猛烈的炮火把敌人阵地的工事炸得七零八落，山头上硝烟、尘土翻卷着向四周扩展，不一会，整个六号高地全被浓烟烈火吞没了。陈学度猛地站起来，振臂高呼："同志们，冲啊！"带着全排，跳出水沟，跃进了硝烟之中。他们一口气冲到山腰，在离山顶还有五六十米的时候，我们的炮火停了。"扔手榴弹！"陈学度高喊着。顿时，手榴弹像雨点般在敌人的堑壕里开了花。他们冲上山顶，像是从天而降，敌人还蒙在鼓里，几个高射机枪手刚把埋在堑壕里避弹的头抬起来，还没有弄清是怎么回事，就被击毙了。

三排一举拿下六号高地，为全连攻占玻堡高地创造了条件。这时，二排也向玻堡高地发起了冲击。不一会，正在六号高地山脚追击残敌的陈学度，从对讲机里听到，二排已冲进敌人连部，歼敌二十多名。他既为兄弟排获得较大的战果而高兴，又为自己排贡献不大而感到惭愧。他沉吟着："得想个办法，多干掉他几个！"这时，不知什么原因，对讲机喊不通了，连长派通讯员来到山下。气喘吁吁的通讯员一见到陈学度，就问："副连长呢？"

"在山上，什么事？"陈学度问。

"连长说，叫副连长带八班立即去增援二排。"

陈学度深沉的眼睛机灵地眨了眨，嘴角露出微笑，对通讯员说："你去告诉副连长，请他在六号高地组织反击，我带八班去支援！"

通讯员迟疑着，但看到陈学度倔强果断的眼神，只得走了。

陈学度高兴地一挥手："八班，跟我上！"

从六号高地到玻堡高地，必须通过一个向敌斜面和一片五六十米宽的开阔地。那里，没有任何遮蔽物，早被敌人在探某高地的高射机枪封锁了。陈学度刚冲到向敌斜面，"哒哒哒！"一排子弹迎面扫过来，打得脚下尘土飞扬，碎石乱飞。陈学度一个翻身，就地往下一滑，骨碌一滚，几秒钟工夫，就到了山脚。其他战士也都抱着枪，从高地滚了下来。

通过开阔地，敌人的高射机枪发射得更加疯狂了。陈学度他们采用单兵跃进，迎着嘎嘎乱飞的弹雨，猛冲过去。这时，正好二排战士押着几个越南俘虏从下面洼地走过。俘虏看到他们这样猛打猛冲，吓得把脖子都缩了进去，叽里咕噜说着什么。

陈学度问翻译人员："他们说什么？"

翻译人员说："他们说，中国人真不怕死！"

陈学度轻蔑地瞪了俘虏一眼，带领八班冲上玻堡高地。这时敌人炮火轰击，二排长牺牲了。陈学度强忍着悲愤的怒火，立即代理二排长对兵力作了部署：由四班和八班坚守高地，自己带五、六班去围歼山下营房之敌。这次战斗，他们和二排同志一起，共歼敌三十多名，俘虏七人……

这几天，他们一直驻守在玻堡高地上。他虽然在高地曾组织特等射手用冷枪消灭了不少敌人，打得附近山头的敌人不敢露头；在友邻部队通过玻堡高地向探某发起攻击时，他指挥两挺重机枪和二门八二无后坐力炮掩护进攻，用曳光弹指示目标，接连消灭了敌人几个火力点，但陈学度总感到自己为保卫祖国、保卫四化作出的贡献太少而急于求战。当然，他也知道，仗叫谁去打，如何打，上级都会有明确的部署，可他心里总燃烧着一股烈火，希望能尽快参加激烈战斗，给越南侵略者以毁灭性打击……

此刻，对面炮台山又响起了急剧的枪炮声，陈学度突然从沉思中醒过来。他回头眺望着北面绚丽的朝霞，逶迤的群山，仿佛从彩云间、山岭上传来了祖国的呼唤。他眼前又浮现了越南侵略者侵犯我边境、杀害我人民的种种暴行，耳边响起了被侵略者蹂躏的祖国亲人的血泪控诉。现在是向敌人讨还血债的时候了！"对，应该立即去请战！作战部署由领导定，艰巨任务得自己去争取。即使领导不把任务交给自己，我也应该去提出攻打炮台山的建议！"陈学度自信而坚定地自语着，跳出堑壕，大步朝连指挥所走去。

二

夕阳斜照，晚霞缀空。落日刚刚给山下八角树梢抹上淡淡的一层胭脂，陈学度接到师里的命令：立即去四号高地的师前线指挥部。

陈学度极其兴奋的脸颊在落日余晖的映照下，显得更加红润。他一边走，一边心里咚咚直捣鼓，是不是他上午的请战要求批准了呢？两只脚不知不觉加快了步子。现在，他感到自己身上的担子已经不轻了：上午他还是排长，下午三点，副连长黄民树不幸牺牲，他已被任命为副连长了。身上的重担和责任，使他的心情激动、紧张而又沉重。

陈学度走进师指挥所，仲副师长已在那里等着他。仲副师长迎上去，紧紧地握着陈学度的手说："陈学度同志，你们连长已经两次来请战，要求打炮台山。师里同意你们提出的方案，决定由你带一个加强排，配合友邻部队去把它攻下来！"

仲副师长的话音未落，陈学度眼睛一亮，脸上立刻焕发出兴奋的神采，脚跟一并，高兴地说："是，副师长同志，保证完成任务！"

仲副师长信任的目光凝视着陈学度那激动得泛着红光的脸，欣慰地笑了。他非常喜欢陈学度那种机灵、肯动脑筋、沉着大胆、好胜不服输的劲头。他很了解这位年仅二十二岁、入伍才两年就当了副连长的年青指挥员。陈学度在战前，就是一个师里、军里都闻名的人物。去年7月，他所带领的"硬骨头班"曾给全军表演单兵战术。当时，太阳像一团火焰似的，烤炙着人们的肌肤。他们就在这烈日下表演。不久，就先后有四个人中暑晕倒。军首长派人要把他们抬下去，他们哭着死也不肯下，直至坚持表演完。在这次表演中，陈学度和副班长荣获一等奖，全班战士获二等奖。真是硬骨头班长带出的硬骨头战士啊！表演完毕，军首长即席赋诗，夸誉他们"大渡河上称英雄，英歌山下显威风"。现在，陈学度更加成熟了。通过这几天的战斗可以看出，他能把平时所学的战术，很好地运用到战时，这是非常可贵的。以往，无论什么任务交给他，他都能毫不犹豫地去完成。但是，他毕竟太年青，像进攻炮台山这样的硬仗，他能指挥裕如，圆满完成吗？仲副师长多少有点担心，便加重语气说：

"炮台山火力非常猛，友邻部队攻了三天两夜，还没有攻下，你要做好各种准备。炮台山的结构、地形，你可向民工何国安同志详细了解；具体战斗方案，友邻部队的卢副团长将同你一起研究。"

"请首长放心，就是死也要完成任务。"陈学度斩钉截铁地回答。

"不！我们要你活着完成任务回来！"仲副师长闪动着炯炯的目光，严肃地说，"对于一个指挥员来说，除了勇敢不怕死外，更重要的是要用自己的智慧，用较小的代价去战胜敌人。遵照毛主席的教导，在战略上藐视它，在战术上重视它，这就要求我们讲究斗争艺术……"

"我明白了，副师长同志。"陈学度激动的眼睛在朦胧的夜色下奕奕地闪着光。

在此同时，六号高地上，连长、指导员正在给二排进行战前动员。不等连长张道安传达完师首长的决定，全排立即沸腾起来了。

四班副班长王成富第一个站起来，高门大嗓地喊："连长放心，不管是上刀山下火海，我们一定打下炮台山！"

战士苏光明霍地站起来，接着说："为了保卫祖国、保卫四化，我们一定打下炮台山！"

"对，为了保卫祖国、保卫四化，坚决完成任务！"全排战士同声喊着。

动员会后，战士们抑制不住战前兴奋的心情，一边做战斗准备，一边热闹地议论开了。

一个战士说："打炮台山是场硬仗，可带我们打这一仗的是硬骨头班长，这可是硬碰硬，看谁碰得赢！"

"谁碰得赢？那是明摆着的。只是你们可不要哭鼻子呀！"不知哪位同志的俏皮话，把大伙都逗笑了。

陈学度现在是副连长了，大家却还亲昵地称他为"硬骨头班长"，这是有缘由的；至于惹得大伙哄堂大笑的"哭鼻子"的俏皮话，其中也有一段故事。原来，陈学度当排长前，是在七班当班长。这个班在战争时期曾荣获"硬骨头班"称号。他继承了这个班的硬骨头作风，在训练中处处从实战出发，从严从难要求自己，练出了一手过硬本领。就拿练战术动作来说吧！在平时训练中他都严格按照战时的要求去做。比如练匍匐前进，他边练边琢磨：这是保存自己、消灭敌人的基本动作之一，能不能让自己的姿势更低一点，爬得更快一些？于是，他在教练员教的动作的基础上，结合自己的实际，对动作进行了一些改造，然后进行苦练。不管日晒雨淋，不管白天黑夜，一有机会就趴在地下练几个来回。他肘下、膝盖等着地较多的地方，都磨破了皮，磨出了血，成了血肉模糊的一片。他还是咬着牙继续练，后来，肘下、膝盖结成了一层死茧。衣服呢？磨得又是血，又是泥，又硬又厚。经过一段时间的苦练，终于练出了他独特的姿势低、前进快的匍匐动作。有一次训练连进攻，七班担任主攻班，从出发到结束，全程三公里，全是爬山。当时天气热得战士直啃酸草，陈学度皮肤过敏，身上又长出了许多又大又红的疖疮。演习中，他猛一卧倒，疖疮破裂，浓血一齐喷出来，痛得他顿时昏了过去。七班战士把他叫醒后，他二话没说，爬起来又继续带领全班往山头上冲击，按时到达预定地点。陈学度不仅对自己严，对班里的战士也同样严格要求。那时，他们班有个新战士叫朱光帛，进行单兵战术训练时，卧倒动作总不符合要求。他动作太猛，全身摔得青一块紫一块，后来越做越不敢做了。陈学度说："不行，得再做十遍。"朱光帛听说要再做十遍，像是受了极大的委屈，眼泪簌簌直淌。陈学度热情地拍拍朱光帛的肩膀："来，我们一起做！"朱光帛跟着陈学度艰难地做了十遍，心里也憋了一肚子气。他一回宿舍，倒头就躺在床上，饭也不吃。陈学度呢？回营房顾不上吃饭，一头撞进炊事班，不一会，就捧出一大碗热呼呼、香喷喷的面条来。陈学度走到床头，朱光帛还噘着嘴，连头也不抬。陈学度亲热地说："怎么啦，嘴巴噘得像个猪八戒！"一句话，把朱光帛说得咧开了嘴。陈学度看着朱光帛吃完面条，随即又带他去卫生所看伤，然后才跑回伙房吃饭。他就是这么个人，对战士既严格又亲热，新来的战士都是开始怕他，后来爱他……

战士们谈得正在兴头上，陈学度从师指挥所赶回来了。大伙一下子把陈学度围了起来。陈学度又作了一次战前动员，就乘着夜色，带着二排出发了。

三

二十一日黎明前，星星眨着疲乏的眼睛，山谷里雾气腾腾，夜幕重重。陈学度领受攻占炮台山表面阵地的任务，率领二排跟着某部三营副营长和七连指战员，悄悄摸到炮台山西北角的无名长形高地下。

高地上静悄悄的。尖刀组在前，从山脚向上逐段搜索。山上芒草深密，山前横卧着一条残破的堑壕，满山排列着一个个黑洞洞的猫耳洞，却不见一个人影。陈学度亲自带着重机枪班和炮班占领堑壕左侧，令五班在山脚警戒，四班在左，六班在右，迅速选择有利地形，抓紧修筑工事。

陈学度跟随副营长，在堑壕里默默地瞭望着右前方的炮台山。夜雾中，它黑黝黝的，像一头野兽趴在山顶上打盹。它肚子里有些什么货色，嘴里有几颗毒牙？此刻，两人虽然谁也没有说一句话，心里却在想着同一个问题。几天来，陈学度虽然在玻堡高地上详细观察过炮台山的火力情况，昨晚又听取了民工何国安对炮台山的介绍，但他了解的是它东南一侧的火力，对西北侧面临长形高地的火力配备，尚需进一步了解。只有详细摸清它，才能干掉它。他们都想到了火力侦察。可又不能过早地动用高地上的轻重武器，否则，就会暴露我们的进攻意图，不利于战斗。对，请师里用炮火侦察！副营长要步谈机员向师指挥所请示。

部队刚隐蔽好，设在同登东北方向我炮兵阵地的炮口就对准了炮台山。接着，几道撕裂夜空的火光呼啸而出，随着"咣！咣！"的爆炸声，山顶上的野兽被惊醒了。从炮台山上，一下飞出三十多条火龙，张牙舞爪，向四处飞蹿；绿色的、白色的、红色的曳光弹交错着在夜空闪耀，把附近的山头、田野照得如同白昼。陈学度拿起望远镜，趁着火光，仔细观察着炮台山的各个火力点。炮台山，名不虚传，山上火力密集，火炮和轻重机枪层层交错，织成一片火网，人们就是插翅也难飞过。陈学度边察看边思量着：长形高地离炮台山仅二百来米，中间有一块稻田、一片木薯地，地势较低洼，只有一条土坎可以利用。而长形高地的向敌斜面又过于暴露，没有任何遮蔽物，如全排直接从长形高地发起冲击，通过向敌斜面时，肯定会受到不必要的伤亡，山脚低洼地又无法隐蔽过多的兵力。最好的办法是趁天未亮，硝烟未散，派一个班隐蔽地运动到土坎前，占领冲击出发阵地，待发起进攻后，在我炮火掩护下，对炮台山发起出其不意的冲击……陈学度想到这里，镇定的脸上，露出了一丝微笑。他将自己的这个设想告诉副营长，副营长欣然同意。

王成富、苏光明带领突击组首先下了高地，迅速通过向敌斜面，跃过稻田、木薯地，隐蔽地运动到了土坎下。此刻，夜空的启明星由金黄变成煞白，阵阵晨风吹散了雾气，天际映现出粉红色的朝霞，二排向炮台山发起冲击了。王成富从土坎下跃身而起，迅速朝炮台山攀去。这时，突击组被敌人发现了，敌人的炮火和枪弹疯狂地向他们扫来，火光、硝烟和泥尘顿时把他们吞没了。

"打！"陈学度指挥全排轻重武器一齐开火，子弹像长了眼睛似的向炮台山明碉暗堡的射孔飞去。但毕竟敌我火力太悬殊，敌人的炮火像暴风雨般袭来，压得王成富他们抬不起头。

副营长立即请求我炮兵掩护。我强大的炮火开始轰击了，炮弹在炮台山上爆炸，惊天动地，在山上滚起一片火海。而我炮火一停，突击组趁着硝烟刚往前冲了几步，敌人的炮火又狂叫着倾泻过来，突击组只得又趴下了。

尖刀插不上去，部队怎能接近炮台山？怎能干掉这头野兽？陈学度眼望着被敌人炮火压在山下的战士，心里交织着仇恨和烈火。他全身发热，额角沁出了汗珠，在苦苦思索。他想起了十七日攻占六号高地的情景，他们那天进攻这样顺利，重要的一条是依助炮兵的威力。他们跟着自己炮弹爆炸所掀起的弹幕冲上去，给了敌人一个措手不及。今天能不能采用这个办法，让我们的炮火组成排炮，一层层发射，由山下逐渐向山顶延伸，突击组就踏着炮弹的爆炸点一步步前进？转瞬间，一个作战方案在陈学度脑海里形成了。他脸上流露出坚定而又兴奋的表情，对副营长提出了建议。副营长高兴得眉毛高高扬起，连声说："好！好！"立即向师指挥所报告。

几分钟之后，我们的排炮吼叫着，带着碎心裂胆的呼啸声飞向炮台山，爆炸卷起的团团浓烟烈火，逐渐从山下向山腰滚去。陈学度立即向四班发出冲击信号。只见王成富、苏光明、张永嘉……像离弦的箭，往山上冲去。炮弹在山上飞，他们在下面冲，爆炸点离他们那样近，泥土和硝烟几次把他们盖住了，看不见他们了，过了一会，他们又从泥尘中跃起来。突击组很快攀上了炮台山的第一个平台。

由第一个平台到第二个平台，炮楼墙壁更陡了。经过长年雨露的侵蚀，墙上长满了厚厚的一层青苔，又陡又滑，根本无法攀登。王成富匍匐在一层平台的一条断壁下，抬头寻找上二层平台的通路。他发现东北侧陡壁上有一块大石头的一个棱角被打掉了，往上一看，另一块大石也被打掉了一角，不知是哪一年遭到炮击，被炮弹炸崩的。这些缺角，从下而上形成一条若断若续、犬牙交错的梯子路。王成富说声"上"，突击组攀着石棱，交替掩护，沿着陡峭的墙壁，艰难而又敏捷地往上攀登。

就在王成富他们将要接近第二层平台时，突然，一个敌人从炮楼的一条盖沟里钻了出来。陈学度心里一惊，捏了一把汗，正要重机枪手瞄准射击。这时，只见王成富一手攀住墙壁，一手扣动胸前的冲锋枪，"哒哒哒！"一梭子弹扫过去，敌人仰面朝天跌下了炮楼。陈学度深深地喘了口气。可是，他却没有看到，炮楼里敌人的一发子弹打中了王成富的左胸。紧跟在王成富后面的苏光明喊了声："你受伤了？"王成富连回答都没有顾上，迅速往上爬。

突击组刚到达二层平台，离山顶只有三十来米了，我们的大炮已不能再射击，戛然停止了。阵地上出现了奇特的一瞬间的沉寂。这沉寂比最激烈的枪炮声更令人难熬、不安，它把战士们的心一下子都提了起来。陈学度从望远镜里看到，这短暂的炮火间隙一过，原来被我炮火压制住的敌人的各个火力点，立即恢复了疯狂的射击。从明碉暗堡射来的子弹像雨点般"噗噗"落在突击班的前面，迸起的泥土、沙石几乎把他们淹没了。突击组又被压在一片火网下。

怎么办？如不及时采取措施，突击组就有全部牺牲的危险，这次出其不意的攻击，也将前功尽弃。怎么办？上级交下的任务、部队的胜利、祖国的期望，一齐涌上陈学度的心头，他沉着的脸露出了严峻的表情，关键的时刻已不容他作过多的考虑。"用超越火力掩护！"一个念头在陈学度脑子里闪过，他果断地一把推开正在射击的重机枪手，夺过重机枪枪把，立即射出一排密集的子弹。愤怒的子弹嗖嗖地正从突击组同志们的头上飞过。"怎么？打误会了？"王成富吃了一惊，立即脱下帽子，侧转身向我长形高地猛挥。陈学度一见，立即命令联络员李志高打出信号旗回答：请放心，向前冲！王成富回头看见长形高地上挥动的小红旗，心头一亮，立即带领突击组继续向前冲去。

陈学度咬着牙，眯着眼，左右摆动着枪口，子弹像泼水似的横扫过去。重机枪炽烈的火力，像一顶伞挡住了敌人的明碉暗堡里射出的弹雨，掩护着突击组向上冲击。突击组攀多高、这顶伞就升多高。呼啸的子弹从他们的头顶擦过，但没有一颗子弹伤着他们。很快，周围高地的敌人发现了这挺对他们来说是致命的重机枪，霎时，炮台山西南侧、西北侧、南侧三个高地的高射机枪、重机枪，一齐恶狠狠地朝陈学度射来。猛烈的炮火，烧着了山上的芒草，阵地上一片火海；弹片在陈学度身边乱飞，炮弹掀起的沙石、泥土刷刷地撒落下来，几乎把堑壕都填满了。陈学度满身是泥，脸被硝烟熏黑了，他根本顾不上这些，一直狠狠地扫射着。这顶火伞一直掩护着突击组向炮楼的顶层冲去。当他们离山顶还有几米的时候，突然从炮楼盖沟里爬出三个越兵，正端着冲锋枪向王成富他们瞄准。高地上的战友们看得清清楚楚，不知谁禁不住"哎呀"一声喊出了口。陈学度镇定而敏捷地把枪口一摆，"哒哒哒！"这三个越兵立即趴在地下永远爬不起来了。"打得好！打得好！"站在一旁的副营长高兴得连声夸赞。

突击组冒着弹雨，将要攀上山顶了，陈学度立即命令五班、六班分别从左翼、右侧向山顶冲击，自己率领机枪班和炮班冲过向敌斜面，跃过低洼地，从另一条路向山顶攀登，支援突击组扩大战果。他们顺利地冲过了第一层平台，将要到达二层平台时，突然遇到了炮楼一个坑道口敌人火力的阻击。密集的机枪子弹织成一个火网，拦阻着部队前进。陈学度圆瞪着双眼，像是要喷出火来。他从一个战士手里夺过一根爆破筒，说："我去把它炸掉！"说着，就要迈步冲上前去。火箭筒手黄利军一把把他拉住，着急地叫道："危险！你是指挥员，不能去！"陈学度虎着脸，火爆爆地说："你们能去，我为什么不能去？！"他一下挣脱黄利军的手，命令机枪掩护，飞快地朝前爬去。他一忽儿左，一忽儿右，像一只灵活的兔子，巧妙地躲过敌人射来的梭梭子弹。将要接近坑道口的时候，陈学度纵身跃起，拉开爆破筒的导火线，箭也似的投进了坑道口，然后就地一滚，随着"轰"的一声巨响，黑烟、沙石冲到半空，坑道口被炸塌了。

陈学度率领机枪班、炮班攀上山顶东南侧的边沿，二排长郑泽怀带领的六班，也同时到达了那里。陈学度抬头一看，山顶上密密麻麻排列着的十来个地堡，仍在"吐吐吐"地狂叫着。王成富、苏光明他们被火力压在一堵矮墙后面，无法前进。陈学度和郑泽怀迅速商量了一下，两人立即爬到矮墙的右侧，用机枪将敌火力吸引过来。王成富一见自己面前的火力变得稀疏了，一个翻身跃过矮墙，苏光明、贺桂生随后跟上。王成富绕到一个地堡的死角，把一根拉了火的爆破筒顺着地堡的射孔猛插进去，訇然一声爆炸，山顶上第一个地堡给炸瞎了。火箭筒手刘天柱、黄利军在我机枪掩护下，一直爬到离地堡射孔几米的地方才开火，只见红光闪烁，火箭弹带着仇恨的烈焰，飞向一个个地堡的射孔。他们又接连消灭了敌人几个地堡的火力点。但是，这些地堡在炮楼的顶层，直通炮楼底层坑道，地堡厚近两米，爆破筒、火箭弹都只能炸死攀上地堡的敌人，却无法摧毁整个地堡。凶顽的敌人在我们打瞎地堡的一个火力点后，过了一会，他们又增派新的敌人来驻守，炸瞎的地堡又从射孔里喷吐出毒焰。陈学度一边指挥战士们继续消灭火力点，一边在冷静地思考。他暗自点了点头，立即对兵力作了新的部署：命令四班、五班分人定口封锁敌火力点：每打瞎一个地堡，就派一个战士守在地堡射孔的死角，不时往里扔进个手榴弹。这样一来，敌人再也不敢接近地堡射孔，被消灭的火力点，再也无法复活了。攻上山顶不到一个钟头，山头上十来个地堡已全部打哑。至此，炮台山的表面阵地已被二排胜利攻占。他们仅以一伤一亡的代价，就把这个显赫一时的庞然大物给降服了。在此同时，山下的友邻部队，也严密封锁了炮台山山下的各个坑道口，龟缩在炮台山的数百敌人，已成了我军的瓮中之鳖！

中午，炮台山顶一片寂静。刚才那惊天动地的枪炮声，仿佛已被战士们封锁在地堡的射孔里，融化了，消散了。除警戒和定人守口的战士外，大家都分散在附近的隐蔽处。山顶上积着厚厚的一层泥土，长满了芒草，遍地是弹片和烟尘。战士们一个个满身泥土，脸上被硝烟熏得漆黑，只剩下笑眯了的双眼和合不拢的嘴里露出的牙齿是白的。

陈学度咧开大嘴笑着说："啊哈！看你们，都成泥猴了！"

一个战士指着他的脸说："副连长，你自己呢？"

战士们都深情地瞧着陈学度。他也是满脸墨黑，整个身子像是在水里浸过似的，淋漓的汗水在他的头发、眉毛上聚成一粒粒晶亮的水珠，滴答滴答地掉在被炮火烧烫了的地上，冒起一股股水气。大家你看看我，我望望你，一双双白眼在一张张黑脸上转来转去，逗得大家都哄然大笑起来……

苏光明突然想起王成富刚才被敌人打中了左胸，急急地问："副班长，你的伤口……"

王成富几乎忘了这事，经他一提，往左胸一看，上衣口袋被打穿了个洞，口袋里一个皮夹子也打穿了，而左胸只擦破了一点皮，弹片被皮夹子挡住了，王成富笑了笑说："皮夹子保驾，没伤着！"

大家又是一阵哄笑。

"今天我们的炮兵打得真准，要没有他们，我们连炮楼的边恐怕也摸不到。"突击组的同志想起刚才爬上炮楼的情形说。

"我们的机枪打得更妙呢！开头，子弹嗖嗖地擦着我的头顶过，把我吓一跳，以为是机枪手发神经了，后来才看出一点奥妙，这子弹像长了眼睛一样，伤不着我们一根毫毛，专往敌人心窝里钻，真带劲！"

"是呵！这机枪打得真神，是谁打的？"

"你还不知道？是他。"联络员李志高向站在远处的陈学度努了努嘴说。

大家随着李志高的目光望去，见副连长站在一个地堡的侧面，右手撑腰，左脚踏着地堡，脸上带着深思，浓眉下炯炯发光的眼睛睨视着那遥远的淡蓝色的天际，莞尔而笑。他又在想什么？是在总结今天的战斗经验？还是酝酿着新的作战方案？

部队在炮台山山顶坚守了三天三夜。由于炮台山工事坚固，轻重武器无法摧毁。我一再向围困的敌人交代俘虏政策，劝其投降，敌人不予理睬，继续在炮楼里顽抗。为了严惩越南侵略者，拔掉这颗钉子，陈学度和战士们商议，建议用炸药炸炮楼。上级同意了。运来了几吨炸药。这天，炮台山响起轰隆轰隆的声声巨响，山顶冒出了一个个巨大的火球，随着，几百斤重的水泥块、扭曲的钢轨夹着硝烟、泥土和敌人的尸体被抛向半空。山顶上冲天而起的黑烟柱，在苍穹下翻卷着，向四周扩展。它向全世界宣告，这个自称"第三军事强国"所吹嘘的"攻不破的堡垒"，已经成了一堆废墟！

1979年7月

▌壮心不已
——访著名作家吴有恒

神州大地惨遭浩劫的1968年。

群山环抱、景色清幽的江畔渡口，有一个小市镇。这天清晨，一位年近六旬的老人在市镇的饭馆里吃着早餐。突然从外面进来几个人，径直走到老人身边，要老人跟他们走。

老人说："等一会，等我吃完。"

来人催促："快些！"

老人还是泰然地说："等我吃完，不要浪费粮食！"

他继续吃着肠粉，对进来的人说："要捉我，到外边才捉，不要在这里，不要惊吓了群众！"

原来，进来的几个人是来捉老人的。几个人在他身旁等着，老人吃完早餐，说："走吧！"同来人步出门外，走到街上，"咔嚓"一声，老人双手被手铐铐住了。

老人被带到县城，关入县公安局的一间住房里。他用疑惑的目光打量着这屋子。奇怪，眼前的一切竟是如此熟稔！这房门、这窗棂……老人搜索着自己的记忆。呵，记起来了，1949年他率领游击队配合南下大军解放这座县城时，他进驻过这屋子。在这窗棂下，他曾度过多少个不眠之夜，筹划过多少场胜利的激战！然而，有谁能想到，这个曾经留下他战斗足迹的地方，今天，竟然成了囚禁自己的牢房！老人眼里闪露出悲愤，嘴角含着痛苦，仿佛有什么在噬啮着他的心。

不久，老人被带进公安局长的办公室里。就是这位公安局长带人去捉老人的，现在，在老人面前，却神色不安。他恭敬地对老人又是端茶，又是奉烟，问："你认不得我了吧？"

老人辨认一下，说："认不得了。"

局长说："我是你的老部下。我在滨海总队某大队某中队第三排当排长。我见过你两次。"局长说了两次见面的时间地点和情况，老人也凝神地回忆起那情况，那是解放之前的旧事了。

二人这样地叙旧，叙了好一会。局长问："你没有回这地区来许久了吧？"老人答："土改以后就没回来过。"局长叹息说："唉！十多年了！许多情况变化了，你也不知道了。"

局长心情沉重地站起来，慢慢地走向他的办公桌子，在他的座位前立定，沉默了好一会，然后用沉重的语音，一字一句念出一句话来：

"奉命，对你强制审查！"

老人平静地答："我接受审查。"他自动去准备给受审者坐的凳子上坐下。局长也自行坐下。

这样，就开始了审讯。局长问："你的姓名。"老人说："你知道的。"局长又叹气，低声说："唉，还是要说一说的。"老人说："你记上去就是了，不会错的。"局长吩咐秘书记上了，又继续问话。

审讯过后，第二天，由几个人押解着，把老人架上了汽车。就在汽车将要开动的时候，那位公安局长却将一个挎包挂在老人的肩头上，说："这是你的挎包，给回你。"老人感觉到挎包比原来的重，里面有东西。摸了摸，是苹果。这是奉命捉他的局长，他的老部下送给他的。老人那忧郁的眼睛里闪出了像是会心的微笑的神情。

汽车把老人载往广州而去。这位老人，就是人们所熟知的作家吴有恒。

十几年过去了，他的境遇怎样，近况如何？我怀着和广大读者相同的关切之情，于不久前拜访了吴有恒。他对许多往事的回忆，至今萦回在我的脑际；对他敬佩的感情不断从我心底升腾，直至现在我提笔写这篇访问记时，心情仍然久久不能平静。

人们常说，第一面的印象是最深刻的。记得那天，我是怀着激动而又忐忑不安的心情举手叩门的。以前曾听人讲过一些关于他的富有传奇色彩的故事，在我的想象中，他必是一个威武、严峻的老干部、老作家。对于我这样的初学文学的青年，他是否乐意接待呢？但是，叩开门，迎接我的却是一位略显瘦削、面带微笑的忠厚长者。吴有恒也许看出了我的局促和拘谨吧，连忙亲热地让我坐下，主动问我是哪里人，怎样来了广州？等等。几句话就把我的顾虑给打消了。他给我的头一个印象是平易谦和、深沉宽厚、恬淡而没有丝毫架子。他的话语，就像他的小说一样，亲切柔和，娓娓动听，洋溢着博学的才情。他身上像是有股魅力，一见面就把我吸引住了。

我打量着这间并不宽敞的客厅。几张沙发，已经占去了客厅的小半，除此之外没有什么特别的摆设；浅绿色的墙壁上，仅挂着一帧挂历，竟然没有一幅丹青、半联字画。整个房间的布置，就像它的主人一样简朴、淡泊。

吴有恒刚从高鹤县回来，已经把他的第三部长篇小说《滨海传》交给了出版社，现正稍事歇息。前些日子，听说他写《滨海传》时，心脏病发作，突然昏晕，我关切地问："近来身体还好吧！"

"比前一段好些。"他风趣而又自谦地说，"现在是头老牛啦，不中用啰！"

吴有恒很喜爱牛，在他的小说里常拟人为牛，以抒其志。他在谈话中也经常自勉为牛。他说过，他的小说是要写革命者的精神面貌，即为工农大众的牛画像的。我知道，他写二十多万字的《滨海传》，除中间因病住了一个多月医院外，从动笔到脱稿仅用了五个多月的时光。他是不知休息、日夜不停地赶写的。我笑着说："就你写《滨海传》的速度，怎么也不能说是老牛，而是一头壮牛呢！"

"是吗？"他把茶杯递到我的手上，"要说快的话，那是因为小说里写的这些人物长期萦绕在我的脑子里，所以写起来不算太困难。再说，我是年近古稀的人了，'泪余若将不及兮，恐年岁之不吾与'，剩下的时间怕也不多了，也得赶紧做呢！"

吴有恒这几句似乎平平淡淡的话，使我的心激动起来。我双手捧着发热的茶杯，仿佛是捧着他那颗滚烫的心。

作家要有深厚的生活基础。不熟知生活的底蕴，是难以创作出优秀的篇章来的。我问："你是怎样写起小说来的？"

　　吴有恒点燃一支烟，眼睛凝视着飘散在空中的缕缕青烟，仿佛他看到的不是充满香气的烟云，而是战争年代的烽火硝烟。"说起来，我年轻的时候并不是专事文墨的……"他有如涓涓山泉的话语，把我也带到了那风云变幻、戎马倥偬的年代……

　　还是学生时代，吴有恒就酷爱文学，尤其喜欢诗歌中的楚辞。面对黑暗、腐败的社会现实，他经常吟诵着屈原的《离骚》《九章》。"长太息以掩涕兮，哀民生之多艰"！他深深为诗人爱国忧民的思想所感奋。但是，在那哀鸿遍野、民不聊生的动荡年代，吴有恒哪有心思来侍弄文学！他和无数有志青年一样，在茫茫黑夜中寻求着救国救民的道路。"九·一八"事变爆发了，还在中学的吴有恒积极投入了抗日反蒋大游行的怒潮。然而，革命的道路应当如何走？他迷惘、彷徨，如堕烟海。他苦苦地求索，终于找到了关系，决定奔赴东北参加抗日联军。初出茅庐的年轻人啊，想得太简单了，人生的航程并不是想象的那么一帆风顺。刚刚启程，北上的秘密交通线路发生障碍，他只得留在南方参加抗日救亡运动。1936年，终生难忘的一年，梦寐以求的夙愿终于变成了现实，他找到了党！从此，他像孩子回到母亲的怀抱，有了依靠，有了力量，有了奔头！在斗争的风雨中，他迅速成长起来，嗣后，担负了党的市委书记的职务。那时他才二十六岁。1939年，作为党的"七大"代表，他绕道安徽、江苏、山东、河北、山西等敌后游击区和根据地，历时整整一年，于1940年底，千辛万苦辗转到达朝思暮想的延安。在延安数年，他工作和学习，参加"七大"，然后又被派遣回广东，先后在粤桂边区部队和粤中纵队担任司令员，解放战争期间，他始终带领着一支游击队，转战在粤中粤西。每次战斗他都亲临前沿，指挥作战。在那刀丛血海、枪林弹雨之中，他目睹了多少可歌可泣的英雄人物，把自己满腔热血洒落在粤桂边和粤中的土地上！他和这些创造革命业绩的可敬可爱的指战员们，结下了亲密无间的战斗友谊。他们亲热地称他为"我们的吴司令"。

　　解放后，吴有恒先后担任过粤中地委书记、广州市委书记等领导工作。可是，在复杂的政治运动中，他受到不应有的打击，职务不明不白地被解除了。这对他来说，是何等沉重的精神压力啊！然而，吴有恒并没有因此而颓废、而消沉，仍然默默地、不知疲倦地工作着、劳碌着。他到工厂去做车间主任，副厂长。在劳作之余，他对战友们的思念更为强烈了，每当他忆起从前的革命斗争的艰苦之处，忆起同志们英勇勤劳的斗争精神时，他总是感情激荡，意气风发。他突然想到，应该用笔把他们叱咤风云的英雄事迹记录下来，瞻既往以励来兹。于是，他开始了《山乡风云录》的创作。

《山乡风云录》出版后，在读者中引起了强烈反响。过去与他一起战斗过的朋友们，也纷纷登门拜访，谈起书中所写的人物。不少人甚至把自己也拟为故事中的某人，做过某事，全然不觉得那些故事是虚构的。有的战友还说："你写那横山，为什么只写山南不写山北呢？"群众的赞誉，战友的激励，鼓舞着他又构思写了《北山记》。这样一来，越发不可收拾，吴有恒才下决心踏上了创作的生涯。那时，他曾为自己规划了一个创作计划，在十年内写九本书。《滨海传》是其中的第一部。但是，刚刚动笔，一场突如其来的政治狂风，就把他从书房卷进了监狱……

写到这里，我的笔不由地停下来了。提起"文化大革命"，人们都不忍回首。但是，刻着深深伤痕的记忆，是无论如何也抹不掉的。抬头凝望着窗外的夜色，在我的遐想中出现了广州监狱一间幽暗的牢房。一张硬板床、一条小板凳，除此外，就只有发霉的空气和令人讨厌的嗡嗡直叫的蚊虫了。吴有恒就常年囚禁在这间不足十平方米的小房里。每天十几个小时，都只准像虔诚的教徒一样，捧着小红书，面壁而坐，进行"反省"。连在房间里来回走动的自由都没有。他的身体被禁锢在牢房，失去了自由，但是，思考的权利是谁也剥夺不了的。吴有恒静静地坐着，眼睛直直地望着前面，好像要把牢房的墙壁看穿，无涯的思绪在胸中奔涌着、翻滚着……

这场光怪陆离的闹剧一开锣，一切就都扭歪了，颠倒了，变得不可理解了。为祖国的解放和建设立下了不朽功勋的老干部一个个被推上了批斗台，而在文化界方面，凡有成就的作家、艺术家一个个被赶进了

"牛棚"，吴有恒当然不能幸免。而他却又偏偏是被他自己的老部下，一个也还敬重他的同志，奉着什么"命令"，把他捕进监狱来的。是非之颠倒，竟至于如此。这一切，都是为什么？吴有恒苦苦地思索着，冷静地判断着。

无理的呵叱，损害人格的辱骂，在精神上严重地折磨着他。而更不能令人忍受的是那无休止的审问。每次审问都像一场凶神恶煞的进攻战，向他逼迫过来。他隐约察觉到这是个阴谋，要把历史倒转，把革命的人打成反革命。

这种强迫静"坐"的折磨，延续了将近两年，后来，他被解到粤北监狱，才略有改善，至少是获准可以在囚房里来回走动了。但是，吴有恒的臀部却已经坐出了一个个"鸡眼"般的厚茧，碰一碰，就钻心地痛。肉体和精神的磨难，弄得他坐不能坐，行不能行。在这种情况下，他还得经常佝偻着身子，忍着疼痛，被驱赶着去参加监狱里的劳动。

一次，看管人员押着他去打扫牢房。这时，吴有恒才知道，关在这号子里的老干部，曾任省委统战部长的饶彰风同志已被折磨死了。吴有恒眼里噙着热泪，扫帚在他颤抖的手里显得格外沉重。他花了多少力气才把牢房打扫干净啊！死去的抬出去了，空下的牢房，不知又该轮到哪一位革命同志来遭殃了……吴有恒愀怆满面，回想起和饶彰风一同从广州押来粤北监狱的情景：

那天，天空也是这么阴霾，吴有恒被押着尚未下火车，押解他的人呵斥他："低头，不准看！"他只得将头低下。这时有人被押着从他身边走过。一双熟悉的脚映入了他的眼帘，随后又在前面消失了。接着，他也被押下车，关进监狱。

也许是他们怕吴有恒知道饶彰风的下落吧，一到监狱，就对他进行了审讯：

"你有没有看见同你一起押来的那个人？"

"没看见！你们不是不让看吗？"

"你知道他是谁吗？"

"饶彰风。"

"没有偷看，你怎么知道是他？！"

"我只看到他的脚。我们是几十年的老朋友了，只看到他的脚，也可以认出来了。"

审问者哑口无言。

……没想到，这位在敌人枪炮刺刀前没有倒下的老同志，今天，却被迫害惨死在自己的监狱里！吴有恒的心，被忧患之情煎熬着，被愤怒之火烤炙着……

1972年2月，吴有恒又莫名所以地从监狱被转移到了干校的"牛棚"。他和欧阳山同住在一个"棚"里，白天养猪，晚上接受对《山乡风云录》《北山记》的审查。

寒冬的夜是漫长难熬的。一束惨淡的月光透过窗棂，洒在吴有恒的床头。他没有丝毫的睡意，披衣走到窗前。窗外，凛冽的寒风席卷着枯枝落叶，发出一阵阵凄厉的响声。吴有恒一动也不动地凝望着，恍然间，他仿佛看到了一个个亲切可爱的脸孔，在黑暗中向着他微笑。而其中一双坚强乐观的眼睛尤其真切、清晰。他又想起他过去的战友们来了。

他想起二十多年前，在一次进攻战斗中，他同一位营长一起在阵地上。忽然，一发子弹击中了营长。子弹钻进了脖子旁边的肌肉里，营长手捏着肌肉里的子弹头说："在这里，讨厌！讨厌！"团长连忙走过来看了说："不要紧，不妨碍以后找对象。"一句话，逗得在旁的几个同志都笑起来，连受伤的营长也忍不住要笑起来。这样的战士多可爱啊！

吴有恒望着在黑暗中微笑着的那一双双眼睛，心情颇不平静。多好的同志啊！像这样坚强乐观的战士，难道不值得大书特书吗？《山乡风云录》《北山记》正是这千千万万战士浴血奋战的真实记录啊！而今竟然被诬为毒草，天底下哪有这样的道理？！真理呵，你为什么要缄默？历史呵，你为什么要旁观？难道你们听不到一个老作家痛苦而震怒的心声！

事实最能经受时间的考验。所谓强制审查进行了几年，终于不得不宣布"解放"吴有恒。1974年，他从干校回到了省创作室。那时，尚是"四人帮"飞扬跋扈的时候，社会上毒雾弥漫，恶浪翻滚。吴有恒切齿愤怒，忧心如焚。他想到，不能再沉默了，绝不能只是冷眼看世态了，必须起来与之斗争。他把对林彪、"四人帮"的满腔愤懑，寄托在自己的诗作之中：

> 梦坠空云万仞端，醒来顿觉海天寒。
> 谁为国士无双者？何物淮南有小山？
> 老去苏卿惟秉节，数奇李广但羞颜。
> 可怜班马文章在，多少情怀未尽探。

这愤怒、沉郁的诗句，就像刺向奸佞们的匕首、投枪。

何以有"何物淮南有小山"这句？原来这时的吴有恒，对"四人帮"篡党夺权的阴谋，已有所察觉。在所谓政治学习会上，他总是带头把话题岔开，海阔天空，闲聊一通。一次，他看见一个同志在看张春桥的《论对资产阶级的全面专政》，便低声对她说："这些文章都是胡说八道，有什么看头！"这位同志为难地说："我也是越看越烦腻，可明天要讨论，总得应付一下啊！"吴有恒眨了眨眼睛："顾左右而言他嘛！"那位同志恍然大悟。1975年，"四人帮"掀起揪党内走资派的逆浪，吴有恒被指定要写一篇这种题材的粤曲唱词，但他坚决顶住，不写。

寒来暑往，冬去春来。全国人民终于盼来了"四人帮"的彻底覆灭。吴有恒欣喜若狂，他胸中被压抑了多年的炽热的希望和蓬勃的热情，突然像火山般爆发了。作为一个作家，人们自不会怀疑，他在停笔十余年之后，将立即投入文艺创作了吧！但是，不！作为老干部，吴有恒所关心的问题是广泛的。他首先写的不是文艺作品，而竟是一篇题为《对经济问题的几个设想》的经济论文，就我国农村经济政策、工矿企业管理、工资制度、科技革命、吸引国外投资、就业问题等七个方面，作了探讨，下了一番功夫。他自己觉得像是放下件心事，之后他才埋头从事长篇小说《滨海传》的创作……

吴有恒谈到他在"文化大革命"这场浩劫中所受的折磨时，虽然愤慨，但脸上仍然含着微笑；他漫不经心，就像是在讲别人一件早已成为陈迹的旧事似的。后来，我们的话题转到了创作，他的话语更加和缓、沉静了。

《山乡风云录》《北山记》《滨海传》在艺术风格上是别具特色的。吴有恒就像一个能工巧匠，把纷纭复杂的斗争生活、风云变幻的历史事件加以精铸锤炼，然后巧妙地将它们编织成为一幅绚丽多彩的历史画卷。画卷里，浓郁的生活气息扑面而来，人物栩栩如生、活灵活现，环境广阔明丽，读来如见其人，如临其境；掩卷凝思，令人悠然神往。

风采和格调最能显示一个作家的创作个性。我请他谈谈自己的创作经验。

吴有恒摇了摇头，脸上洋溢着谦恭和热情："要说经验，实在谈不上。我只不过是将我过去所经历的生活，所见所闻，加上些渲染，用小说的形式记录下来罢了。所以，小说的书名都是用录、记、传。

"因为书中所写的人物，大都是过去与自己同生死、共患难，长期生活、战斗在一起的战友，有些情节就是我自己经历的，所以我是饱和着自己的感情来写的。例如，在《北山记》里，我写了独角牛一个可笑的情节：一次独角牛正在理发，理了一半，突然枪响，那个理发匠被敌人打死了。其实这件事是我自己的。那是有一回，我到一个连队检查工作，这个连队是新成立的，老是不敢开到接近敌人的地方去活动。第二天，我亲自带他们到接近敌人的地方。早上，没见敌人有什么动静。我看见塘边有人在理发，我也就让理发匠替我理。刚推了半边头，敌人的便衣队摸进来了，从水塘前面飞出一串子弹，打死了理发匠。我急忙扯下理发布伏到地上，指挥战士们进行还击。我和连长在水塘边架起一挺机枪，打退了敌人。收兵回到司令部，政委见我头发只推了半边，哈哈大笑……"

吴有恒告诉我，那时他写书简直写得入了迷。就在写独角牛理发那一章的晚上，他上床睡了，又梦见了他同连长在水塘边打机关枪。这回却是他自己亲自把着机枪。他下了床，卧在地板上，匍匐移动，却竟然钻到沙发床底下，被弹簧丝卡住，出不来，这才醒了。

旧话重提，吴有恒也朗声笑了。

"这种入神的境界是经常有的。"吴有恒接着说，"因为是写小说，当然并不都是真人真事。我在写作的时候，颇以为他们是真的，往往好像亲历其境，常常将自己置身于情节的发展之中，感情都沉进去了。人物欢喜自己也欢喜，人物悲痛时自己也悲痛，有时禁不住流出眼泪，把稿纸也滴湿了。在这种情况下，自己往往控制不住，要在作品里站出来抒情论事，俨然是与读者对面交谈。有人评论说，这是我小说独特的艺术风格。其实，这完全是我受感情的驱使而为之罢了。不过，从这点来看，我以为感情是十分重要的。要有真挚的感情，才能产生动人的艺术效果。这不仅关联到人物塑造是否成功，而且还直接制约着作品的艺术特色。这只是我的想法，我做得还是很不够的，我只是试学着这样做罢了。"

我说："许多人看了你的小说，都觉得你在小说里汲取了我国古典小说的传统手法，信手拈来，融会贯通，化成了自己独特的但又是民族的形式和风格，你能否……"

吴有恒第一次打断了我的话，脸上还是那谦恭的笑容："这就更没有什么好谈的了。"他沉思了一会，接着说，"过去，古典小说我是读过不少的，但什么才是我们民族的形式和风格，我没有专门研究过。我想，就民族形式而言，无非是语言和表现方式两个方面吧！我写的这几部小说里的情节，大都在写小说前用讲故事的形式，向一些人讲述过。在写小说的时候，我也力求自己像在向读者讲故事那样叙述，所以，写起来首先要求自己语言要尽量通俗化、民族化，多吸取群众的口语，既要有南方的特点，又要照顾到北方的读者。至于小说的结构、布局，当然要求要有故事性，有头有尾，互相连贯。但更重要的，要以人物的活动为中心来构思，让人物在故事的叙述中穿插地活动，故事又以人物为中心交错地展开。这样，往往能从一个人物引出另一个人物，一个情节引出另一个情节，把故事写得曲折些。先想定要写的若干个人物，并为每个人物构思若干个生动的故事，然后再动笔写，这已经成了我写作的习惯。我构思的这些人物往往是以生活中某个人做影子，再把其他许多人物的事迹糅合进去，慢慢地这个人物在自己脑中就活起来了，印象越来越深，往往不容易摆脱，觉得非写他不可。例如，我写《滨海传》，虽然中间停笔十二年之久，后来重新提笔，觉得时过境迁，人的思想感受、对事物的观察和理解，总会有所不同，十二年前的旧提纲也不能适用了。但是，一写开来，那些十二年前就构思好的只是想象出来的那些人物却非常执着，不肯自行消失。我一翻开稿纸，他们就又钻到我的笔底下来纠缠着我，一定要我照原来的那个样子写他们，让他们得以表现自己。这对于我，简直是欲罢不能，难以拒绝。所以，《滨海传》还是大体上按照十二年前的构思写的。"

说到这里，吴有恒从书房里拿出《滨海传》的原稿让我看。原稿上写着蝇头小字，笔力遒劲，字迹工整，改动的地方甚少，像是一气呵成。我翻阅着这沓饱含着作家心血的手稿，心情激动不已。

我说："读你的小说，我有一个感觉，你笔下的群众都写得真实可爱，个性鲜明，如忠养点长公、春花、厚成叔、李君宜等，但那些领导人物如邓祥、陆仰山，却相对逊色一些，你构思时是怎样考虑的？"

"我原来的构思，着重点不在表现领导干部，"吴有恒说："而是着重表现人民群众的斗争。对他们，我倾注着自己的全部感情和希望。在战争时期，我是领导者，注意力集中在下层干部和一般的群众，这方面的生活积累也相对多一些。我这样写，用'四人帮'的'三突出'来衡量，当然是大逆不道的。我的着眼点在于写群众。不过，我也有思想不够解放的地方，例如在小说里不敢写爱情。《北山记》里陆仰山与黄薇是有感情的，但我只让他们隐隐约约地表示一点，不敢展开来写。如果在小说里写他们恋爱，是完全可以写出某些哲理以及更为深刻的思想来的。"

接着，我们谈论起当前的文艺创作。吴有恒说："现在的问题还是艺术民主不够，作家创作自由太少。要发扬艺术民主，首先要从领导者做起。而我们不少领导实际上不是领导文艺，而是教条主义的专制式的统治文艺。

"文艺界的教条主义长期以来没有很好解决，甚至愈演愈烈。延安整风，在政治、军事方面，问题解决得比较彻底，批判教条主义收到了明显的效果。而文艺方面，虽然延安整风提出了反对党八股，也有所改变，但并不彻底，留下的教条主义的东西还不少。毛主席《在延安文艺座谈会上的讲话》实际上只解决了为谁服务的问题，有些问题就没有阐述，如党应当怎样领导文艺等等。解放后，文艺界的教条主义有进一步的发展，文艺界搞运动特别多，除少数外，几乎都是偏'左'的。每次运动都说是批判所谓修正主义，但批的并不是真正的修正主义，而往往是站在僵硬的教条主义立场，批判正确的文艺主张，以至逐渐发展到'四人帮'的极'左'路线。"

吴有恒从茶几上的香烟盒里抽出一支烟，在手里揉了揉，又放回原处，脸上带着忧虑："当然，文艺事业和其他事业一样，不能离开党的领导。现在问题是怎样领导文艺，是定调子、划框框来'管'文艺呢，还是进行方针、路线、政策、思想的领导，为作家们提供土壤和阳光？是越俎代庖、违反艺术规律的瞎指挥呢，还是放手让作家们去闯？可惜的是，现在不少领导仍然是'天生斯民，作之君，作之师'，用封建官僚衙门式的态度去领导文艺，哪里还谈得上艺术民主和创作自由？！"

吴有恒站起来，在房间里踱着步，边走边说："在创作理论上，有些问题也有待于进一步弄清，如革命现实主义与革命浪漫主义相结合的问题。实践是检验真理的唯一标准。在中国，自有无产阶级文学以来，有多少作品真正是'两结合'的？郭沫若早期的作品如《女神》，主要是浪漫主义的，鲁迅、茅盾的作品，都是现实主义的。应该说，鲁迅、郭沫若、茅盾他们的作品各有千秋，我们不必、也不可能强求他们去'两结合'。文艺不能像工厂一样按模式生产，也不能像动物、植物一样，杂交出另一种东西。片面强调作品都要'两结合'，实际上是有碍于创作的。'四人帮'借口'两结合'，借口浪漫主义，搞那些超人的东西，什么'三突出'之类，实际上是把真正的现实主义的东西都搞掉了。我们应当引以为戒。现在最重要的是恢复革命现实主义的传统……"

吴有恒也许觉得自己讲得太多了，对我抱歉地笑了笑，又坐下来。最后我问："《滨海传》出版后，你打算写什么？"

吴有恒兴致勃勃地说："以前我规划过九本书，有地下斗争的，有游击队配合南下解放军解放广东的，还有写太平天国的，再加上现在想写的'文化大革命'，要写的东西实在太多，时间安排不过来呀！当然，我是尽力而为的。要趁还能工作时，尽量多做一点。"

178

当代岭南文化名家·李孟昱

吴有恒的话，使我蓦然想起他一首词里的最后几句：

……
我亦爱山嗜水，
偶然弄墨搬文，
不能淡笔写烟云，
因有血痕在眼。
永远毋忘往日，
前途尚有艰辛。
田园虽好待耕耘，
勉尽做牛本分。

吴有恒不正是在尽着人民大众的孺子牛的本分吗！

窗外月下的树影越拉越长了。此时，我的心情是兴奋的、欢愉的。让我们怀着殷切的心情，期待着这位壮心不已的老战士，再次干出一番卓著的事业来！

1981年1月

皓首丹心
——记古文字学家容庚教授

"野马"仰天嘶鸣

"死？死？用死来解脱心灵的苦痛？"双鬓飞霜、年逾古稀的容庚教授迈着颤抖的双腿，在长堤踯躅着，寻觅着……

这是1966年秋天，滚滚的珠江水，呜咽着向东奔流。"宁溘死以流亡兮，余不忍为此态也！"容庚仰天长叹，俯首低吟，就像一匹受了伤的战马在嘶鸣。

"文化大革命"这场浩劫一开始，容庚就遭了灭顶之灾。五十年代，他在谈到入党问题时说过："我是一匹'野马'，过去一直找不到能驾驭我的人，现在找到了，这就是共产党；我是一把'鬼锁'，过去找不到打开我心灵的钥匙，现在找到了，这就是马列主义……""造反派"们"妙笔"一生花，就涂出了中山大学第一张大字报：《砸烂"鬼锁"，宰掉"野马"》。赫然八个大字，一下子把这位在学术上十分聪敏的教授闹懵了。昨日还是受人敬重的古文字学家，一夜之间便成了"不齿于人类"的"反动学术权威"。无穷无尽的批斗，侮辱人格的诟骂，日夜蹂躏着老教授的心灵。他感到一种从未有过的悲哀。他想到了反抗，然而，他只不过是被这场风暴卷上天空又摔到地下的一片枯叶，如何反抗？于是，他想到了死，用这个可怜而又可悲的方式来表示自己的抗议……

容庚迎着各种奇怪的目光，在长堤行着，沿着长堤向西，走到南方大厦，又折回来，倚着江边的栏杆，痴呆呆地望着灰蒙蒙的天空，望

着前面的海珠桥冥想着。陡然之间，他觉得这海珠桥仿佛不是横跨在珠江两岸，而是构筑在他的心灵上，把他的过去和现在联结起来了。从童年到今天的一幕幕往事，带着辛酸和苦难、荣誉和屈辱，一齐涌上了心头……

他出生于书香门第，早年丧父，从小受当时是知名书法篆刻家的舅父邓尔雅的亲炙。说来也奇，小小年纪的容庚就对古文字特别雅爱。每天放学回家，总要缠着舅父教他读那些深奥难懂的古书。初中未毕业，他就已经熟知《六书》的理论，翻烂了东汉许慎编的《说文解字》。在那些一般人看来莫名其妙的古文字面前，他心驰神往，触类旁通。当时，他曾和弟弟制订了一个庞大的写作计划，拟利用舅父家藏的资料，将殷周秦汉以来的甲骨文、金文、玺印封泥文、泉文、砖文、瓦文、陶文等，分门别类，汇编成书。那时他才二十来岁。

但是，人生的道路总是充满着坎坷的。一天深夜，容庚已经入睡，突然被一阵噼噼喇喇的爆响惊醒，睁眼一看，到处都是烈火。他一骨碌跳下床，光着身子就往书房跑。但是，大火已经封门。眼睁睁地望着满房金石拓本、书籍印谱在烈火中化为灰烬。舅父珍藏的资料烧毁殆尽，如何编书？弟弟气馁了，走了。容庚执拗地喊着："不，我一定要把书写出来！"接连几天，他整日蹲在残垣断墙下，在灰烬中搜集残页里的片言只语。他要从头开始，先编一本体例严谨的金文字典。年轻人的精力，像火焰般燃烧。他通宵达旦，几忘寝食，经过数年努力，他的成名之作《金文编》终于写出来了。这一天，全家像过节一样高兴，年迈的舅父竟激动得老泪纵横，哽咽无语。天生良马，必有伯乐。1922年，古文字学家罗振玉、王国维发现了这位刻苦勤奋的青年，对《金文编》倍加赞赏，并把他推荐到北京大学国学门当研究生。随后，只念过初中的容庚被燕京大学聘请为教授，并被委派主编《燕京学报》。从此，他纵情驰骋在那些奥妙的文字、神奇的符号之中，宛若游龙戏水，马跃平川。新的发现如同他的才智一般，不时从脑海涌现。他又先后著述了《商周彝器通考》等几十种著作。同时，他发起成立我国第一个考古学社，创办《考古》杂志，无形中形成了一个考古中心。就连当时在日本避难的郭沫若也闻名而来，以"未知友"的名义向容庚写信，切磋学术上的心得……

解放后，党对古文字研究的重视，为容庚编织了一幅色彩斑斓的锦图。永不遏止的探索精神，为他打开了新的视野。他改编《殷周青铜器通论》，第三次修订《金文编》，把自己数十年来的论文辑为五十余万字的《颂斋述林》。他带领助手，周游全国，搜集资料，拟把解放前后全国各地出土的青铜器加以研究考证，重编一部商周青铜器的著作。但是，正当容庚埋头朝着考古的科学高峰攀登的时候，严酷的生活却把他推到了混浊的政治漩涡里……

回忆，像狂涛一样在胸中澎湃着、撞击着，容庚脸上现出绝望的悲哀。对一个爱国的学者来说，什么样的痛苦都可以忍受，可是不能没有事业。倔强的老教授狠狠地摇摇头，摆脱万般思绪，心一横，朝混浊的江水猛扑下去……

就在容庚扑向江水的刹那间，一位老者拦腰抱住了他。老者是省高教局的一位领导，因事刚好路过这里。尽管自己也在受审查，他还是冒着风险，将容庚硬拉回家里。

老朋友彻夜的促膝长谈，驱散了笼罩在容庚心灵上的迷雾，笑容又回到了他的眉梢。容庚听从老朋友的规劝，对这场动乱改换了策略：你批你的，我干我的！

"造反派"们的注意力很快转移到"夺权"上去了。这以后，容庚的宿舍虽又经几番抄查，但所藏资料竟奇迹般幸免于难。这是容庚冰冷的心感到的唯一慰藉。能将资料保存下来，就等于保全了他的生命，精神就有了寄托，就可以在这文字的古战场纵情驰骋了。

一天上午，又开了一场批判斗争容庚的大会。有位好心人怕容庚想不通，又发生跳江的事，便和容庚过去的一位助手去做容庚的思想工作。

他们是吃了晚饭后去容庚宿舍的。他们站在台阶上轻轻地叩着门，没有动静。再叩，还是没有反应。重重地敲，仍然静悄悄的。他们脸上露出了焦灼的神色。助手绕到宿舍的另一边，从窗口往里一看，容庚正埋头伏案疾书。助手对着窗口大叫几声，容庚才如梦初醒，赶紧放下笔，趿着鞋，急急忙忙开了门。

踏进门槛，只见烟尘滚滚，一股呛鼻的焦味扑面而来。"怎么回事

呀，这么多烟？"来人问。

"没，没有……"似乎容庚这才嗅到烟焦味，"啊，是饭烧焦了……"

"你还没有吃饭？"

容庚像犯了什么过错似的"嗨嗨"笑了两声："把锅放在炉子上，我就忘了……"

"那你在干什么呀？"

容庚迟疑地指了指桌子。桌上摊满了商周彝器的资料、卡片和各种图录。

"上午大伙批判你的那几条，你有什么意见？"

"哪几条？我没听……"容庚冲口而出，但他立即觉得自己说漏了嘴，赶快停住。

对方惊异地睁大了眼睛："没听？你想什么去了？"

"我……"容庚结结巴巴，说不出话来，心里有点慌乱，指着桌上的资料，说："我耳朵里只听见你们大声嗡嗡地喊，我就想它们去了……"

这几年，容庚就是在这种忘我、忘情的境界里度过来的。他一边承受着肉体和精神上的折磨，一边每天坚持著述三四千字，从不间断。数百万字的《丛帖目》《历代名画著录表》等，大部分都是在这动乱之年完稿的。

不久，社会上的阶级搏斗进行到"批林批孔"阶段了。新的冲击又在等待着容庚。"四人帮"歪曲历史，把"批孔"的矛头直指敬爱的周总理。为了扩大"批孔"影响，某些人硬逼着蜚声中外的容庚教授表态。容庚凭着他那严肃的治学精神和科学家所具有的敏捷思想，隐约感觉到这里面有问题，断然拒绝了他们的要求。这天，一位教授亲自来到容庚家里动员他表态。容庚鄙夷地望着这位教授，嘴角闪露出嘲讽的微笑："毛主席不是也说过从孔夫子到孙中山吗？不少东西孔夫子还是对的嘛！我总不能昧着良心说话呀！"这位教授无言以对，悻悻而退。接着，又有人去找容庚劝说。容庚恚然地喊道："再这样逼我，我就跳珠江去……"

容庚的抵制，触怒了某些人。正在中大"蹲点"的"四人帮"一个爪牙大动肝火，"严正"表态："这是反革命行为！"接着又抓住容庚曾经说过的几句不合时宜的话，莫须有地断言：容庚企图叛国投敌！欲置容庚于死地。

"我要叛国投敌？"容庚被这种诬词激怒了。愤怒，再一次打开了他的记忆之窗——

三十年代，日本有个叫滨田耕作的人，专门研究中国青铜器，却非常瞧不起中国人，曾狂妄地叫嚷："与其到中国研究青铜器，毋宁来日本。"年轻气盛的容庚听了，肺都气炸了。中华民族的尊严不可侮！他暗自下定决心，要把日本人比下去。后来，他专门写了一本《海外吉金图录》的书，全面考证日本所藏的中国青铜器，对日本许多考古学者、特别是滨田耕作在文字考证上的错误，逐一批驳，大长了中华民族的志气。

抗日战争时期，容庚曾担任燕京大学抗日救亡委员会主席。他发动几十名教授募捐，创办宣传抗日救国的通俗民众刊物；利用大学课堂，大力宣讲抗日救国的道理……

1956年，台湾一位和他共过事的教授，拟在一个国际会议上发表攻击新中国的演说。容庚得知此事后，冒着被特务盯梢、绑架的危险，专程去香港做那位教授的工作，使他放弃了演说。当时在香港，多少学术界的知名人士极力挽留容庚留在香港或者去美国，但他不为所动，毅然返回内地……

这一切，容庚记忆犹新；许多人也心明如镜。然而，那阵子历史是由颠倒黑白、指鹿为马的人写的啊！想到这里，容庚冷静了，沉默了。"虽体解吾犹未变兮，岂余心之可惩？"面对着某些人咄咄逼人的审问，容庚仅报之以轻蔑的冷笑……

老骥与千里驹

历史总是这样奇妙地安排着人生。当年暴戾恣睢、飞扬跋扈的"四人帮"同他们的爪牙一道，突然从天上掉了下来；而眼看要被打成"现行反革命"的容庚，现在却可以扬眉吐气地在校道上散步了。粉碎"四人帮"不久，学校党委就彻底为容庚平反，推倒了某些人强加在他身上的一切诬蔑不实之词。翻天覆地的变化，使这个脑子里只贮存着奇特、古怪文字的学者，也强烈地感受到了久违了的真理的信息。十年苦难的岁月，在他心灵上留下了深深的伤痕，但没有改变他性格的基本点。他，还是那么强悍、自信，还是那么耿直、执着。

学校的一切循序渐进地走上了正轨，生活的节奏无形中在加快。大家都在朝着自己选定的目标，不畏艰辛地攀登着。容庚教授又想到了他被十年内乱打断了的研究，他决定第四次修订《金文编》，然后着手重编《商周彝器通考》。

容庚不分昼夜地劳碌着。但是，他想到自己年事已高，精力有限了。而现在古文字研究最为紧迫的问题，就是专业人才青黄不接。这是每个爱国的学者都为之忧心的啊！

他提出招考古文字研究生。学校很快同意，并招收了六名。容庚高兴极了，除了亲自给他们上课外，还利用休息时间到研究生宿舍去辅导。为了对辛勤的耕耘者表示敬意，研究生们在宿舍的黑板上为亲临辅导的教授、讲师画了一张登记表。谁来一次，就登记一次。一年后，容庚竟来过三十八次之多。为这几个研究生，他花费了多少心血啊！

一天晚上，月亮已经挂上东边的屋檐。容庚正在伏案写作，突然传来一阵轻轻的叩门声。容庚以为又是哪位研究生来找他了，开门一看，来人竟是一个素不相识的瘦弱青年。青年显然很激动，讷讷地自我介绍："我叫刘翔，是东山针灸门诊所的挂号员……""有什么事吗？"容庚和蔼地问。青年涨红着脸，鼓足勇气说："我想拜你做老师……"容庚立即高兴地问："你想学什么呀？""学金文。"容庚用睿智的眼睛打量着青年，然后在桌上摊开一张纸："你写几个字给我看看。"刘翔接过笔，一扫胆怯的神态，一笔一画地写开了。他一边写，容庚一边不住地点头。字还未写完，容庚就说："好，我收下你了。你先将《说文解字》抄读一遍，每星期来我这里一次。"刘翔欣喜若狂地走了。此后，容庚每星期都要抽出一定时间，为刘翔批改作业。刘翔每次翻开容庚批改过的作业本，眼睛就忍不住潮湿了。天头、地头、字里行间，圈圈点点，写满了批语。哪怕一个字的一画摹歪了，写短了，都被容庚认真地修改过来。抄读完《说文解字》，容庚又指点刘翔研读《金文编》《商周彝器通考》等著作。不久，刘翔就写出了生平第一篇有学术价值的论文。后来，这个仅仅中学毕业的门诊所挂号员，终于考取了中国社会科学院金文专业研究生。在刘翔赴京入学前夕，容庚还亲自写了一副对联送他。对联上用金文书写着："大海真有能容之量，明月常以不满为怀"，借以鼓励刘翔。这几年，经容庚亲手培养出来的年轻古文字研究生，又何止一个刘翔！

前几年，容庚经常和人谈起自己的自学道路。他说："我自学的秘诀只有八个字：人一能之，吾十能之。"每次他总要以感激的口吻提起罗振玉、王国维的知遇之恩。而现在，容庚又喜欢和年轻人谈起他"野马"的雅号了。他说："我这'野马'，到底找到了驾驭的骑手。千里马重要，伯乐重要，更重要的还要有高明的骑手呢！"

不久前，国务院任命容庚教授为招考博士学位研究生的导师，他欣悻非常。就在这天晚上，八十八岁高龄的容庚做了一个梦，他梦见自己真的变成了一匹飞马，正鼓翼奋蹄，跨越无数的高山险阻、急流恶滩，向那理想的境界飞去。蓦然回首，只见紧紧跟在后面翱翔的是他精心培育的那群英姿勃勃的千里驹……

1982年3月

敢富的人

月色如洗，田野在轻松地呼吸。

南沙大队党支部书记李怡深从社员陈海二家里走出来，口里还在喃喃地念叨着："谁说'金脚甲'①没有出头之日？陈海二这话可真说到大伙心坎上了！"他望着沐浴在月光下那宛如水墨画儿似的楼房、原野，乐得心里嘎嘎直想笑。

今天生产队公布账目，陈海二又当上了万元户。李怡深三口两口扒完晚饭，拔腿就往陈海二家里跑。去干啥？做思想工作呗！当了万元户还有思想问题？真新奇！哎，人的思想总是复杂的啊！过去农民天天盼富、想富，现在开始富裕了，却又不敢富了。怕露了财，说不定哪天还要当作资本主义来批呢！以前陈海二就是这样想的。1979年他头一次当万元户，心里就像十五个吊桶打水，七上八下的。战战兢兢地过了半年，没事，总算放了心。但他一直在盘算，以后可不要再冒这个尖了！有什么法子呢？生产队分红那么高，除非不劳动。但是，"金脚甲"不劳动，算哪门子事呀？他冥思苦想，终于想出一个他认为两全其美的办法：分家！把大儿子分出去！家分了，工分也一摊两半。谁知生产队劳动日值竟像那脱线的风筝，扶摇直上，挨到年底一结算，嗨，陈海二还是万元户！真叫人哭笑不得。今晚，李怡深就是专为此事去找陈海二的。

李怡深一踏进屋，陈海二直打哈哈："我知道你一定会来的！"

---

① "金脚甲"：当地农民对自己的谑称。农民脚上一天到晚都是泥，泥干了，仿如金甲。

陈海二递过一支过滤嘴香烟，笑眯了眼睛，"怡深，你就不用费心了。你过去在我耳边念叨的那些道理，我都记着呢！只要三中全会的精神不变，你支书不倒，我也不怕！"

李怡深望着陈海二那憨厚、热烈的神采，在他肩上重重地拍了一掌，宽心地笑了。

踏着月色，走在路上，李怡深火热的心里像是又涌进了一股暖流。他记起六十年代，他当大队治保主任的那会，不是也像现在这样在月夜里走东家串西户吗？治保主任可是个得罪人的角色。那时候，队里小偷小摸的事儿特多，人们穷啊！李怡深要耐心教育、说服那些老偷人家东西的人，还得去找失主做调解、安抚的工作。他白天黑夜都操心着这些捉贼追赃的事儿，管多了，抓严了，一些人就啧有烦言了。最不满的一个家伙甚至扬言，他要白刀子进，红刀子出，插李怡深十二刀子。后来，果然有人在他家中发现了一把明晃晃的匕首。但是李怡深没有退缩，仍然辛辛苦苦的当着这个得罪人的主任。"党要我干这工作，我就得干好呀！"他经常对好心劝他的人这样说。大概是那时养成的做思想工作的习惯吧，现在当大队支书了，虽然工作更忙了，但他每天总要抽点时间到社员家里去串串门儿。今年大队涌现了二十户像陈海二这样的万元户，他们可是大队的标杆呢！这几天他捉摸着要挨家挨户去探望一次，一则代表党支部表示祝贺，二则摸摸他们今后的打算及思想动向。今晚开大队党支委会，利用开会前的时间，他还得走几户。李怡深边走边想，嘿！六十年代他是为穷，为大队的小偷小摸而穿村过户，现在呢，却是为富！真是翻天覆地的变化！

这变化，是党的十一届三中全会的春风刮来的啊！粉碎"四人帮"之前，全大队工副业总产值不过七十来万，粮食亩产一千来斤。三中全会后，思想解放了，社员的干劲更足了，大伙放开手脚干，1980年工副业总产值一下子激增到四百四十五万元。工副业的增长，又促进了农业的大发展，全大队粮食亩产已达二千一百多斤。这样的大队，怎么会不富呢！在这里，一个普通的"金脚甲"一个月挣的钱，胜过十级的老干部！南沙的事迹在报纸上登了，电台也广播了，可是，李怡深却不同意单独讲一个"富"字。他说，"富"字前边还得加上四个字儿："刚刚开始"富。

"富了又有富了的问题呢！"李怡深走着，抬头望了望挂在树梢上的玉盘似的明月，又低头思索着。他是个深沉的喜欢用脑子的年轻人。三中全会以来，在南海县的干部群众中流行着一个新名词："经济头脑"。人们常常把那些会搞经济、敢抓生产的同志，誉为是有经济头脑的人。李怡深就是这么个有经济头脑的支书。说起来，他这个经济头脑还是"文化大革命"中才开始启动的。这场"史无前例"的闹剧一开锣，全国各地就闹腾开了，"造反"啦，揪"走资派"啦，成了最时髦的东西了。南海县各地都纷纷成立"文革小组"，组织形形色色的造反司令部。南沙也要成立个相应的组织才行呀！否则，岂不是和"革命"对抗了吗？于是，社员们商议，一致推举李怡深来当"文革组长"。那时，刚满二十四岁的李怡深哪里知道"文化大革命"是怎么回事？他还是那句话："党要我干什么，我就干好呗！"他想得天真，也比较实际：干好工作就是抓好生产。生产抓不好，大伙吃什么呢？党可没有叫我去瞎闹腾呀！他一当上"文革组长"，就一门心思协助当时大队党支书李良佳抓生产了。上级"文革组织"布置什么任务，他也是找李良佳他们商量着去办。不久，就有人吹冷风了：南沙的"文革组长"成了走资派的黑参谋啦！公社有好几个群众组织，都先后派"红卫兵"下来串联，要开"造反大会"。李怡深理直气壮地说："我们大队的干部都是好的，没有走资派！"一概给挡了驾。后来，有个"造反司令"把李怡深叫到公社训斥了一顿，骂他是保皇派。李怡深只是笑笑，任他骂，回到大队还是埋头协助支书抓生产。"文化大革命"整整十年，南沙的群众从来没有分裂参加什么派，南沙的干部从来没有挨过斗，南沙的生产从来没有减过产。李怡深呢，经过十年的磨砺，却学到了一手抓生产的真本领。1971年，他当选为大队党支书。一上任，他就紧紧抓住两条：一是大队的农业机械化和科学种田，二是大队的工副业。"若要富，农工副；单打一，穷出骨"，这是李怡深从斗争实践中总结出来的经验之谈。没有大队的工副业，哪有现在的粮食亩产超双千，哪来今天社员的摇钱树？……

他走着，想着，不禁又踏进了另一家万元户的门槛……

晚上八点多钟，李怡深急急忙忙来到大队部。支委们都到齐了。

今晚支委会的议程不多，专门研究建大队部、礼堂和五金厂厂房等问题。现在的大队部还是祖上留下来的一间厅堂，破旧而又简陋，同这个有数百万元家产的富队比起来，实在寒碜得很。在七十年代中，不少群众就提出要建大队部。可是李怡深这班人高低不肯，他们说，我们发展工副业，有了点钱，一定要先用到发展农业生产上。不过，当时李怡深在大会上也许下了诺言：大队人均分配达到了四百元，一定建！到了1979年，大队人均分配已经超过五百元，热心的群众又来敦促了。李怡深却提出要修正自己的诺言：粮食亩产超过双千斤才建。现在一年又过去了，谁也没有料到1980年的步子迈得这么大。这次，李怡深不等社员敦促，就提前开会研究了。礼堂是群众的福利，厂房呢？是为了改善工作条件，这两项支委们没有怎么议，就同意了。谈到大队部，大伙似乎有点犹豫。最后还是李怡深拍了板："建就建吧，只要有条件，建个像样一点的大队部，有什么不好？再说，来大队参观的人日渐多了，也得有个地方接待呀！"于是一致通过：1981年建。

这时，有人却眨巴着眼睛，提出了一个新问题："建大队部、礼堂，要不要公社批准？"

"是哟！得查一查，看大寨有没有建过大队部、礼堂，我们才好建呢！"李怡深也忍住笑打趣道。

支书一语甫落，厅堂里顿时爆发出一阵哈哈大笑，支委们一个个笑得前仰后合……

这笑，是有缘由的。那是1975年的事了。那年，大队工副业总产值已经达到七十多万元，李怡深提出要将部分资金用到社员的福利事业上。经支部研究，决定仿照城市干部职工的退休办法，在南沙也搞个退休制度。第二天，李怡深兴冲冲地跑到公社，找到一位公社领导。说明来意，那位领导却直摇头："这不符合按劳取酬的原则，左倾！大寨都没有搞，你们怎么能先搞？"李怡深说："我们有钱呀！"公社领导板起面孔："有钱也不行！"你看，那年月想改善一下社员生活，也得看着大寨。学大寨可以，超大寨可不行！真是笑话啊！公社领导不同意，李怡深也不动声色："那好，当我没有向你请示！"他回到大队，就照支部讨论的方案，把退休制度付诸实行了。等到那位领导知道，也只有奉行"打鸟政策"——开只眼闭只眼的份儿了……现在旧事重提，怎不叫人哑然失笑！

李怡深望着一个个喜笑颜开、红光满面的支委，心里也是甜滋滋的。对这班人，他是非常满意的。对他们，李怡深就像是对待自己的兄长、弟妹一样尊敬、爱护。现在南沙出名了，有不少人总喜欢当面恭维李怡深几句，说南沙富裕全靠他这个带头人哇！等等。李怡深也总是谦逊地摇摇头："不，带头的不止我一个，全靠上级的正确领导和支委的团结呢！"确实，支委们是团结的。他有几个非常得力的助手。现在的两位副书记李良佳和冼伟，过去都当过大队支书，原是李怡深的上司，支委徐二珠是土改根子。他们，论资历，比李怡深老，讲能力，也不比李怡深差，但他们合作得非常和谐，这同李怡深的谦逊好学和知人善任有着极大关系。

李怡深望着支委们憨厚的笑容，他又想起了他刚刚担任支部书记时碰到的第一场斗争……

这场斗争是围绕着生产队的工副业展开的。南沙大队的工副业，其实就是大队生产队的几爿五金厂。五金厂从1960年就开始筹办了，主要利用城市大工厂弃之不用的边角料，加工制造鞋扣、袋扣、金属纽扣一类的小东西。开头规模不大，没有引起人们的注意。但是，这些小五金也实在赚钱，没几年，大队生产队的工副业产值就像腊月天滚雪球，越滚越大。于是，一些人侧目而视了。在这些人眼里，农民搞点工副业就是走资本主义道路，比洪水猛兽还可怕！1969年公社向南沙派来了第一个路线教育工作队。工作队不问青红皂白，一刀下去，就把南沙各生产队的五金厂全砍掉了。这一砍不要紧，生产队、社员的收入就像温度计掉进冰水里，直线下降。工作队砍掉的哪里是五金厂？而是社员的摇钱树，人们的心头肉！

1971年，群众推选李怡深当支书了。他主持的头一次支委会，就是研究恢复生产队五金厂。不几天，五金厂里又响起了和谐悦耳的手摇冲压机声。这样瞒着外面干了将近两年。

1973年，县的又一批工作队进驻南沙。工作队长的屁股刚坐进大队部的厅堂里，就向李怡深下达命令："立即关闭生产队的五金厂！"

"为什么？"李怡深平静地问。

"上面的规定，只准大队办，不准生产队办，因为它导致资本主义！"工作队长盛气凌人。

"怎么能说导致资本主义呢？"李怡深脸上挂着笑容，扳着手指说开了："前几年五金厂赚的钱，我们都用到农业生产上去了。办工副业，是为了促进农业，这是我们的指导思想。所以，连大队生产队工副业利润的使用，我们支部也订出了长远规划：从1961年到1964年，工副业利润主要用于扩大再生产和解决大队的水利电气化；1965年到1970年，百分之六十的利润用在大队生产队的农业机械化上；1970年到1975年，抽百分之四十，投入大队科学种田、消灭病虫害；1975年以后……"

"别说了！"工作队长摆摆手，很不耐烦地打断了李怡深的话。他明明知道李怡深说得有道理，但他是墙上的耳朵，只听上面不听下面的，"你回去好好想想吧！"

李怡深点点头，表示接受工作队的劝告。但是十天半月过去了，生产队五金厂的手摇冲压机仍然在欢快地轧轧响着。

工作队长的下马威没有吓倒李怡深，他们决定走第二步棋：在南沙揪资本主义代理人！

何谓资本主义代理人？这是当时南海县对一些大队供销员的代称。据说，是县的某领导在某大队蹲点，从审查一个供销员入手，找到了这个大队资本主义自发势力的总根子。于是推而广之，似乎这个大队有个资本主义代理人，其他大队也一定有。在全县范围内展开的揪资本主义代理人的风靡一时的运动，就是这样搞起来的。

这天，工作队长来到李怡深家，就单刀直入：

"你们大队哪个是资本主义代理人？"

"我们大队没有！"李怡深答道。

"你们大队就没有阶级斗争了？"这位工作队长的推理，经常是跳跃式的。

"我从来没有说过没有阶级斗争。再说，没有你说的资本主义代理人，就是没有阶级斗争吗？"

"别的地方有，你们这里怎么会没有？"工作队长又来了个"跳跃"。

"这我怎么知道，反正我们大队没有。"

工作队长又开始不耐烦了，站起身来用手指着李怡深的鼻子尖，说："我看梁海就是！"

"梁海？我说他不是！"李怡深针锋相对。

"你敢包他不是！"工作队长脸红脖子粗，大发雷霆。

李怡深忍无可忍，浓黑的剑眉一瞪，大声说："我说他不是！有什么好包的！"

这场争论不欢而散。工作队长提起的梁海，是大队的供销员。此人出身贫苦，历史上曾有过一点莫须有的问题。担任大队供销员以来，一直兢兢业业。支部调查过，没有发现任何问题。

依靠李怡深来揪资本主义代理人是不行了，工作队长决定亲自动手。他要李怡深立即打电话、发电报，把在外的供销员全叫回来办学习班。

这天，李怡深领着大队生产队十多个供销员，来大队部找工作队长。

工作队长傲慢地朝李怡深摆摆手，说："你去劳动吧，学习班由工作队来办！"

工作队长对供销员训了半个钟头的话，然后每人发一叠白纸，要他们交代：给集体买过什么东西，给大队生产队干部买过什么东西！

几天后，供销员们相约来大队部交卷。工作队长一看，都是白卷，一个字也没有写！气得他又骂了他们一通。一个胆子大一点的供销员反驳道："给集体采购的东西太多，给干部从来没有买过，怎样写啊！"

事后，供销员们偷偷去找李怡深："工作队说要顺藤摸瓜呢？"李怡深笑了笑，诙谐地说："是呀，你们是藤，我们干部是瓜。他们是想借你们来整干部呢。不是有首《社员都是向阳花》的歌吗？花儿越大瓜越甜，我看藤儿越粗瓜也越大呢！没做亏心事，哪怕鬼敲门！"说得供销员们都笑了。

工作队长这一着落了空，接着又想出第三招：通知公社税务所，停止给南沙开发票；同时，禁止社员到五金厂开夜工。

这一招厉害啊！买主没有发票，回去不能报账，谁敢要货？仅这一条就足以置五金厂于死地。可是南沙人有南沙人的气魄！李怡深说："照样发货，先不要钱！"买主问："'怎么不要钱哟？"他们只好这样回答："我们现在不缺钱用，以后再说吧！"哪里是不缺钱用？是开不到发票呀！又不敢将实情告诉买主，怕引起误会，买主以后不敢来了。

至于禁止开夜工嘛，生产队还是"遵守"的。工作队在，就不开。晚上十点钟后，工作队员们呼呼进入梦乡了，五金厂的机器又悄悄地欢快地唱起歌来了。最热闹的莫过于每周工作队休息的那天了，工厂一片欢腾，几乎所有的劳力都来了……说起来，也真是令人啼笑皆非，那阵子，在一个社会主义国家里，社员们想为国家为集体多做点贡献，也让自己尽快地富裕起来，却要这么偷偷摸摸的干！真是可悲、可叹啊！

又一个多月过去了，工作队长等着瞧的"好戏"迟迟没有出现：五金厂照样开，产品照样一箱箱、一车车地往外运。这时，倒是税务所到公社提意见了：不开发票，也就没有了国家的税收，税务所得关门了！左右权衡，只得又通知大队：恢复开发票。

这一年多时间，李怡深和支委们承受着多大的压力啊！工作队扬言要撤李怡深的职，支委们顶着：要撤，大家一起撤！工作队召集支委们开会，要他们不要支持李怡深，支委们一个个蹲在凳子上，抽着闷烟，一言不发……

这一期工作队没有把生产队的五金厂停掉，某些人还是不甘心。第二年，公社书记亲自带领工作队又进驻南沙。李怡深心想，老像黄牛打架一样硬顶，也不是个道道。你有那么多时间同我们斗，我可赔不起这个时间来同你们磨！他和支委们一商量，主动提出一个新方案：你们不准生产队办工厂，好吧，我们不办，但大队在生产队设车间总可以吧！生产队五金厂通通改成车间。看来，这位公社书记还是通情达理的，明知李怡深的方案是换汤不换药的货色，也竟然认可了。

书记认可归认可，但每次公社开会，都少不了要把南沙当做资本主义的黑典型来批。好像不批几句南沙，就显示不出这个会的"革命性"。李怡深呢，才不睬这一套，照样干自己的。

这年，县里准备召开先进单位、先进个人代表大会，要公社推选两个先进大队去参加会议。选谁呢？全公社只有两个大队增产，其中一个是南沙。有人提南沙，可是不少人反对。他们说，南沙抓好农业生产是为了掩盖资本主义！结果推举出另外两个减产队去当先进。那年月的笑话真是俯拾皆是：农业减了产，倒成了先进队；粮食增了产，反而成了罪过，真是莫大的讽刺！李怡深倒是个沉得住气的人，他听了，付之一笑，并不说什么……

经过这么多次的斗争和折腾，李怡深这班支委们越干越团结，越干越起劲。他们终于盼来了春回大地的时刻。三中全会的精神仿佛为南沙大队装上了金翅膀。他们已经起飞了，正朝着更加富裕的明天，腾空飞去……

月挂中天，支委们散会了，沿途撒下一路开心、爽朗的笑声。李怡深走着，还在沉思着那个问题：是啊，富了又有富了的问题，得先将这些问题摸清楚，下一次支委会集中讨论解决。大队的事情真多哇！现在摆在面前的除了建大队部、礼堂、厂房外，还有种养的副业可以大搞，工副业也不能单打一呀！还有科学种田，还有社员文化生活的改善和精神文明的建设，等等，都得立即去抓。他又想到，大队已经破土兴建的电镀厂、化工厂，还有些问题要解决……

月亮已经偏西了。他走到家门口，又拐了个弯，向江边的工地走去。支委们站在路口，深情地望着李怡深的身影消失在江边朦胧的月色里。不！他们透过月色，看到了一颗明澈的、热烈的心……

1981年5月

英雄本色
——记两阳抗洪斗争中的共产党员们

奇迹

十月上旬，阳春、阳江两县遭受了有史以来罕见的特大洪水。

天空，像是猛然间裂开了无数个大口，急遽的狂风裹着暴雨铺天盖地倾泻下来。一夜之间，山洪暴发，河横流溢。夹着雷电、卷着浪涛的洪水，像千万头横冲直撞的困兽，咆哮着、奔腾着，冲破了漠阳江的堤岸，吞噬着田野、村庄，撕扯着庄稼、牲畜……美丽的漠阳江两岸，霎时间成了白茫茫的汪洋泽国，三十万人被洪水围困。

三天后，肆虐的洪水终于退缩了，涌进了大海。当奋力搏斗了三天三夜的人们，睁着布满血丝的双眼来检查这只突然而至的洪兽带来的灾害时，紧缩的心松了下来。物资损失是巨大的，两个县被淹的农田和倒塌的房屋，数目惊人。但是，整个阳江县没有被洪水淹死一个人！阳春县虽然首当其冲，猝不及防，在洪水中罹难的人也是寥寥无几。人们不禁回想起解放前比这次洪水还小得多的几次水灾。那时，漠阳江两岸，尸横遍地，哀鸿遍野。那情景，真是惨不忍睹。忆昔睹今，人们无不从心底发出感叹：这，真是一个了不起的奇迹！

奇迹是怎样创造出来的呢？当我站在曾经锁住了狂暴蛟龙的巍然屹立的防洪大堤上，向降龙伏虎的英雄们提出这个问题的时候，人们的脸上显出了激动的神采，深情的目光不约而同地转向了他们的党委书记、支部书记和共产党员们，那目光，是那样地充满着敬佩和热爱，洋溢着喜悦和热情！啊，这时难道还需要多少热烈的语言么！望着一个个蓬头垢面、污泥满身，但又神采奕奕的先锋战士，一股热流顿时涌遍了我的全身。一个坚定有力的声音，在震撼着我的心灵：有党的坚强领导，有千百万共产党员同人民一道顽强奋战，任何人间奇迹都可以创造出来！

虎将

暴雨织成的密匝匝的水帘，漫山遍野地覆盖下来，笼罩着黑沉沉的夜。随着从头上滚过的炸雷，一道蛇形的电光把已经漫过堤围的狂啸的洪水，照得一片惨白。这时，只见一叶孤舟在迎着暴风雨艰难地打着趔趄前进。站在船头挥舞着长篙的那位中年汉子，是阳春县河西公社党委书记余光大。他炯炯闪亮的双眼盯着前方，棱角分明的嘴唇紧紧地抿着，显得那样坚毅、刚强。现在，他正急着赶往全公社地势最低的石上、石湖两个大队，去抢救被洪水围困的社员。他弓着腰拼命地撑着船，他觉得石上、石湖两个大队数千人口的生命，就像驮在自己的背上。他心急如焚，长篙在两扇铁打般的手掌里挥舞得更快了。

突然，黑暗中传来了几声沉闷的枪响，接着，一阵救命声、哭声、喊声、房屋的崩塌声，传入余光大的耳朵，很快又被怒吼着的雷声、雨声淹没了。电光中，只见一座座村落已经变成水天相接的一片汪洋，只剩下那些摇晃着的屋顶露出水面。屋顶上拥挤着密密麻麻的人群。一些社员将老人用绳索捆绑在屋梁上，他们是想老人要是惨遭不幸，死后能得个囫囵尸首啊！

小船加速划进了村子。群众一下子欢呼、骚动起来。年轻人雀跃着将帽子扔向半空，老人们哽咽着，说不出话来。望着被洪水围困的父老兄弟，余光大噙着热泪，镇定地用嘶哑的嗓子大声叫着："大家不要慌！共产党员、共青团员立即用门板、房梁扎木排。我这只船先救老人、小孩、军属、五保户……"

有了书记，慌乱的人们有了主心骨，立即有组织地行动起来了。这时，余光大听到从附近一间泥砖屋里传来一阵微弱的呼喊。他立即将船撑近泥砖屋，从房顶上扒开一个洞，把匍匐在屋梁上的老人庄锡豪扶了出来。接着，又从房子的另一边扒了个洞，将刚做计划生育手术的社员黎福飞救上了船。好险啊！小船刚刚离开，只听见"嗡隆隆——

哗——"泥砖屋坍塌下来了，溅起一丈多高的水柱。

小船很快坐满了，掉转头，向地势较高的独石村划去。这时，风越刮越大，浪越掀越高。那一个接着一个的浪头把小船一下托起老高，又忽地抛落下来，像是要把小船吞没。更困难的是，小船划去独石村，必须经过三排电话线和一排高压电线。三排电话线几乎被洪水淹没，在风大浪急的情况下，稍一疏忽，小船就会被电线拌翻。高压线呢，随时都可能触电人亡。怎么办？余光大没有丝毫畏惧，伫立在小船前端，镇定地撑着长篙，同时向船上其余几个公社干部呼号着，指挥着。他们选定一个地势较高而又顺风的地方，让船慢慢飘近电线，然后用竹竿将电线挑起来，一声吆喝，老人、小孩立即匍匐在船内，小船被狂风恶浪推搡着，像离弦的箭从电线和水面仅有的一两尺空隙中钻了过去。小船来回一趟，要经过八道这样的关口。这八道关口，道道都是生死关啊！从七日深夜到八日下午，余光大一直划着小船，往返于这两个大队和独石村之间。他除了指挥全体社员安全脱险外，还亲自用小船抢救出老人、小孩、社员八十九人……

九日晚上，余光大和几个公社干部拖着疲惫的身体，回到公社。炊事员立即给每人端来了一海碗粥。余光大已经极度困倦，端起碗刚喝了两口，就觉得眼皮像铅一般沉重，直往下阖。就在这时，电话铃响了，有人报告：县里拨来一批干粮！余光大精神为之一振，把碗往桌上一放，霍地站起身来，说："走，给大队送干粮去！"

划着船到春城码头，一上岸，想不到给他们送干粮的竟是县委的两位副书记。余光大紧紧地握着书记们的手，三天两夜的苦和累仿佛都不翼而飞了。他明白，在洪水中艰苦奋战的不只是他一个公社书记，而是一个战斗的集体啊！

装好干粮，余光大亲自划着船，到各个大队去分发。又一个不眠之夜就这样过去了……

三天三夜，整整七十二个小时，这位被群众誉为抗洪虎将的公社书记，只喝过两口粥，没有睡过一分钟觉。七十二个小时，他始终撑着船出没在洪峰之中，转战在激流漩涡里。这七十二个小时，在人的一生中不过是短暂的一瞬间。但是，不正是这一瞬间，充分反映了我们党的基层领导干部这种脚踏实地、艰苦奋战的战斗风貌吗？

绝不放过一线希望

　　瓢泼似的大雨，还在不住地下着。在堤围上奋战了三天两夜的阳江县双捷公社食品站站长李业峰，艰难地、气喘吁吁地从两米深的陷洞里爬出来，头上脸上都是污泥。他顾不得抹抹泥水，就跑到堤围上察看水情去了。他面前展现的是一幅令人触目惊心的图景：漠阳江不断上涨的洪水，只差几厘米就要漫顶了。狂风卷起座座洪峰，像起伏重叠的山峦，一排接着一排向堤围扑来。白泥村堤围地处漠阳江阳江县境内的上游，如果堤围决口，将直接影响到全县。同时，堤下密集的村庄将受到洪水的直接冲击，后果是不堪设想的。

　　九日上午，白泥村堤围就发生了两次险情。第一次，有三十多米长的堤岸背坡塌方，塌方口深达两米多。李业峰提议采用垒基础堤的办法，止住了塌方。第二次，就是刚才，在离第一次塌方几米远的堤面上，突然塌陷下去一个直径三米、深两米多的大洞。混浊的泥浆从漠阳江咕嘟咕嘟地喷射出来，旋转着，翻腾着。刹那间，把堤下几个护堤的大木桩推出好几米远。堤围就要决口！李业峰没有丝毫犹豫，纵身跳进陷洞，大叫："递沙包！"紧接着，几个社员也跳了下去。翻腾的泥浆立即埋没了他们的腰部。他们用尽全力，使劲将沙包一个个用力踩到陷洞的底部，陷洞终于堵住了……

　　"险象还会发生，必须力保白泥村堤围。"李业峰想着，立即把一个社员肩上的二百来斤重的沙包抢过来，向最险的堤段飞奔而去。

　　现在，漠阳江水位还在急速上涨，眼看就要漫顶。情况危急啊！真是祸不单行！就在这时，堤顶又是訇然一声巨响，近五十米的堤段连续出现塌方、滑坡。有十多米大堤连堤面也塌没了，只剩下薄薄的一个尖峰。大堤危在旦夕！

　　公社书记梁业初赶来了。他睁着惊愕的双眼，焦灼地观察着，思考着……

　　就在这时，有人断然判定堤没救了，对几个社员说："保不住了，快撤离吧！"

　　于是，人们纷纷丢下肩上的沙包，向村里狂奔而去……

李业峰的心猛地揪紧了。真的毫无希望了吗？人民的生命，国家的财产，都将……不，不能这样！并无担任任何指挥职务的李业峰，猛然冲到公社书记面前："我们是共产党员，我们没有权利放弃任何一线希望！"

梁业初眼睛里射出希望的闪光："有办法保住？"

"有！"李业峰一口气摆了三个有利条件，最后说，"有人在，堤就在！"

梁业初斩钉截铁："好！你具体负责。我再给你四十个中学生！"

李业峰转身对跟在他后面的社员一招手，说："运沙包，先堵缺口！"说着，带头跳进洪水中，用沙包从堤外往上重新垒堤。这是一场多么惊心动魄的搏斗啊！狂风在头顶呼啸，巨浪在脸上拍打，他们随时都可能被恶涛吞没……此时的李业峰，在他的眼前，只看到汹涌的洪水，顽强的堤围；在他的心里，只想到人民的安危，共产党员的义务！

四十个中学生火急地赶来了。沙包越运越多，堤墙也越垒越高。真是水涨多高，堤就垒多高啊！

白泥村保住了！全村的土地、家园、财产保住了！下午，洪水开始失去了它嚣张的气势。暴戾的洪兽，终于被双捷公社的英雄们踩在脚下……

洪水退走的第一天，泥湾大队的社员自发赶制了五面锦旗，敲锣打鼓，放着鞭炮，来到公社党委，为李业峰，为双捷公社食品站、综合社和双捷中学表功。这铿锵有力的锣鼓声，这热烈欢快的鞭炮声，正是人民对李业峰等共产党员以人民利益为重，敢于负责、勇敢无畏的革命精神的充分肯定和最高奖赏啊！

我不能倒下……

凌晨三点钟了，仍是伸手不见五指，一片漆黑。阳江县潭塘大队堤围的一堆乱沙包上，仰天昏睡着一个两颊深陷、憔悴不堪的人。他是城西公社武装部谢汝便同志。此时，他醒过来了，觉得全身发痛，像是散了骨架。一个凸起的沙包的角刚好顶在他的腰下，痛得难受极了。这使他想起了前晚发生的事情——

……对，是7日晚上，他和大队支书杨继步上了堤围。他刚从公社拉回来几百个草袋，车还未卸完，楼仔背就塌方了，一塌二十多米。他和老杨跑到堤上一看，都傻了眼。光垒沙包不顶用，得打桩。可是哪来的木料？他皱了皱眉头，果断地说："快，拆房子！"木料很快搬来了，可是又没有桩槌。他和老杨每人抡起一根大木条，就朝木桩上重重地砸去。"嘣！"的一声，震得双手直发麻。"嘣！嘣！嘣！"接连几根木桩打下去了。他越打越急，越打越来劲。可是，打到第四个木桩的时候，脚下一滑，把腰给重重地闪了，痛得他头上直冒冷汗。他一声不吭，强忍着疼痛，一步一颠地坚持着……止住楼仔背的塌方，已是8日上午了。8日，事情真多呀！漠阳江飞涨得更快了。禾杆洞、三角园又相继塌方，谢汝便和杨继步简直就像两个消防队长，哪里有险情，就到哪里指挥、扛沙包、打桩、填土……下午，传来了县委的命令：动员群众撤离！谢汝便立即从堤上赶回村里。这个工作也并不比护堤轻松。群众看到党支委、公社干部都在堤上，谁也不愿意先走：再说，也是故土难离啊！谢汝便一边耐心地劝说社员，一边动手帮助社员收拾东西，扶老携幼地把群众送出了村。到晚上，潭塘大队老人、小孩基本撤离了，谢汝便又想到了邻近的大队。于是，他忍着腰痛，又摸黑赶去碧桥大队……9日上午，一夜没有合眼、脸色苍白的谢汝便，拖着疲惫的身子又出现在堤围上。这时，漠阳江的洪水达到了最高点，咆哮的洪水猛烈地向岸边扑来，一人多高的浊浪，一个接着一个地越过堤围上的人群，向堤围背坡泼去。洪水已经越顶漫溢！十万火急，刻不容缓！谢汝便从堤上扛起一个沙包，大叫道："扛沙包垒堤！"一两百斤重的沙包压得他眼前金星乱冒。他踉跄地踏着泥水狂奔到险段，放下包沙，又跑回去扛第二包、第三包……他的脚不停地跑，天旋地转的头像是要炸裂开来，身子像稀泥似的要瘫倒下去。他在口里喃喃地鼓励着自己："我不能倒下，洪峰还未过去……"他仍然飞跑着，疲劳和痛苦在增加，他的勇气也在增加。运来一定数量的沙包后，他又指挥大家立即在堤面上垒墙。第一层沙包垒上了，水又涨上来，再垒第二层……

谢汝便回想着，悠悠忽忽，简直像在做梦。突然，他吃惊地睁开眼："我怎么躺在这里？"他看看四周，黑魆魆的没有一个人影，只有那洪水撞击堤岸发出的浑重的轰鸣。他记起来了：9日洪水最紧张的时刻，他没有倒下。直到晚上，洪水有下降的趋势了，大家都长长地舒了一口气。谢汝便明白：洪峰虽已过去，但水势仍然异常凶猛，这段时间是最容易出事的。于是，他向老杨建议，再把整个堤段巡查一遍。走着，走着，谢汝便觉得脊背发凉，身上一阵战栗，肚子里好像有几十把尖刀在搅动。他用手按着肚子，皱着眉头蹲在地，对老杨说："我在这里歇一会，你们先走……"杨继步刚离开，谢汝便眼前一阵发黑，什么也不知道了……

"啊！我不能倒下，不能倒下……"谢汝便叫着，声音微弱，只有他自己能听见。这时，杨继步检查完堤围返回来，发现了晕倒的谢汝便。人们七手八脚把他抬到堤围下的一间茅棚里，谢汝便已经休克了。

老杨慌了手脚，立即找来一把艾叶，点燃后在他身体的各个穴位猛烈熏烧，脸上、手上、脚上、背上，烧得遍身都是伤痕。一直烧了四十多分钟，才把他灸醒过来。

谢汝便慢慢睁开眼，乌紫的嘴唇翕动着，吃力地说："堤……怎么样？……"

老杨安慰道："我又巡过一遍，没事！"

谢汝便闭上了眼睛，心里却在想着："不行，我得自己去巡一遍……"

天已经大亮。乘大伙去吃早餐的时候，刚刚脱离生命危险的谢汝便，颤巍巍地钻出茅棚，又跌跌撞撞地爬上了堤。他站在堤上，面对着乖乖地顺着堤围南去的滔滔洪水，眼睛里闪出了胜利的喜悦……

他没有倒下去！在洪水眼看就要吞噬堤岸的最危险的时刻，他想到的不是死，而是生，为了千千万万人民的生……

这就是一个普通的共产党员的胸怀！

奇特的门市部

漆黑一片的阳春县县城有半截淹浸在洪水里，大街小巷变成了奔腾的河流。除了那令人揪心的扑打着屋宇的水声外，四周黑魆魆、静悄悄的。唯有红旗路的一家商店里，灯火辉煌，人声鼎沸。店门大开着，冒着泡沫的浪头，一排接着一排直扑到店铺深处。一个个满脸春风的售货员，正站在齐胸深的洪水里，忙碌地向划着小船、木排的顾客卖着东西。

一条船划来了。站在船上的黑脸汉子大汗淋漓，船还未停稳，就急不可待地叫道："同志，买二百斤饼干。"

一个中年妇女清脆地应声道："好，请你等一等！"不一会，她和另外一个售货员趟着齐胸深的水送来了几箱饼干。饼干箱是放在一个浮动的木箱上从水面推来的。

这时，黑脸汉子却结结巴巴地说："同志，我们那里房子都给淹了，一时拿不出现钱，能不能……"

中年妇女愣了一下，又连忙说："不要紧，你留下单位、姓名就行，水退了再给我们。"

黑脸汉子带着感激的心情，准备撑船走了。中年妇女忽然又叫住了他："哎，同志，等一等。你们房子都淹了，肯定没水喝，再拿几十瓶汽水。还有，天气冷啊，带几瓶酒……"

于是，几十瓶汽水和酒，又装上了船。

接着，又一个木排靠近了门市部大门……

商店的门口，真可谓是船如流水，筏如游龙了。商店后面呢，一场紧张的战斗也在同时进行……

门市部的仓库紧连着店铺。仓外的洪水深达一点八米，已经超过库内地面三十厘米了。在仓库门口临时筑起的防洪闸内，挤着几位妇女，埋头用铁桶在往外戽水。从仓库里的防洪沟，提起一桶水，再举起来送过一米多高的闸门，倒出去，每提一桶要花费多大的力气啊！别说女同志，就是彪形大汉也经受不了！但是，她们已经在这里坚持两天两夜了。仓外的水越涨越高，从墙壁渗漏进来的水，只差几厘米就要漫过仓面。就在这时，一位强忍着心绞痛的中年妇女，一把夺过一位姑娘手中的铁桶，跳进防洪沟里，一口气接连往外戽了几十桶。仓内的水又降了下来。当姑娘把她手中的桶再夺过去的时候，中年妇女已经脸色苍白，站不住脚了……

这几个小镜头，是阳春县洪水最猛的那个晚上，在春城烟一门市部摄到的。这两位中年妇女，一个是烟一门市部的负责人黎清华，一个是县糖烟酒公司副经理黄秀芳。

这间门市部全是女同志。7日中午，汹涌的洪水刚刚漫进街口的时候，十九位女同志不顾家里被洪水淹没的危险，赶回商店来了。在会上，黄秀芳作了简短的动员："我们的主要任务，是保护商品不受损失。特别是仓库，一定要保住。还有，"她停顿了一下，炯炯的目光打量着大伙："洪水来，许多人一定没有东西吃，我们应该怎么办？"

"开门营业！"十八个人异口同声回答。

在洪水中前门售货，后门护仓的战斗，就这样展开了。

十九位女同志，三天三夜，谁也没睡过一个囫囵觉，谁也没吃过一顿安生饭。在这三天三夜里，门市部售出的饼干就有一万二千多斤，加上汽水、白酒，营业额达一万三千八百多元。仓库里存的二万七千多元钱商品，除一瓶价值十四元的酒受浸外，其余全部完好无损！

洪水过后，门市部开会表扬了许多好同志。一位被表扬的姑娘，激动地望着她们的黎大姐、黄大姐，说："哟，是你们党员带了头呀！"

这是我们的人民对我们共产党员的信赖。是啊，这里的共产党员没有辜负这个光荣称号！

风停了，雨住了，潮退了，猖獗一时的特大洪水被降服了。而这场惊心动魄的战斗所取得的辉煌战果，又何止仅仅在经济上？"沧海横流，方显出英雄本色。"在惊涛骇浪面前，在生死考验关头，我们的共产党员是那样的无私无畏，那样的坚定勇敢。他们不愧为时代的勇士和英雄！想着这些，我就无法抑制自己激动的情怀，感情和理智都驱使我在本文结束的时候，用浓墨重彩再写上这样一句：

我们的共产党人，我们的人民，就是奇迹的创造者！

1981年11月

执法如山

1982年2月28日清晨，海面飘着灰蒙蒙的云雾，历尽沧桑的汕尾渔港还沉睡在大海的臂弯里。

"哎哟！快来呀！这是什么？"

突然，一声惊叫冲破了凌晨的静谧。

海丰县汕尾人民法庭副庭长王锋一骨碌从床上爬起来，急匆匆跑到大门口。只见小姨倚在门边，双眼痴愣愣地瞪着门槛上齐齐整整地摆着的三样东西：一节甘蔗、一个子弹壳、一排鞭炮。

王锋的爱人也从里屋跑出来，一看，脸刷地一下变成了惨白。

甘蔗、子弹壳、鞭炮，像是眨着狡黠的眼睛在向王锋示威：王锋，你是想吃甜的呢？还是想吃子弹？抑或是炸药？自己挑吧！

"卑鄙！"王锋跺着脚，在心里愤怒地叫着，把拳头攥得咯吱咯吱响。但他回头看见妻子惊恐的脸色，又镇静地说："没有什么好怕的。他们敢胡来，也有他们好受的！"

四十多岁的王锋，中等身材，黝黑的眉毛下，一双闪亮的眼睛总是带着机警的神色。他给人的印象是耿直、刚强而又精力充沛。此刻，急风骤雨般的思潮在他胸中翻滚着、冲击着：是啊，这是一个严重的讯号，斗争越来越激烈，越来越白热化了。一年前的往事不禁又浮现在他眼前……

一年前的汕尾渔港，真是令人触目惊心啊！大街小巷横七竖八地塞满了五颜六色的摊档，摊档上小山似的堆放着走私进来的各种电视机、收录机、手表、尼龙衣料、医药用品；冒着油汗的人们，提着大包小包，摩肩接踵，在摊档的空隙间挤着、嚷着；小镇的上空飘荡着软绵绵的下流音乐；到处是商人的诏笑，市侩的嘴脸，招徕生意的呼喊，讨价还价的喧阗……

由于某些人的胡作非为，整个汕尾镇被搅得乌烟瘴气。开始是一些人走私贩私，继而部分干部缉私分私，最后发展到一些党政机关、商店、企业参与走私贩私，投机诈骗。其规模之大，范围之广，是汕尾镇前所未有的。有多少人因此而发了横财！先不说那些投机商人、贩私分子吧，就汕尾镇党委正副书记而言，贪污、分私、受贿达一万元以上的就有几个。难怪一些群众编顺口溜："头好缉私，二好走私，三好有权有势！""舞狮上高楼，男女一样头，私货满街头，书记建洋楼……"听了这些，每一个正直的共产党员、革命干部都会为之感到痛心和愤慨！

今年1月30日，汕尾法庭八位同志聚集在办公室里，学习李先念同志在春节团拜会上的讲话。"要严肃处理经济等方面重大犯罪案件。"这讲话像电光火石，一下子把蕴蓄在大家心中的烈火点燃了。

"今年法庭的工作重点应该是打击经济罪犯！"王锋高门大嗓地说。

"对，早该打击了！"多数同志大声呼应。

但是，也有人摇头："法庭恐怕主要是审理刑事、民事案件吧，这经济案件我们管得了？"

王锋眉峰高耸，不无自豪地说："只要是损害人民利益的事，我们当法官的就应该管，不管他是经济的还是民事的。现在，镇委、公安分局的主要领导人都被卷进走私贩私、缉私分私的粪坑里去了，经济案件我们法庭不抓，谁来抓？责无旁贷呀！我们不仅要抓汕尾镇的问题，整个汕尾片都要管起来。"王锋用闪亮的眼睛望着大伙，语调更加亢奋、激昂："我建议：法庭分为两个组，一个组抓经济案件，一个组抓民事刑事案件。经济案件小组我愿意负责……"

庭长冯瑞向王锋投去了赞许的目光。

这多不简单哪！要知道，那时中央关于打击经济领域犯罪活动的《紧急通知》还未传达到汕尾啊！

他们首先从一封检举信提供的线索入手。有人列举事实，大胆揭发：汕尾人民银行转手买卖水泥。好，去查他们的账！于是，王锋带着助理审判员刘保宜、书记员祝芝明踏进了银行的大门。

经过三天的埋头查账，问题果然十分严重：账面漏洞百出，水泥来历不明，有人从中转手。几经查问，他们才吞吞吐吐地供出了一个神通广大的人物：原海丰县物资局局长、现汕头地区南告水电站工程指挥部供应科科长李胜良。

此人果真算得上是个"水泥大王"。他利用职权，套取国家数以千吨计的牌价水泥，然后以每吨高出七十元的差价卖给汕尾有关单位，或者每购九吨水泥，除了付价款，还要送他一部彩色电视机。李胜良就这样贪污、勒索了数以十万计的巨额赃款。而购买水泥的单位和个人，再以更高的差价转卖出去。当时市场紧缺的水泥就这样变成了那些投机诈骗分子的"摇钱树"，被辗转地卖来卖去。每转卖一次，价钱就高一倍……

法庭的同志没想到，网刚刚撒出去，就网住了一条贪婪饕餮的大鲨鱼。要不要抓紧收网，直至把它捕捉上岸？

"这个家伙，职位比你们庭长还高呢？人又在地区，小小的法庭能奈他何？只怕是狐狸未捉到，反惹来一身臊，不知要落个什么结果呢！"法庭外面不止一人这样对王锋说。

"只要对人民、对国家有利，惹一身臊我们也愿意！"王锋坚定地回答："有理不怕势压。他职位再高，权再大，真理不在他手里，怕啥！"

"他们会报复的！"

"报复？"王锋笑了："怕报复，我就不当这法官了。"

王锋没有丝毫踌躇，立即和刘保宜起草书面报告，向县人民法院呈报案情，并请求上级派员协助。

2月19日，县法院副院长郑惠声等五人来到汕尾，要求法庭在三天之内弄到李胜良的确凿罪证。法庭全体同志立刻紧急行动，分析案情，传讯案犯，雨夜追赃……三天三夜，谁也没有睡过一个囫囵觉，吃过一顿安生饭！郑惠声、王锋马不停蹄地对十多个案犯和知情人进行讯问和谈话。经过连续几十个小时的紧张战斗，终于攻破了案犯们的攻守同盟。

审讯中，王锋望着案犯，心里交织着愤恨、痛惜和兴奋的复杂情感。他愤恨这些卑污的作案者，为了满足个人对钱财的贪欲，贪污盗窃、投机诈骗、行贿受贿，无所不用其极；他痛惜我们的一些共产党员、国家干部被人用金钱、物质蒙住了双眼，迷住了心窍，与他们同流合污，形成了一张张猖狂蚕食社会主义经济的"关系网"……但是，王锋更多的是兴奋，因为从案犯供出的"关系网"，他们又牢牢地捕捉住了另一个大案的重要线索：汕尾镇党委直接控制的渔工商联合公司，勾结社会上的经济罪犯，倒卖水泥、柴油，贩卖走私物品……

2月22日，县检察院批准逮捕主犯。前后仅二十天，汕尾法庭就把这个贪污勒索达十六万余元的李胜良，押上了历史的审判台。

这天晚上，夜已经很深了。王锋得知县政法部门逮捕李胜良以后，怀着胜利的喜悦，立即赶回法庭。他踏进二楼的办公室一看，满屋子都是人，全庭同志都不约而同地回来了。为了弄到李胜良的确凿罪证，同志们已经连续三天三夜没有睡觉了。大家眼里都布满血丝，有的连喉咙也嘶哑了。但是此刻，他们一个个面露喜色，毫无倦意。他们自觉地汇集在这里，期待着更激烈的战斗的开始，希望立即作出调查渔工商联合公司问题的决定。

王锋望着大伙，心里一热，大声说："怎么样，下一个目标——渔工商！"

大伙心里明白，捅渔工商的问题，就是摸汕尾镇委书记叶乐他们的老虎屁股！弄得不好，等待他们的绝不是灿烂的朝霞，而是报复的风雨。几年来，汕尾法庭的同志和镇委的一些人并不是第一次较量了。一次，一个伤害案直接涉及镇委一位副书记的女婿，当时镇里多少干部来找王锋求情啊！王锋一一严词拒绝："我们是人民的法官，姓方，不姓圆，不管是谁，违法必究！"那位副书记的女婿见求情无效，又纠集一伙人围攻王锋；副书记的女儿甚至辱骂法庭，扬言要用炸药炸掉王锋的房子。面对这些威胁、恫吓，王锋没有丝毫动摇。坚决顶住，坚持秉公执法，坚持法律面前人人平等。还有一次，也是一宗伤害案，案犯只是和镇委一个普通工作人员有亲戚关系，便有很多人接二连三找法庭的同志求情。法庭不徇私情，坚持以事实为依据，以法律为准绳，判处案犯两年徒刑。但刑期未满，县看守所就提前释放案犯，镇委某些人也立即为案犯在汕尾镇安排了一个舒适的工作，有意向法庭示威……这一次捅渔工商的问题，对叶乐他们来说，可以说是生死攸关啊！那些严重犯罪的经济案犯能甘心束手待缚么！而且，目前他们头上还挂着令人尊敬的职衔，手里还握有不小的权力。要和这些人较量，决一胜负，该要具有多大的勇气和魄力啊！

此时，大伙的耳畔又响起了王锋那洪亮的快嗓门："摸老虎屁股嘛，总得担几分风险！我们这是主持正义，为民除害呀！如果老想着自己的安稳日子，面对邪恶而撒手不管，我们算什么人民法官？"

王锋的一席话，说到大伙心坎里了。一双双眼睛露出坚定的光芒。

素以稳重见长的庭长冯瑞，此时也按捺不住内心的激动，猛地站起身，说："干！先下手为强！叶乐他们正在海城开会，要干，就赶在他们回来之前动手，要给他们一个措手不及！"

翌日上午，王锋、刘保宜、祝芝明三人出其不意地在渔工商联合公司的办公室里出现了。王锋不动声色地对经理说："李胜良的案子涉及渔工商，我们想查查你们与他有关的账。"

王锋三人的登门，使副经理乱了手脚。他支吾一阵，无可奈何，只得勉强叫人将账本交了出来。

不速之客王锋三人的到来，在渔工商联合公司的小圈子里引起了慌乱，某些人就像被捏在手里的鸟一样惊恐。他们暗斟密酌，商量对策。

这天，王锋外出了，镇委的一个副书记带着两个人来到法庭。副书记一见到冯瑞和刘保宜就直打哈哈："中央下达《紧急通知》啦！我们镇委准备组织力量清查经济问题。你们已经先走了一步，希望我们互相支持，互相合作……"

副书记把话说得非常婉转，但又非常明白。

刘保宜两条浓黑的眉毛拧紧了，心想：他们说不定是腰里夹个死老鼠——假充打猎人。靠他们，能查得出什么名堂？于是，连忙搭腔道："我们查了一段了，有些账本已经封存，不便再启封。不如我们来个分工，你们就查那些没封存的账本吧！怎么样？"

吃了个软钉子，副书记心里很恼怒，但又发作不出来，只得用求助的目光盯着冯瑞。

冯瑞笑了笑，软中带硬地说："互相支持嘛，是应该的；老刘的意见呢，也对！先这样定吧，以后有情况再交流。

那位副书记悻悻地走了。

几天之后，镇上就刮起了一股冷风，说什么"汕尾法庭脱离党的领导办案"呀，"他们搞经济案件是为了百分之三十的奖励"呀，等等。法庭的同志们听了，又气愤，又好笑。不和你们同流合污，就是脱离党的领导？遵照中央精神办案，就是为了奖励？真是如假包换的奇谈怪论！

汕尾法庭的同志根本不理睬这一套，继续埋头干自己的。

就是在这个短兵相接的时刻，王锋在家门前发现了甘蔗、子弹壳和鞭炮，这无疑是一种恫吓……

往事，像电影般在王锋脑海里映现。他刚毅的脸上，不时掠过一丝轻蔑的微笑。恫吓，是没有力量的表现！他们愈是这样做，就愈证明他们的问题严重！断了腿的螃蟹，横行不了几天啦！我们现在重要的是抓紧调查，乘胜追击，绝不能被恐吓和讹诈吓倒！

王锋想着，胸中激荡着一股凛然正气。他三口两口吃完早点，捧着这三件"礼物"，带到法庭。然后，像没有发生任何事情一样，迈着坚定的步伐，又到渔工商查账去了。他决心迎着风浪前进。

甘蔗、子弹壳、鞭炮没有把王锋吓住，没几天，有人又来了新的一招。

这天，助理审判员肖光一早来到法庭，刚想掏钥匙开侧门进去，突然瞥见审判庭的大门上挂着一把簇新的黑色尼龙雨伞。是谁遗忘在这里的？不对呀！伞上还用糨糊贴着一张纸条，纸条上面写着一句潮汕方言："翁献义，吾献义。"肖光把雨伞取回办公室，大伙围着它议论开了。

藏匿在雨伞后面的潜台词是十分清楚的："雨伞轮流拿！"别看今天你们法庭得势，说不定明天就是我们得势，还是放聪明些，大家都讲点义气吧，你讲义气，我也一定讲义气！

"见蛇不打三分罪！和你们讲义气？妄想！"王锋狠狠地把伞往桌上一摔，愤愤地说。

人民法官怎能向邪恶势力低头！一把雨伞，激起了全庭同志的义愤；反面教员的作用，更容易激发起人们的斗争勇气和决心。这大概是挂伞人始料不及的罢！

汕尾法庭的同志们以更大的热情，夜以继日地劳碌着。斗争是何等复杂、尖锐、激烈啊！说起来也是令人难以置信，当时的汕尾镇，要调查一件案情，竟然像是解放前搞地下工作一样艰辛。干坏事可以明目张胆，做好事却要暗中进行！人妖颠倒、是非混淆在这里达到了何等惊人的程度！这些天，王锋他们外出找人谈话有人盯梢，打个电话有人偷听。但是，这种冒着风险的调查，却更增添了他们的乐趣和豪情。

经过十多天紧张的内查外调，发现案子越滚越大。渔工商联合公司贩私、投机诈骗的营业额数以百万计；许多不法行为，都是镇委主要领导叶乐等人直接指使的；案情涉及上级机关的领导、社会上的罪犯、省内外的厂矿团体、机关、部队。像这样的大案，按照法律程序，必须由上级法院、检察院派员办理。

3月13日，王锋和刘保宜起草了一份《关于汕尾渔工商贩私、投机倒把情况反映》，送到了县人民法院。

报告刚送上去三天，急不可待的同志们又要王锋赶到海城，直接找县委常委陈昌镇，详细汇报案情。

"好啊！"陈昌镇赞叹一声，欣喜异常，连忙请王锋坐下。当时，县里也接到不少检举揭发汕尾渔工商联合公司经济犯罪问题的群众来信，正准备采取措施，想不到汕尾法庭已经先走一步，并且把调查报告送到县里来了。陈昌镇兴奋地拍着王锋的肩膀，赞赏地说："好！你把报告再抄一份，明天送给我！"

第二天下午，王锋怀里揣着报告，腰里别着手枪，雇一辆红色摩托车，沿着公路，向海城疾驶而来。

今天，王锋的心情别说有多痛快了。那些为非作歹的不法之徒，眼看就要落入人民的法网，受到法律的制裁，怎能不令人为之兴奋！但是，当摩托车驶过一个村落时，突然，一条大黄狗从斜刺里猛地窜上了公路，摩托车想避开大黄狗，一个急转弯，不料失去重心，顷刻间，车翻人倒。王锋被重重地摔出一丈多远，手臂和双腿裂开了几个大口，鲜红的血在向下流淌。重任在肩，哪里顾得上伤口的剧痛！他首先检查了报告和手枪，然后咬着牙，抹了一把血，骂一声"疯狗！"立即爬起来，艰难地跨上摩托车，又朝海城飞驶而去……

调查渔工商联合公司问题的报告，当晚就送到了新调来的县委书记王世明的手里。

第二天，王世明亲自主持县委有关领导参加的会议，专门研究汕尾法庭的书面报告，决定立即组织专案组深入调查。

第三天，县委常委陈昌镇召开以检察院为主，法院、纪检会参加的联合专案组的会议，部署工作。王锋、刘保宜参加了专案组。

第五天，政法部门决定分别逮捕、拘传渔工商联合公司的两个副经理。

县委领导果断的措施，对汕尾镇某些人来说不啻是惊雷击顶！镇委书记叶乐乱了方寸，竟然赤膊上阵，公然叫嚷："你们把两个副经理抓去，实际上是要抓我！"真可谓不打自招了。随后，叶乐又连夜派人到这两个副经理家，向家属"慰问"、打气。

王锋得知这一情况，非常气愤，立即报告县检察院。于是，在叶乐他们"慰问"案犯家属的第二大，王锋他们配合县检察院的同志，按照法律手续，搜查了这两个副经理的家，查获了一批罪证。

渔工商问题的揭露，揭开了汕尾镇打击经济领域严重犯罪活动的序幕。斗争的规律总是不以人的意志为转移的。序幕揭开了，一些人也迫不及待地要跳出来表演了。

一天清晨，王锋从法庭回到家里，刚踏进门槛，只见一个女人手里拿着一包东西鬼鬼祟祟地往王锋爱人怀里塞。王锋爱人用力推回去，她又拼命塞过来。

王锋好生奇怪，警惕地问："什么事？"

女人尴尬地回过脸来。王锋一看，是一个经济案犯的老婆。

女人哭丧着脸，转身向王锋哀求道："这一百元钱，是我的一点小意思，给您喝茶饮酒吧！只是我那鬼男人，还得请你高抬贵手……"

王锋觉得受了极大的侮辱，眼里喷射出怒火："一百元钱能买通一个法官？你就是搬一座金山来也不行！我劝你还是从正道上找出路吧，这钱赶快拿回去退赃！"

女人灰黄着脸，垂头丧气地走了。

软的不行，一些人又试探着要来硬的。一天晚上，一个案犯的儿子竟然纠集几十个长头发的恶男恶女，寻事生非，团团围住王锋的家，声嘶力竭地叫嚷着、咒骂着，要冲进去捣乱。刘保宜和王锋堵住门口，不让进。恶男恶女们用手推、用脚踢、用鞋底打。唾沫喷到了脸上，拳头擦着了鼻尖，王锋、刘保宜仍然冷静地解释、劝说。这时，案犯的儿媳冲了上来，挥着鞋底，朝王锋脸上猛劈过来。

这下可把王锋激怒了，他狠狠地用手一挡，愤怒地说："你敢！告诉你，就是把我们打死，换另外的法官，也别想减轻犯人的罪责！法律是公正的、无情的。你这样做，不仅不能减轻你们犯罪的亲人的罪责，而且你们也要犯法！你好好想想吧！"

那举着鞋底的脏手慢慢垂了下来。

王锋和刘保宜以他们的浩然正气，维护了法律的神圣和尊严！

啊，从今年2月到5月，这急风紧雨的四个月，汕尾法庭的法官们是在何等紧张的日子中度过的啊！他们日夜奋战，分秒必争，经手审理或参与审理的经济案件竟达十个之多。其中五个案件较大，牵涉面广，已按照法律程序移交给上级法院、检察院；另外五个案件，法庭已审理结案。曾经显赫一时的汕尾镇党委书记叶乐也被免职审查了。无私的法官就能无畏，无畏的法官就能执法如山。他们的劳动和心血，绽开了希望的鲜花，结出了胜利的硕果！

前不久，最高人民法院的一位负责同志来汕尾人民法庭视察，在听取法庭的汇报后，他高兴地赞扬说："你们甘蔗不吃，子弹不怕！中央有决心，你们有干劲，中国有希望……"

听到最高人民法院负责同志的赞扬，冯瑞、王锋、刘保宜和法庭全体同志都舒心地笑了。这笑声，是爽朗的、自豪的、胜利者的。笑声，飞出窗棂，在湛蓝的渔港上空，和机船的马达声、渔民的号子声融汇在一起，飘得很远很远……

　　啊，没有一颗高尚而充实、质朴而深沉的热爱人民的心，能发出这样舒心的笑声么！

1982年6月

Ⅲ 文艺评论

灵魂雕塑的艺术探求

——读陈国凯的《代价》及其他小说

　　鲁迅在《俄文译本〈阿Q正传〉序》一文中说过，他的创作就是为了画出"国民的灵魂"。我们欣喜地看到，陈国凯在他的近作，特别是在中篇小说《代价》中，对于各种人物灵魂的雕塑、性格的刻画，都有了长足的进步和明显的突破。《代价》的问世，标志着作者的创作进入了一个新的发展阶段。

　　陈国凯过去所发表的作品，多是透过平凡的生活现象，努力挖掘社会主义的新人、新品质，着力揭示蕴涵在人们精神中的心灵美。所以，他的作品犹如生活长河中的一片微澜，时代凯歌中的一支插曲。这是陈国凯早期创作上的一个突出特色。例如，《部长下棋》塑造了一个诙谐风趣，把下棋作为密切联系群众桥梁的工厂宣传部长的形象，讴歌老的革命传统和新的革命风格融为一体的闪光品格。《女婿》娓娓动听地讲述了李明山与未见面的女婿邂逅的故事，闪现了青年工人张小龙开阔明朗、乐观进取、敢于斗争的性格光辉。在《龙伯》里，通过龙伯退休后第一天生活的真实描写，展现了老一辈工人身上的传统美德。由于作者致力于探求生活中的美好事物，使得他的作品充满着社会主义的激情，洋溢着新生活的诗意，具有欢快、明朗、幽默、富于生活情趣的艺术风格。

　　《代价》和《我应该怎么办？》除继续保持并发展了这一艺术特色外，作者的主要注意力和笔墨都集中在对各种人物灵魂的雕塑上。作者经受过"文化大革命"带来的各种磨难，对生活的深入思考，使他的眼界更为广阔，认识愈加深刻。他懂得：生活不仅有他过去作品所描绘的那样春光明媚、飞花点翠般美满的情景，而且还有着浊浪翻滚的逆境、沉渣泛起的时刻。在逆转的恶境里，有的人的心灵在复杂的磨砺中会更加净化，焕发出真金般的光辉；在特定的气候中，有的人思想里的污秽会加倍膨胀，露出他邪恶灵魂的灰暗本色。因此，通过剖析和再现某个特定时期人们灵魂的美和丑，以达到干预生活、推动社会前进的目的，已经成为陈国凯在创作上所热切追求的目标。他的作品也随之出现了平易而又隽永，自然而又凝练，明快而又深沉的新特点。

这两篇作品，都是取材于十年浩劫的动乱年代。《我应该怎么办？》通过薛子君、刘亦民、李丽文三个人物悲欢离合的境遇，揭示了产生这种悲剧命运的历史原因。《代价》则在更广阔的社会背景上，揭示了"文化大革命"中以及粉碎"四人帮"后，科研战线上正义与邪恶、崇高与卑鄙、爱情与仇恨的激烈的灵魂搏斗，人们在事业上、精神上、甚至肉体上所付出的血的代价。作品形象地向读者表达了一个明确的思想：人们在这场浩劫中虽然付出了不可估量的代价，但它换回来的是革命者的磨炼成长，党组织的进一步纯洁，科学的受到尊重。而这，正是我国实现四个现代化的力量和希望所在。

《代价》塑造了一系列显露着时代印记和具有鲜明个性的人物形象。例如：知人善任、具有远见卓识的老厂长周人杰；知识渊博、正直严厉的总工程师刘士逸；饱受凌辱、敢于反抗的徐惠玲；淳厚坚强、忠于爱情的刘子峰，等等。而作者着力刻画的徐克文、余丽娜、丘建中三个人物，给人留下了更为深刻的印象。

作者笔下的徐克文，他学养深厚，品德纯正，胸怀坦荡，意志坚毅。是那魔怪横行的年代，把他抛进了充满血污的悲惨境遇之中。他仅仅为工厂党委书记说了几句公道话，就遭人陷害，锒铛入狱，几乎赍志而殁。四凶覆灭，他带着心灵和肉体上的累累伤痕，从监狱回到了冶炼厂研究所。可是，摆在他面前的是更为错综复杂的局面：组织上要求他主持"新一号科研项目"的试验，他的上级就是昔日陷害自己的仇人，而改嫁给仇人的爱妻、掴过自己耳光的同事，都将成为自己不可缺少的助手。这使他的心灵又陷入了爱与恨的激烈冲突和微妙的人事纠葛中。

徐克文面对着这错综复杂的关系，丝毫没有退缩，他燃烧的胸膛里迸发的"个人是渺小的，事业是永存的"掷地有声的语言，表现了以大局为重，强压住仇恨烈火，不计较个人的恩怨，倾心于党的事业的宽广博大的胸襟。徐克文这个形象，典型地概括了某些中年知识分子所经历的生活道路和生活命运，艺术地再现了惨遭迫害而又不屈斗争的革命者的精神风貌。在粉碎"四人帮"以后，他并没有沉湎在昨天的悲痛和刻骨铭心的仇恨中，更没有用无穷无尽的埋怨或无休止的空谈，来消磨党和人民艰苦地夺回来的宝贵时光。他透过泪光，坚定地望着未来；带着伤痕，顽强地奔向明天。

余丽娜写得另有一番深意，无论从形象蕴含的思想还是从艺术感染力来看，都比其他形象更为丰满生动。在徐克文身系囹圄，大女儿惠玲堕落为流氓后，为了挽救也已陷入了绝境的儿子，更重要的是为了保护"新一号"科研项目的成套资料，作为一个弱者，她被迫以自己的特殊方式继续和丘建中进行着一场屈辱的也是顽强的斗争。她被迫违心地改嫁给陷害丈夫的仇人，在苦痛的熬煎中度过了数年。徐克文出狱后，她面对着自己付出的精神和肉体的代价，内心的苦痛达到了顶点。终于，她在帮助"新一号"安装好试验用的测定仪后，给徐克文留下遗书，告知埋藏"新一号"资料的地址，便含着无穷的悲愤和血泪，跳河自杀了。这美的毁灭的悲剧，既是对林彪、"四人帮"极"左"路线的强烈控诉，同时也显示了余丽娜为真理而献身、为事业而殉职的灵魂美。余丽娜用生活和屈辱给人们保留下来的，不只是一箱科研资料，而是她那颗热烈跳动着的赤诚的心！余丽娜的形象有着鲜明的个性，柔弱温存与勇敢坚韧、忍辱负重与挺拔高尚，和谐地融会在她纯洁的灵魂之中。

丘建中的灵魂是丑恶的。在"风度翩翩、豁达大度"的外表掩盖下，包藏着一颗伪善、邪恶和阴暗的内心。他靠陷害徐克文等革命者，登上了研究所所长的宝座；以卑劣的手段，借刀杀死岳父刘士逸，夺得了老工程师的洋房；无耻抛弃妻子刘珍妮，威逼余丽娜同他结婚。正当他为自己已经获得的地位、洋房、美妻而自我陶醉的时候，"四人帮"垮台了。他失去了反革命的政治支柱。他仇恨党中央，仇恨四个现代化，因为这阻碍了他的野心和欲望；他也悔恨自己，当初"没有置徐克文于死地"，没有把刘珍妮"搞掉"，以至"留下心腹之患"。眼看已经攫得的地位、洋房、美妻就要失去，他像一个输光了的赌徒，疯狂地挣扎。丘建中的艺术形象，具有一定的现实意义。他概括了我们革命队伍里已经下台的或尚未下台的一小部分渣滓人物的思想、作风和品质。

《代价》《我应该怎么办？》写的都是悲剧，但从徐克文、余丽娜的美好心灵里，人们看到的不只是境遇的悲惨、眼泪的哀伤，而感受更多的是人格的伟大、力量的不朽。这其实也是陈国凯过去作品致力于描绘我们生活中美好事物的创作特色在现阶段的发展和创新。而《代价》比《我应该怎么办？》又有了新的突破。《我应该怎么办？》主要通过人物苦难的厄运，血泪的控诉来揭示主题，对描绘人物的心灵美、性格美虽已注意，但仍嫌不足。在《代价》里，作者更着意发掘和牢牢把握住每个正面人物积极的、进取的、美好的心灵，而这是任何丑恶势力所毁灭不了的。所以，读了《代价》，令人悲怆，而它又调子高昂；催人泪下，能激励人们奋发向上。它不仅在灵魂雕塑上获得某种程度的成功，还在创作社会主义时期悲剧作品方面提供了某些有益的经验。

灵魂，是人物形象的生命。而这，必须通过人物性格的刻画才能实现。作者善于运用不同的艺术手法，全力刻画人物性格的内在特征。

陈国凯早期的小说，多是通过平凡的生活现象和典型的细节来揭示时代的脉搏和人物的风貌。比如《部长下棋》，仅描写了老余利用"棋盘子"，"把老工人心里话都掏出来"的两个场景，下棋中旁敲侧击的询问，风趣盎然的对答，以及棋势与人物心理的天然巧合，勾勒出一幅幅具有人物个性的速写画。《"看不惯"和"亚克西"》，细节的描写也真实、准确而又传神。沈秀文分配工作时的嬉笑、平时穿着的花哨、大姑娘爬树的"野性"，以及最后为排除故障而受伤等细节，都是作品从人物的特定性格生发出来的特定行动。在《代价》里，作者对刻画人物性格的细节更加运用自如，准确地揭示出人物内心深处异常细微的复杂感情，凸现出人物的个性特征。例如，作品写余丽娜改嫁后的屈辱生活，只描写了她把心力都放在花草上的一个细节。作者借丘建中的心理活动写道：

　　……她花了几年的时间，嫁接了一代又一代杜鹃花……到了今年春节后，终于出现了一盆皎如素练的纯白的杜鹃花。她把它爱惜地捧在窗台上。他第一次看见，余丽娜望着这盆银花灿烂的杜鹃花，脸上绽出了一丝笑容。……但是她一看见丘建中，笑容便消失了……

　　这个细节简练而含蓄，既是托物喻人，用纯白的杜鹃花来比喻余丽娜心灵的洁白，象征她对徐克文爱情的忠贞，又表现了她在这场特殊的斗争中因暂时未被人理解，而只能对花寄情的难言的痛苦，从而揭示了她的内心矛盾和独特的表达方式。又如作品对丘建中威迫余丽娜，余丽娜愤怒地"从枕头下面抽出一把剪刀来"的细节描写，传神而又深刻。她"牙咬着嘴唇"，手拿着剪刀，但是双手抖动着，随即，"突然又瘫软地趴倒在床上，忍声压气地痛哭起来"，既披露了她长期压抑在胸中的复仇的怒火，又展示了她性格中柔弱的一面。再如作品对余丽娜在安装分析装置时，见到徐克文来到身边，她双手颤抖，捏碎玻璃管，鲜血直流等细节的描写，也细微地展示了余丽娜内心的悲苦，并为她的性格发展及其悲剧结局，埋下了一抹有力的伏笔。

　　人的性格是复杂的。只有充分描写人物性格的复杂性和丰富性，才有利于揭示人物内心深处的灵魂世界。在《代价》《我应该怎么办？》里，作者尝试把人物性格放在背景更广阔、更复杂的生活场景中去，融合到更为奇特曲折的故事情节中去描写。这就为刻画人物性格提供了更多的典型细节；而细节的描写，又丰富了人物的血肉，使个性特征更加鲜明，给作品带来了引人入胜的艺术魅力。陈国凯的这种尝试是经过一个探索过程的。《我应该怎么办？》由于过于侧重了故事和人物命运的叙述，而对如何从情节的发展中去全面展示人物的性格，则注意得不够。在《代价》里，作者用粗线条勾勒曲折奇特的故事，用工笔重彩去描绘人物的性格和心灵，使人物性格在小说的每一个细节和情节里都得到充分的描写。小说对余丽娜性格的刻画，采用先抑后扬的手法，先是埋下伏笔，引起读者的悬念，然后随着情节的发展逐渐向人物性格的纵深发掘。直至最后，小说情节奇峰突起，才把她心灵深处美的闪光奉献给读者。

陈国凯刻画人物性格特征的另一手法，是善于从人物性格的矛盾冲突中描写性格的发展，使人物的性格对比得更加鲜明生动。陈国凯的小说，大都具有不同形式的性格矛盾冲突，如《丽霞和她的丈夫》中的丽霞和杨小保，《责任》中的李立山和高小刚，《女婿》中的张小龙和丘振文，《"看不惯"和"亚克西"》中的沈秀文和洪铁山，等等。在《"看不惯"和"亚克西"》中作者为沈秀文、洪铁山安排了层层递进的性格冲突、互相映衬的鲜明对比，一个聪明活泼、敢作敢为，一个古板浮躁、因循守旧这两种不同的性格特征，便从对比中鲜明地显现出来。在《家庭喜剧》《结婚之后》《家庭纪事》等小说中，我们看到的是另外的格调。作品虽然没有激烈的、锋芒毕露的冲突，却将性格矛盾寓于家庭的嬉笑怒骂、欢语喧阗之中，读来如闻其声，如见其人。作者表现这种人物性格冲突时，很注意典型环境的描绘。在《代价》中，作者为三个主要人物设计了一种颇为复杂的关系。他们是老同学、老同事，有友谊，也有嫌隙。他们之间，原来就有爱情纠葛上的恩怨，也有由于事业上的成就而招致的嫉妒。这十分微妙复杂的关系，在真理被践踏、正义遭践踏的动乱年代，由于残酷的政治斗争和个人嫌隙纠缠在一起，更发生了深刻的、悲壮的冲突和演变。粉碎"四人帮"后，昔日的仇人、爱人、同事又聚集在一起，共同参加"新一号"科研项目的试验。他们之间的矛盾又有了新的发展，较之以前更为错综复杂。他们每个人都面临着严峻的考验，都必须在相互的关系问题上作出自己的抉择。作者正是冷静地以他曲尽幽微、鞭辟入里的笔触，描绘出这样一个典型环境，并把人物置于这错综复杂的矛盾斗争中，去刻画他们的思想性格和矛盾冲突。在正义与邪恶的每一次较量中，都勾画出徐克文的正直、坚毅与崇高，余丽娜的善良、高尚和某一程度的荏弱，反衬出丘建中的卑鄙、伪善和狠毒。作者不仅充分描绘了人物生活及行动的特定环境，而且将这特定的环境置于整个时代的历史背景之下，使徐克文、余丽娜和丘建中之间的矛盾，同当时整个社会的阶级矛盾和复杂斗争融为一体，使徐克文、余丽娜的高尚行动，和社会主义现代化的伟大事业联系起来，不仅写出了人物在这种典型环境中形成的自己的独特性格，还描写了人物（特别是徐克文）努力改造这种环境的能动作用。这就使得正面人物的精神境界和作品的主题思想，都得到进一步的升华和深化。

作者在刻画人物性格时，学习、继承我国古典文学的传统手法，描写人物的内心活动，不是借助于静态的、冗长的心理描写，而是从人物的相互关系和行动中去描绘人物细微的心理状态。《代价》对徐克文、余丽娜的内心活动的描写，就采用了这种表现手法。比如，描写徐克文出狱后同余丽娜重逢，小说首先写徐克文在去研究所的路上，见到那棵高大的枇杷树，"一下子勾动了他的情思。"他想到了余丽娜。但是，他又"警觉起来"，觉得"不能让这种缠绵悱恻的感情干扰自己"。随后，在楼梯口和余丽娜不期而遇，两人"都怔住了"。徐克文"内心感情的波涛猛地一下子翻腾起来，真想扑上前去，抱住她，抹干她的眼泪"。但是，他"终于约束好自己，低声地然而是坚定地说：'丽娜，忘记过去吧！我们可以成为好同志……'"这些深沉的内心描写，非常真实地表现了徐克文当时复杂的心理，它使读者触摸到了徐克文那颗受了深重创伤的痛苦的心，那颗决心为了事业而抛弃个人一切恩怨的高尚的心。这段文字简洁凝练，情发于中，字字泣血。而余丽娜，作者只写了她"脸色煞白，一阵痉挛"，"像傻了似的"，淌着无声的眼泪，她那无可言状的悲苦便已跃然纸上，这既进一步展示了余丽娜那刚柔相济的性格特征，又为她的死，作了应有的铺垫。小说多处描写徐克文对余丽娜的情感，委婉细腻，真切入微，时而奔放，时而抑制。奔放时表现出他对余丽娜感情的真挚，怀念的深切；抑制时，凸现出他忘我工作，把党的事业放在第一位的高尚情操。在人物的微妙关系和波浪起伏的感情节奏中，徐克文的形象就显得更加真实丰满，光彩夺目。

刻画人物性格，不管采用何种技巧，都必须从生活出发，根据人物性格的内在逻辑，写出性格的发展来。在这方面，陈国凯也有着自己的探索。《代价》中余丽娜的死，就是她性格发展的必然结果。作品赋予余丽娜最大的性格特点是柔中存刚，弱中蕴强。柔弱的性格，使她不可能毅然冲破世俗的观念，果断地将事情讲明白，重新回到丈夫的身边；而刚强的秉性，则又决定了她在丈夫回来后，不愿再忍辱生活下去。作品为余丽娜设置的特定环境，充满着人们对她这种屈辱斗争产生误解和不信任的氛围：邻居、儿女鄙视、憎恨她，徐克文因世俗的观念和不明事实真相而不理解她，丘建中则在继续蹂躏和威逼她。如果说，她在拼力争斗中，为了事业，为了丈夫，为了儿女，还有一股力量支持着她顶着压力苦熬下去；那么，在粉碎"四人帮"后，眼看别人在胜利欢乐中前进，而自己仍然要承受着如此沉重的社会压力和内心痛苦的折磨，这时柔弱的她，是再也没有力量能支持这种压力和痛苦了。她只能带着一颗对事业、对亲人赤诚的心，用死来结束这一切。余丽娜的死，是她性格发展的最高峰，是她灵魂深处性格矛盾合乎逻辑的发展，既出意料之外，又在情理之中。余丽娜的悲剧，说明作者的探求是严肃的、清醒的。但是，作者在对反面人物丘建中的性格刻画时，却没有注意从人物性格的内在逻辑出发。小说是将丘建中作为阴谋家、两面派的形象来描写的，但对他的政治野心，对他玩弄一切阴谋手段追求权力和私利，似嫌揭示得不够。特别是小说后半部分对丘建中的反扑和挣扎，过多地强调了洋房的因素，这多少妨碍了作者去深挖丘建中野心家的本质，去揭露他最肮脏、最丑恶的灵魂，在一定程度上削弱了丘建中形象的典型意义。这恐怕也是丘建中这个形象比起其他人物稍为逊色的原因。

对于人物灵魂的雕塑，正如鲁迅所说，这实在是一件难事。在这方面，陈国凯正一步一个脚印地在探求着。作者是一位严肃地探索着生活，也严肃地探索着艺术的中年作家。由于他生活积累的丰富，思想的解放和创作上永不满足的精神，使他的创作在粉碎"四人帮"后，有了较大的进展。这是很值得高兴的，我们期待他取得更大的成就。

1980年9月

▌一个奇特的艺术形象

——评陈国凯长篇小说《好人阿通》

在文学艺术典型的画廊里，鲁迅塑造的阿Q是一个放射着奇光异彩的独具特色的奇人形象。最近，一口气读完陈国凯的长篇小说《好人阿通》，由阿通使人立即想到了阿Q。从小说对阿通"荣辱升沉的遭遇"的描写中，充分显示出作者异乎常趣的艺术追求。

一

阿通是个生活在底层的"微不足道的小人物"。阿通的性格，集我国农民固有的传统美德与疵咎于一身，可以说是一个多种矛盾的复合体。他善良、勤劳、憨厚、木讷，时而精明而练达，时而麻木而愚蠢。他率直、老实，对党怀着赤诚的感情，因而顺从、听话，能经受任何磨难。从阿通懂事的时候起，就过着"逍遥自在"的快活日子，这使他对党充满着感激之情。他把自己的这种感恩思想，完全倾注在上级领导身上。在阿通心目中，上级领导就是党的化身，反对领导，就是反对党。所以，领导说三，他不说二；领导指东，他不往西。他"紧跟形势"，"关心社会活动"。村干部要他打铜锣通知开大会，他"敲得比谁都响"。区干部要他担任村里"大炼钢铁的技术总管"，他"一拍胸脯"："我干！"为了在区委书记限定的两小时内炼出第一炉"钢"，他率先将自家祖传大锅砸烂，"抛进炉里"。进工厂，在炉前连续苦干五十二个小时，直到眼冒火星，口吐白沫，昏了过去……这些，都充分表现出阿通对革命的虔诚、真挚和执着。

但是，我们不能由此得出结论，阿通是个有觉悟的农民。他的思想和精神天地实际上是狭小的，也是可怜的。例如，他憧憬的共产主义只是每天"三顿干饭"，"每餐有块咸鱼"，"大家都当干部，开会时，大家都坐主席台"。这种庸俗的理解，足以说明阿通觉悟的有限，思想的愚昧。这决定了阿通性格的另一面：盲从和无知。

阿通的盲从和无知，使他从不自轻自贱，怨天尤人，"在任何场合都是理直气壮"。他阶级立场异常鲜明，对地主王顺材、"右派"王庚达，从来都是怒目而视，动辄斥骂。但他相信命运，对一些人的胡作非为，又从不去追究是非曲直，唯上级之命是从，更不会使他对领导和现实关系引起丝毫的怀疑。老支书被撤职，他觉得"大概好人都要受磨难的"，"好人将来总会有好报的"，慨叹一声，于是，心安了，理得了。这几乎是"阿Q精神"在阿通身上的再现了。

盲从和孩子般的赤诚在阿通身上已融汇于一体，这使他的性格中有着一种盲目的自我牺牲的精神。这种精神在特定的历史环境里，使他既可能成为无产阶级的勇敢战士，也可能被人所利用，成为推行错误路线的工具甚至打手。可悲的是，阿通的生活经历恰恰是后者。荒谬的生活不断地践踏阿通，使他四处碰壁，备受凌辱。"大跃进"大炼钢铁时，他"稀里糊涂地升了'官'，稀里糊涂地被撤了职"，又"稀里糊涂地成了光荣的工人阶级的一员"。"文化大革命"那阵，他曾"荣升为'造反司令'的忠实保镖"，武斗中"几乎被流弹打穿屁股"。他看过"牛"，最后自己也成了"牛"，被人打成"现行反革命"，遣送回乡，生死不明……现实生活的荒谬性和他自己思想的盲从性，造成了阿通的坎坷命运。

盲从，是阿通个人的致命弱点，但恐怕也是许多人的弱点吧！就这一意义来说，阿通的生活经历，也在一定程度上概括了我国许多人历经诸多政治运动的具有代表性的生活道路和生活命运。阿通为我们探索、认识我国当代一部分工农群众的生活道路，以及他们在特定的历史环境里的生活和心理的变迁沉浮，树起了一面镜子。这使阿通这个形象概括了较为深广的社会内容，具有一定的美学的认识价值。

二

"这是悲剧，也是喜剧，甚至还带点滑稽剧的味道，因为那是悲喜剧和滑稽剧在人生舞台上车轮转的年头。"陈国凯在《好人阿通》里这样写道。这是作者对自己小说的正确评价，也反映了作家对生活现象的洞察力，以及在艺术创造上的胆识和勇气。

作者塑造阿通的形象，首先赋予他的是喜剧的性格。阿通的喜剧性格，不仅仅在于他一言一行、一颦一笑都带着荒谬的可笑的特点；而且，更主要的在于他的行动所带来的结局，常常是荒唐的、令人啼笑皆非的。请看：在授予"炼钢能手"光荣标志的主席台上，阿通兜出"右派"王庚达的老底，致使社长遭受撤职处分；气愤的社长几乎要举拳打他，阿通闯了大祸还不自知的茫然的窘态，确实使人喷饭！糊糊涂涂到了工厂，吃饭没菜票，汽水不敢喝，睡觉无住处，只得日日夜夜在炉前苦熬，最后昏倒在地，他那不甘落后的傻劲儿，也令人捧腹……盲从和无知，使阿通的行动缺乏正确思想的指导，只凭着那种自发的朦胧的热情去瞎闯、胡干，于是串演出一幕又一幕荒谬的令人啼笑皆非的喜剧来。盲从和无知，是阿通喜剧性格的主要内涵。作家正是以他辛辣的讽刺和无情的嘲笑，把这些无价值的东西"撕破给人看"的。

阿通荒唐的行为和荒谬的结局，引来了人们的串串笑声。但是，人们在这些笑声里总是掺和着同情的眼泪，混杂着莫名的辛酸。这是因为，在阿通荒唐的甚至是滑稽的思想和行动的深处，使人触摸到的是一颗多么赤诚的心！他"砸烂锅头"，是为了保住支书和社长的党籍；他兜出王庚达的老底，是出于对区委书记的爱护；他"击退阿娇的诱惑"是居于对小兰爱情的忠贞；他对上级盲从，是因为他对党的无限信赖和热爱……确实，阿通是个好人。只是他太老实了，老实得甚至有点愚蠢；只是他热情太高了，热情得简直令人害怕，使人厌恶。他"令人敬佩的品格"，给人带来的往往是"令人憎恨的行为"。怀着赤子之心的阿通，就这样处处受到人们的责难和生活的践踏；阿通"人生最有价值的东西"就这样被作者"毁灭给人看"了。可以说，在阿通的每一个喜剧行动的背后，都蕴含着悲剧性格的内在因素。喜剧性格只是阿通外在的表现形式，悲剧性格才是阿通形象内在的实质。

构成阿通悲剧性格的原因，当然是极其复杂的。令人瞩目的是，作者首先抓住了社会生活中的悲剧因素，即当时党的严重失误给社会主义事业带来的破坏，对人民群众思想上的污染和精神上的摧残。作品通过阿通的悲剧命运向人们昭示，"左"倾错误是如何影响着客观生活的进程，主宰着各种人物的命运的。小说正确地描写了由于"左"倾思想的流毒，阿通的"令人钦佩的品格"如何被人为地扭曲，最后变为推行"左"倾错误的工具，成为一种破坏性力量。小说对阿通的这个演变过程的生动描绘，形象地再现了由于党的工作的严重失误，对人物命运所产生的直接影响，再现了"左"倾思想在人们心灵上投下的阴影，令人信服地展示出阿通的悲剧性格是由悲剧生活所酿成。

但是，值得特别提出的是，我们决不可把阿通的悲剧命运仅仅归结为只是社会生活的原因。除社会的原因外，阿通本身的弱点，也是构成悲剧命运的重要因素。促成阿通悲剧命运的社会的原因和个人的弱点，这两者是密切结合，互为作用的。党内外的"左"倾错误，助长了阿通盲从的恶性膨胀；而阿通这种恶性膨胀的盲从，又为"左"倾错误起了推波助澜的作用。从这一意义来说，小说又微妙地揭示出了"左"倾错误的推行，离不开它的社会基础。而具有膨胀了的盲从弱点的大小阿通们，就是它的社会基础的一个重要方面。阿通的形象能使我们形象地了解已经过去了的这段历史，给人以很多值得深思的内涵，从而追寻出造成阿通悲剧的根源，引起人们疗救的注意，使社会和个人的悲剧不再重演。它的美学价值，自然不是一般描写个人悲欢离合的作品所能比拟的。

三

《好人阿通》在艺术表现手法上也有它独特之处，读来颇有新颖脱套之感。

也许是陈国凯在创作上对幽默的手法有点偏爱吧，他过去的许多作品经常是涉笔成趣，有着浓重的幽默的韵味。如果说，陈国凯过去的作品还只是隐含机趣，颇具诙谐的格调的话；那么，在《好人阿通》里，则可以说完全是以幽默和讽刺的手法作为主要手段来支撑整部作品了。

幽默和讽刺是《好人阿通》的一大特色。小说对阿通的奇特而荒谬的行为，大胆运用了夸张、虚拟、廓大、变形等手法，有如折射生活的哈哈镜，映现出了阿通的种种"豪兴中的愚行，洋相中的悲苦"。作者在描写这一连串怪诞的情节时，并没有忘记生活的历史的真实，因而读来不仅毫无虚假之感，而且能使人们引起咀嚼回味的兴致，在笑声中引起思索，从荒诞的事物中悟出悲哀的实质，迸出同情的热泪。这正如讽刺大师果戈理所说的，"透过有目共睹的笑"，窥见"世人看不见的泪"。

当然，我们并不是说，《好人阿通》在思想和艺术上都已臻完美。确实，它还存在着许多弱点。最为明显的是小说所描写的典型环境的不足。从总体来看，虽然小说描写的环境是典型的，但也还有值得商榷之处。这里，我们所说的典型环境，主要是指人物生活于其中的社会环境，即与人物性格血肉相连的、纷纭复杂的社会关系。在阿通生活的这个社会关系里，区委书记的形象写得过于苍白，有简单化、脸谱化的毛病。本来，在小说里区委书记是作为"左"倾错误的代表人物来写的。按照历史的真实，在"大跃进"时期，我们的许多干部虽然头脑发热，但他们毕竟是有抱负、有理想的人，是想干出一番轰轰烈烈的事业来的。他们视"大跃进"、大炼钢铁为神圣事业。他们工作认真，态度严肃，兢兢业业，忠心耿耿，并非像作品所描写的区委书记那样，是采取极不负责的自欺欺人的态度的。在"左"倾错误的阴影下，他们愈是忠心耿耿，愈是严肃认真，就愈显出历史的悲剧性。显然，这正是小说所描写的区委书记形象的缺陷和不足。作品虽然花了不少篇幅描写了大炼钢铁的荒唐的群众场面，但由于忽视了对"左"倾错误代表人物性格的刻意描绘，这就使大炼钢铁这个十分严重的问题，被热热闹闹的场景所冲淡。虽然不能说作品是用闹剧代替了悲剧，但至少是削弱了小说的悲剧意义。这里应该指出的是，在任何优秀的现实主义文学作品中，人物的典型性正是以环境的典型性作为自己形成的根据的。忽视了促使人物行动的典型环境，忽视了造成人物性格发展的社会关系，人物的性格就会失去客观的依据。区委书记形象塑造上存在的这一问题，不仅影响了阿通悲剧性格的进一步深化，也在一定程度上影响了小说对生活的准确概括程度和反映整个时代的深度和广度。

　　《好人阿通》是作者计划创作中的多卷本长篇小说的第一卷。阿通的喜剧性格和悲剧性格在后几卷里，一定还会有新的发展。

1983年10月

描绘时代的迷人风采

——读王云山油画选

在香港美术界，王云山先生是众多画家中的佼佼者之一。云山先生祖籍海丰，少年岐嶷，耽古笃学，尤嗜丹青。中学时代，书画已冠侪伦。在广西大学艺术系毕业后，即移居香港，师从马家宝先生，潜心研究油画创作。经数年淬砺，踵武前贤，尽窥堂奥，得其神趣，遂成大家。近十余年来，他多次参加香港画家联会和香港美术会的年展，亦多次在祖国内地及加拿大、日本、新加坡等国展出作品。

云山先生深受中华民族文化的熏陶，力求把中西绘画技巧有机地融合于自己的作品中。他的画作，无论是怡然自得的人物肖像，惊涛骇浪的浩瀚大海，春风驰荡的山寨村野，静谧古朴的街市小镇，还是典雅清新的静物小品，都显示出他洗练、奔逸、隽秀、明丽的画风，表现出画家不落俗套的高尚意趣和高度概括的绘画语言，也使人从中感受到画家与众不同的眼光和气度。

云山先生擅长人物和静物画。他的人物画，除追求丰富的色彩效果外，悉力表现的是人物丰富的精神世界。云山先生的绘画功力，在他的静物画中表现得更为淋漓。《菊兰馥芬》笔触遒劲奔放、线条流畅自如，怒放的鲜花炫示出生命的律动，画面宛如流溢着馥郁的芳香，花朵黄白相间，下附紫红色瓷瓶，艳而不浮，华而不俗，使人们在盎然生机中获得心理的欢愉。《葡萄美酒》则构图别致，色彩丰富的水果，剔透的玻璃杯闪烁着光泽，质感非常逼真，人们忍不住要用手去触摸。云山先生静物画中的力作，还要数那两幅《随我所欲》《年年有鱼》。在这两幅画里，画家采用严谨的写实手法，巧妙地运用灰色、黄色与冷绿色明暗的调和运转，既赋予细致的色彩变化，又具有鲜明的立体感。特别是刻意而又准确地描绘了鱼身的熠熠鳞光和湿滑粘黏的质感，可谓栩栩如生，跃然活现，几乎已达化境。

在云山先生的画作中，风景画占了很大比重。云山先生曾说过："自然风光，钟灵毓秀，色彩缤纷，无处不触发我艺术创作的激情。"他每年有好几个月的时间，背着画箱，跋涉于祖国的名山大川。长江南北、青藏高原、内蒙古草原、云贵山寨，还有遥远的东瀛、南北美洲，处处留下了他的足迹。画家的刀笔总是饱蘸着浓郁的情感，全力去表现遐思的意境和壮美的情怀。这种对绘画的执着表现，正是画家精神境界的扩展和外化。在《尼加拉瓜瀑布晚霞》里，画家除了描绘气势雄浑的瀑布外，更多的是刻意捕捉江水的动态、云霞的幻化、变幻多端的光线以及色彩的折射，构成了一幅水天一色的梦幻般的图景。《海啸云涌》刻画的滔天惊浪，使人如闻悬崖喧嚣之声，如见回旋沉浮之势。天际翻飞的白云和大海澎湃的巨浪，上下烘托，互相呼应；几大块色彩的强烈对比，使整个画面顿时腾跃起来，仿佛蕴藉惊心动魄的力量。在云山先生大量的画作里，还有不少作品着力展示了大自然朴实的含有诗意的美。如《塞北初霜》《翠谷春回》《火焰山下响驼铃》等，风格隽雅清秀，色彩冷暖相间，组成了幅幅轻快的、抒情的山野风光，给人以宁静而不冷清，热情而不狂放的感受。使读者对山川的热爱之情也油然而生。在《生机勃勃的庭园》中，画家描绘沐浴在阳光下的庭园中的妇女、骏马、绿树，是用跳动的、轻快的笔触，以闪烁着光感的浅黄、嫩绿、乳白的色点来表现，色块透明、清爽而空灵，活画出一个明朗、和谐、恬适的庭园，使作品充溢着温馨的情感和田园的诗意美。云山先生自孩提时代开始，就用他的画笔讴歌祖国的壮丽河山，描绘时代的迷人风采，至今笔耕不辍。他心地之赤诚，技艺之精湛，确为人们所嘉尚。

1995年8月

记者身手　画家情怀

——评甘迎祥画集

中国画的奥博精深，在世界画林中是独树一帜的。从1700年前六朝时代到今天，多少妙手丹青曾为之焚膏继晷，探赜索隐，或匠心独妙，或机杼自出，出神入化，涉笔成趣，使中国画得到不断丰富和发展，成为中国文化的重要组成部分。在这芸芸方家之中，有一个中国画的积极探索者，他就是南方书画院院长、新闻记者与画家两栖的甘迎祥先生。

迎祥先生祖籍湖南湘乡，幼时即受传统文化熏陶，三岁诵诗经，四岁练书法，对丹青之技更是心驰神往。他在中南美专附中毕业后，就读于广州美术学院，深受关山月、黎雄才等名家濡染。参加工作后，开头潜心研习版画，后对中国画情有独钟，于是，朝乾夕惕，奋发蹈厉，踵武前贤，堂奥尽窥，外师造化，中得心源，遂成大家。他17岁开始在报刊发表作品，至今已出版、发表画作600余件。他的作品参加过各种画展，并被多个国家美术馆、人民团体、报刊社以及众多的海内外收藏家所收藏。

迎祥先生在30多年的报纸美术工作的探索中，醉心于用自己的汗水和心血浇灌着"记者身手、画家情怀"这株连理之树。他秉承传统，拥抱生活，力求自己的作品始终保持浓厚的生活意趣、朴实的艺术风格和凝重的笔情墨韵。他极少创作传统的名山胜水、长松飞瀑，而喜欢描绘貌不惊人的小溪、茅舍、古榕、椰林、香蕉、木瓜等乡间田园景色。在这些平凡的景物里，画家感受到生活的欢欣，把自己的理想和情感寓寄在这些南国风物而精心刻画、尽情讴歌。在他的画作里，人物甚少出现，但人的主题得到特别凸现。

迎祥先生的作品十分强调画面的整体感，做到工意结合。为了加强这种整体感，画家在对局部细节描绘充分的基础上，着意从三个方面把握画面效果，即经意处理每幅画的线调、墨调和色调。线调是物象的骨骼和框架，在多数画面上首先要充分勾勒；用墨淋漓、湿勾淡染的墨调能使画面显得热烈而富于时代气息。迎祥先生尤其喜欢用柔顺的湿笔和淋漓的水墨来表现南方湿润的山色和迷蒙的云烟，用笔潇洒而秀润，墨色透明而凝重。那重叠峰峦、通幽曲径、小桥流水、竹篱茅舍、古榕椰林，都融化在他那清润的、气韵生动的笔墨境界中。如《鹿园探幽》就以饱和凝重的墨韵营造了一个幽深神秘的意境。处于神秘画面中心的呦鹿似在竖耳聆听，显示出警觉的神态，大有其"呦呦然鸣而相呼"之境界，蕴含着深长的意趣。作品展出时，一位年迈的丹麦籍英国文学女教授，扶着她那拄着拐杖的教授先生，多次徘徊驻足品读。最后，女教授不好意思地嗫嚅着对画家说："清点所带之款，实在不够，但很想收藏此画……"于是，邀请画家一起在画前留影。画家见女教授如此歆羡这幅画，秉着以画会友的精神，慷慨地将这幅画送给了两位教授。在《竹林野渡》里，画家着意于墨和色的对比，笔墨精纯秀润。画作描绘的重点是泼墨般的万竿修篁，它们与开阔的绿地、曲折的溪水、厚实的茅舍以及云集的飞鸟，互相映照，更显出疏密变化的节奏和竹乡野渡的清幽。这一清新意境，令许多观众在画前流连。新春佳节，被美国麦克斯威尔总公司总裁挂进了他在中国的住地。《秋日昱昱》则以色彩的组合来表现林木的层次和环境的氛围：满园胜似春色的灿烂秋光，满眼酣醉的斑斓红叶，蕴藉激情和愉悦于宁静之中，使色彩的情感渲染强化到极致。

迎祥先生画作的特点还在于其笔墨形象具有浓郁的感情色彩，他每每通过诗一般的画境造成联想，创造出使人神思遐想的艺术天地。他不仅全力表现意趣的丰富和深邃，而且努力追求充满哲理的意境。在《水流月不去》里，弯弯的小桥、潺潺的流水、嵯峨的山崖、古拙的树林，延伸出一轮明月，明月下躺卧着几叶无人的小艇。这月儿在天边，又在水中。水流月不去，水去月还留。水中之月实为画家心中之情。画家采用了比兴手法，借画中的水和月，象征着人际间的依恋之情和对岁月流逝的喟叹。画中的诗情、画意乃至哲理，都是耐人寻味的。《疑是大渡桥横》画的是小三峡的旅游景点。右边是高峰，左边是峭壁，近景是山峦和树林。中间的云烟缭绕的奔腾峡江和时隐时现的索桥，在气韵上与群山呼应接合，构成了浑然的整体，既有高远，又有深远，壮气夺人，给人以"高山仰止"之感。至此，画家的笔墨已化为山川灵气，意境极为深邃。然而，画家并不满足于此，画龙点睛般的标题又把人们的想象带向更高更远的境地，延伸到当年红军长征飞夺大渡河铁索桥的壮丽情景。此时，画笔与山川相融，历史与现实神会，壮美的情怀油然而生。这种表现手法正是画家精神境界扩展和外化的自然流露。在《榕荫古渡》中，两株历经沧桑、盘根错节的古榕，一条云烟氤氲的清流蜿蜒在画面的视觉中心，在大河的两岸静静地停泊着几叶待渡的舟楫。古榕恍如两位历史老人在俯察苍茫大地和漫漫的人生征程。这一切都引人遐思，令人领悟：当你又面临一个渡口，新的征程就在眼前，但远方迷蒙一片，你应该如何去开创？显然，画家在这里寓寄的是自己的情操、理想和处世的哲学。

通读这本画集，觉得迎祥先生作画还有一个特点，就是他喜欢画茅舍和榕树。姿态各异的茅舍竹篱，或铺陈于山麓，或构筑于溪畔，或隐藏于林间，为画面平添了原始的幽静的田园风光之美，也洋溢着回归自然的情韵。迎祥先生笔下的榕树，则大都绿荫如盖，虬根盘舞，虬枝交错，髯须缠绕，苍老刚劲，风骨奇峭，葳蕤勃茂，生机盎然，显示着阅尽千年沧桑的豁达与气魄。迎祥先生的这种茅舍和榕树的情结的产生，大概与他孩提时代甚至在"文革"中常与茅舍和古榕为伴有点关系。几十年来，画家多少次着迷似地描绘那些竹篱茅舍、千年古榕，也多少次回首自己走过的道路，并不断完善自己。这些并非名山胜水的平凡景色在画家看来，它是抒发情感的美的载体，但同时又有着更深的生活内涵和文化意蕴。它可引发当代人对自身经历和人生道路的追忆，并在追忆中更加珍重现实和心仪未来。我们也期望着迎祥先生在这种追忆中不断迸发新的创作灵感，从而攀登新的艺术高峰。

2000年1月

书画艺术的当代新取向

《南方日报》创刊四十周年了，我们编印这本《南方日报藏书画选》，一方面藉以祝颂志贺，策励来兹；另方面公诸同好，以推动我国书画艺术的进一步发展。

我国的书法和绘画艺术，是在华夏特殊而古老的文明环境中产生的。几千年来，灿若繁星的书画前贤，在孜孜不倦的求索中，为中国书画艺术创造了一整套传统的技法，成就卓著，举世瞩目。解放后，特别是党的十一届三中全会以来，改革开放为我国带来了艺术的春天。艺林群彦更是精神焕发，奋力耕耘，批判地继承传统又跨越传统，博采诸家，弘扬己长，佳作迭出，流派纷呈，把祖国的画坛、书坛装点得更加绚丽多姿。从这一意义来说，这本社藏书画选既熔铸着民族传统与时代心态，也凝聚着当代艺术的新知，显示了我国灿烂的书画艺术在当代的新取向和新进展。

研读《南方日报藏书画选》中的一幅幅佳作，无不使人感到新颖、亲切，从而获得美的愉悦。这种欣赏的欢愉，首先来自每幅作品诗一般的意境与充满魅力的造型的有机结合。由于画家们在有限的感性形象中寄托和表现出深远真挚的感情，因而，无论是山水、花鸟、人物，都能让人从中感受到它那深邃的思想内涵。那朴拙奇秀的造型，那凝重浑厚的笔墨，仿佛是乐曲的节奏，是生命的律动，是心灵的微笑。谁不会在那优美的抒情诗般的韵致中获得心理上的欢悦与满足！艺术大师齐白石曾经说过："作画妙在似与不似之间。太似为媚俗，不似为欺世。"社藏书画选中的作品让人得到欣赏的欢愉，还来自于作品那笔不到而气韵横溢的写意。它们或泼墨或泼彩，或勾勒或积墨，莫不各臻其妙，可谓润含春雨，干裂秋风，穷极变化；或气势磅礴、拙中藏巧，或风流蕴藉、隽永灵秀，或雄肆豪放、瑰丽深厚，达到了"得造化之精微，游心神于象外"的艺术境界。

有道是书画同源。中国画家历来都讲究笔墨，一个优秀的中国画家，也往往是一个优秀的书法家。在这本社藏书画选中我们可以看到，许多书法大家的墨宝，固属精妙；一些著名画家的书法杰作，同样光彩照人。人们遨游于这书林墨海之中，能不惊叹中华书法艺术的博大精深！

这本社藏书画选所收集的作品，大多是书画名家们近年的新作。由于历史的原因，本报"文化大革命"前所藏书画，几散失殆尽，回想起来，宁不令人扼腕痛惜！此次，为了纪念本报创刊四十周年，本报在短短的一年多的时间，即收集到了海内外著名书画家所赐的书画佳作三百多幅。这一方面说明，本报同仁与海内外书画界有着密切的交往与深情厚谊；另一方面，也说明书画界贤达对本报的垂注与爱护。至为难得的是，不少耄耋高龄的艺术大师，不顾年迈体弱，仍然为我们挥毫作画。其殷殷之情，令人感动。这本社藏书画选能如期出版，实深赖书画界贤达的热心支持和辛勤劳作，特此竭诚致谢。

1995年10月

IV　新闻理论

▌ 舆论导向要准　宣传报道要活

　　江泽民同志在去年视察人民日报社时所作的重要讲话中强调，新闻舆论单位一定要把坚定正确的政治方向放在一切工作的首位，坚持正确的舆论导向。在这个前提下，要讲究宣传艺术，提高引导水平，努力使自己的宣传报道更加贴近生活、贴近读者，使广大读者喜闻乐见。这是江泽民同志对办好党报提出的很高的要求。作为党报工作者，我们一定要认真学习领会，坚决贯彻执行。

　　党报必须坚持正确的舆论导向，是因为舆论导向关系到党和国家的前途命运。正如江泽民同志所说："舆论导向正确与否，对于我们党的成长、壮大，对于人民政权的建立、巩固，对于人民的团结和国家的繁荣富强，具有重要作用。舆论导向正确，是党和人民之福；舆论导向错误，是党和人民之祸。"把坚持正确舆论导向的重要性和必要性提到这样的高度，作出这样精辟的概括和深刻的论述，确实振聋发聩。作为党报工作者，我们应该意识到自己在坚持正确舆论导向上负有重大而光荣的使命，应该要求自己不断增强政治意识、大局意识和责任意识，应该时时刻刻居安思危，保持清醒的政治头脑。随着改革开放的深化和社会主义市场经济的发展，我们面临着许多新情况、新课题。在国际上，霸权主义与强权政治没有也不会放松对我们的压力，敌对势力没有也不会放弃对我国实行"西化""分化"的图谋；在国内，我们在前进中还有不少困难和问题有待克服和解决，如国有企业效益不佳、部分职工生活困难、一些地方腐败现象比较严重、一些领域道德失范，等等。在这种情况下，我们更应该看到坚持正确舆论导向对维护党和人民利益、对做好新闻工作的极端重要性，从而自觉坚持政治家办报，做到胸有全局，明辨是非，懂得提倡什么，反对什么，使新闻舆论工作紧紧围绕经济建设这个中心，服从、服务于全党全国工作的大局，任何时候都不能有丝毫模糊和动摇。反之，如果由于我们的舆论导向出了偏差，一些敏感问题的报道处理不好，引发了社会的动荡，危及了安定团结的政治局面，那么我们将愧对党和人民的重托，愧对历史赋予我们的使命。

全面正确地理解和把握导向问题，是坚持正确舆论导向的前提。我们所说的舆论导向，是有层次的。首先最重要的是政治导向，也就是要时时刻刻注意自觉地在思想上、政治上同党中央保持一致，坚定不移地贯彻党的基本路线，宣传党的各项方针政策，把干部群众的思想统一到中央的精神和工作部署上来，积极推进两个文明建设，鼓舞人民群众为振兴中华而艰苦奋斗。除了政治导向之外，还有思想、价值、经济、行为、生活、消费、服务、知识、审美等方面的导向，我们也应该一一把握好。这些导向对读者的人生观、世界观、价值观的形成，起着重要的、潜移默化的作用，决不可等闲视之。更何况，有的导向如果把握不好，还可能从非政治性的导向转化为政治性的导向。我们只有这样理解舆论导向问题，才能自觉地、正确地把握好。不仅在政治问题上要把握好，而且在其他问题上也要把握好；不仅在新闻报道中要把握好，而且在副刊、专版和广告宣传中也要把握好；不仅在易出问题的热点、难点问题报道中要把握好，而且在一般性的日常报道中也要把握好；不仅在党报宣传中要把握好，而且在党报办的系列报刊宣传中也要把握好。

强调坚持正确的舆论导向，并不是不讲生动活泼。恰恰相反，我们的报纸只有办得生动活泼，才能增强宣传的吸引力、感召力和说服力，正确舆论导向的作用才能充分发挥出来。而要把报纸办活，就必须讲求宣传艺术，提高引导水平。具体来说，就是要深化报道内容，创新报道形式，改进新闻文风，给广大读者提供新的思想、新的题材、新的信息、新的形式、新的面貌。如果在新闻宣传中采取懒惰的做法，不讲究宣传艺术，或者沉闷地诠释经典，重复教条，或者搞一些言之无物的报道，把政治宣传简单化，那么我们的报道不仅吸引不了读者，而且也无从发挥正确舆论导向的作用，甚至会因把握不好"度"而导致导向上的错误。

由此可见，正确的舆论导向与巧妙的宣传艺术，是办好党报必须掌握的两个重点，是报纸改革必须解决的两个课题，两者不可偏废。前者是后者的前提和基础，后者是前者赖以发挥作用的条件，两者是相辅相成的统一体。我们要提高报纸的宣传质量，就应该自觉地把坚持正确的舆论导向与讲求巧妙的宣传艺术结合起来、统一起来。《南方日报》近年来努力这样去做，取得了良好的效果。从我们的实践来看，要实现这两者的统一必须注意做到"三个结合"：

一是在报道方针上，把坚持团结稳定鼓劲、正面宣传为主与实施必要的舆论监督结合起来。实施这样的结合，使《南方日报》的第一版形成了三个"拳头产品"，那就是：典型报道、深度报道和批评报道。在正面宣传方面，我们加强筹划，精心经营，先后推出了爱国拥军好母亲姚慈贤、中英街上活雷锋陈观玉、无私公仆李楚生等一批先进典型报道和顺德市、肇庆市实现两个根本性转变等深度报道，使正面宣传既有数量、强势、章法，又有质量、深度、可读性。实践证明，坚持以团结稳定鼓劲、正面宣传为主，热情歌颂人民群众在改革开放和社会主义建设中的丰功伟绩，鼓舞人们奋发进取，是正确引导舆论的关键所在。在高扬主旋律的同时，我们还着意加强了舆论监督的宣传，因为适度的舆论监督有利于强化正面宣传的力量。我们的舆论监督，不去抓那些鸡毛蒜皮的小事，而是抓事关方针政策、社会风气、反腐倡廉等方面的大事，着力体现党和政府弘扬正气、惩治腐败的决心和力量，同时注意审时度势，选准时机，讲求艺术，把握好"度"。比如去年对雷州"7·11"海难事件等进行的舆论监督，就取得了良好的效果。

二是在报纸改革的路向上，选择权威性、指导性与可读性有机结合的路子。1995年底，在研究报纸改革的路向时，我们经过深入的讨论，达成了共识：权威性、指导性不能是枯燥的说教、呆板的阐释，而应该努力增强其生动性、可读性；然而，我们又不能以削弱权威性、指导性去迁就生动性、可读性。正确的改革方向，是在权威性与可读性之间寻找最佳结合点。我们的具体做法是：把握好党和政府正在解决的问题与老百姓要求解决的问题的共同关注点；有关党和政府的工作类报道，从群众关注的角度作切入点；寻找政府工作的难点与群众感到困惑的交叉点，为群众解惑释疑。1996年初以来，我们沿着这条路子去探索，宣传质量稳步提高，先后推出的整治"三乱"（乱收费、乱摊派、乱罚款）系列报道，打击假医假药连续报道，怎样吃上"放心菜""放心肉"的系列报道，下岗职工再就业扫描系列报道等，都是权威性、指导性与可读性有机结合的作品，发表后，党和政府满意，广大群众叫好。

三是在报道的组织上，把深化报道内容与创新报道形式结合起来。我们一方面大兴调查研究之风，要求从报社领导到记者都深入实际、深入生活、深入群众，去捕捉新的思想、新的题材，努力使大量新鲜、生动、活泼、感人的新闻事实奔涌到自己笔下；一方面建立和完善激励机制，设立独家新闻奖、经济报道和会议新闻改革奖、写作创新奖、好标题奖、好版面奖等，鼓励大家在表现形式上勇于创新。去年初以来，一批精品佳作在《南方日报》上陆续涌现。

实行上述"三个结合"，使《南方日报》既坚持正确的舆论导向，又逐步办得生动活泼起来，中宣部和广东省委领导多次给予肯定和赞扬，广大读者也越来越喜爱这份报纸。报纸的发行量连续十年居于全国省、市、自治区机关报之首，实现了"十连冠"。

1997年2月

形象地反映经济建设这个中心

自1990年在银川召开全国首届报纸总编辑新闻摄影研讨会以来，我们《南方日报》的新闻摄影无论在质量上还是数量上都有了长足的进步。报社编委会把改进和加强新闻摄影工作作为报纸改革的重要一环来抓，并作了一些有益的探索。

一、新闻摄影要始终如一地围绕经济建设这个中心，形象地反映改革开放和社会主义建设成就

邓小平同志倡导的"一个中心，两个基本点"的基本路线，是把我国建设成富强、民主、文明的社会主义现代化国家的根本保证。这个"以经济建设为中心"的指导思想，也是我们新闻摄影必须坚持的一条基本原则。我们从实践中认识到，要形象地宣传好这个中心，从总编辑到摄影记者都必须进一步解放思想，转变思维方式，调整新闻视角，革新表现手法，以便更好地为改革开放服务。

首先，要在思想上明确，新闻摄影在经济宣传中有着不可替代的功能。新闻图片是一种特殊的语言。它的形象性、纪实性，能在读者眼前生动、直观地展现经济建设的各项成就；它的真实感、现场感，能使读者仿佛身临其境，直接感受到热烈、欢乐，或者同情、惋惜的各种氛围；它的可视性、可读性，能使不同文化程度、不同阅历、不同职业的人都会从中受到感染。新闻摄影的这些优势，正是文字报道所无法比拟、无法替代的。当然，我们也应该看到，摄影报道也有它的局限性，它不可能反映事件的全过程，无法详尽描绘复杂的心理状态、人际关系及其矛盾，等等。但如果将文字报道与摄影报道有机地结合起来，就能

使两者扬长避短，相得益彰。因此，我们在报纸改革中，是像重视文字报道那样来抓新闻摄影的。编委会还规定，重大的新闻报道，一定要做到文字报道、言论和摄影报道三管齐下。

其次，在新闻摄影如何服务于经济建设这个中心的问题上，我们着重抓了记者的观念更新问题，努力使他们及时转变思维方式，调整新闻视角。党的十四大提出建立社会主义市场经济体制，当前我们正处于经济体制转换的阶段。建立社会主义市场经济体制是一项艰巨复杂的社会系统工程，我们在思想认识上必须来一个很大的转变。往常许多做法、经验，早已不适用了。例如，过去，对经济建设的报道，我们的摄影记者往往习惯于唱农业的"四季歌"、工业的"四季歌"。拍工厂，不外是宏伟的外景或者宽敞的车间；拍市场，必是琳琅满目的商店货架；拍农村，则是堆积如山的粮食或者稻浪翻滚的田野。这些镜头，司空见惯，千篇一律，当然无感染力可言。我们在报纸改革中，启发每一个摄影记者，使他们在思想上明确经济生活是丰富多彩的，我们的新闻摄影理应也是绚丽多姿的。这里，重要的是首先要选择人们普遍关心的热点和深层次的问题进行报道。但是，新闻摄影又有它自己的规律，它是典型瞬间的凝结，是通过具体的个别的形象，来反映具有普遍意义的主题的。这就要求记者拍摄的内容既有宣传价值、新闻价值，同时也必须是群众所热切关心的问题；记者所捕捉到的人或事物的瞬间的个性特征，要能折射出生活的本质。就以市场的报道为例，经过十多年的改革开放，广东的市场早已是社会主义市场经济占主导地位。现在的市场已是无所不包的大市场了。企业的一切经济活动都以市场为中心并受市场机制的调节，企业生产的出发点、归宿点是市场，而不是政府部门的指令性计划。所以，在经济宣传中，新闻摄影也应以市场为出发点、归宿点，以市场为中心来组织报道。记者的认识提高了，视野更宽阔，新闻视角必然自觉调整，摄影了不少通过人才市场、证券市场、生产资料市场、期货市场等反映改革开放不断深入的好新闻照片。如去年4月7日，我们在第一版刊登了《学子归国　大有作为》一组照片，及时报道了邓小平同志视察南方发表重要谈话后，知识分子回归祖国贡献自己聪明才智的真情实景。这组报道见报后，不少读者来信说：这比刊登一篇通讯还有说服力，既真实，又形象。

对反映经济建设成就的新闻图片，在版面的处理上，我们也作了一些有益的尝试。如不少新闻照片放一版头条，甚至放大到五栏、六栏，在第一版开辟新闻图片专栏。专栏一般由三五张新闻图片构成，既有描绘经济建设和改革开放大潮雄伟气势的全景，也有建设者艰苦奋斗、顽强拼搏的感人场面，还有表现人的精神境界的人物特写。这样，就形成了多角度、多侧面反映同一项建设成就的深邃图景，不仅增添了感染力，同时使主题得到深化。我们对国家重点建设工程，以及改革开放的先进地区的报道，一般都采用这一形式。如对深圳、珠海、汕头三个经济特区的报道，对大亚湾核电站建设、广梅汕铁路建设、广州抽水蓄能电站建设等的报道。

二、让经济战线的人民群众当主角，集中反映他们的心灵世界和精神风貌

人是生产力中最活跃的因素。在经济宣传中，在新闻图片里，人当然是主角，是主体。所以，我们要求摄影记者把捕捉人、再现人、表现人，作为经济宣传的极为重要的一个方面来抓，这也是通过新闻摄影使经济宣传不断深化的关键所在。

在提倡抓拍经济建设中涌现的新闻人物时，我们还强调两点：

第一、拍摄新闻人物不能只拍音容笑貌，还要拍人物的精神世界；报道新闻事件，不能只拍事件发生的现场，还要努力揭示出生活的本质。在表现新闻人物时，要把突出人的精神面貌放在首位，把捕捉人物的真情实感、典型动作，作为揭示人的精神、气质和性格特征的第一追求，做到以情动人，以情感人。

第二、拍摄新闻人物要尽可能做到新闻性与艺术性的统一。新闻摄影的核心是新闻性，取舍照片时应把新闻性放在首位。新闻摄影的艺术性，主要表现在反映生活的深刻程度和技巧运用的完美程度上。

由于方向明确，要求具体，我们报纸在经济宣传中以新闻人物为主的照片越来越多，质量也不断提高。如去年7月份，仅在第一版见报的经济战线的各种英雄模范人物，以及其他新闻人物的照片就达30多幅。

对于重大报道，我们更是舍得花篇幅。如去年9月9日，省府决定重奖五位杰出教师。这天的新闻稿件有文字报道、五位杰出教师的新闻照片，还有省委、省府领导会见的照片。如果按常规处理，肯定是将消息和省委、省府领导会见的照片放在显著位置。这次，我们的处理却是把五位杰出教师的新闻照片放头条，消息当"配角"，而省委、省府领导会见的照片放在消息下面，整个版面直观性强，重点突出，形象生动，热烈悦目，深得广大读者的好评。

三、加强经济领域社会新闻的报道，拓宽经济宣传报道面，增加报纸的贴近性和可读性

社会新闻是指与政治、经济、军事、外交、科技、体育、文化等行业新闻相区别，突出反映社会上个人的品德、行为和日常生活那部分社会活动、社会事件、社会问题及人们关心的自然现象的报道。经济领域的社会新闻应该是与经济活动相关联，而且与人民群众的日常生活休戚相关，为人民群众所注目的社会问题、社会事件。例如：假冒伪劣商品、哄抬物价、经济诉讼、证券行情、民工潮、股市热、时装表演、歌星逃税，以及天灾人祸中人们相互救助的新风尚，等等。这些题材，大都可以以现场目击的形式出现。这无疑能使新闻摄影发挥最大的社会效益，而我们的摄影记者也可以最大限度地发挥自己报道的优势。社会新闻最大的特点是社会性强，新闻性强，现场感强，群众关心、爱看。一幅好的社会新闻的图片，往往能引起轰动效应。例如，去年10月7日，我们刊出了一组社会新闻《众人相助外来妹》。记者以敏锐的目光，抓拍到一位来自湖南的打工妹被人扒去钱包后的先悲后喜的遭遇，热情歌颂了广州人民群众见难无私相助的高尚风格。照片人物形态自然真实，现场感召力强。这组照片发表后，收到了意想不到的效果。在广东省1992年新闻摄影评奖中，这组照片被评为一等奖。近年来，我们发表的诸如南下民工潮、盲流百态、深圳股市热等社会新闻图片，都在读者中引起了强烈的反响。

实践证明，加强经济领域社会新闻的报道，能够把蕴藏在经济生活中的丰富多彩的新闻发掘出来，拓宽经济宣传报道面，增加经济宣传的

深度和广度。这些社会新闻，或歌颂新的道德新的风尚，或反映群众的呼声、解答心头的疑虑，或针砭时弊、鞭挞丑恶，能揭示经济生活中的各种矛盾，启迪人的思想，激励人们奋进。我们在努力增强经济报道的吸引力的同时，大抓社会新闻的照片，特别是那些现场目击的照片，既弥补了一般经济报道的不足，又能吸引广大读者的注意和兴趣，使报纸更具可读性，更加贴近群众。一幅好的社会新闻图片发表后，往往会成为群众议论的焦点，为整张报纸增色，我们又何乐而不为！

　　如何运用新闻摄影报道好当前经济体制改革和经济建设成就，是我们面临的一个新课题。上述的三点体会，仅是我们的初步尝试，尚需进一步探索和完善。我们深感当前报纸要尽快实现"图文并重，两翼齐飞"，除了总编辑要像抓文字报道那样重视新闻摄影外，主要工作仍然是解决好新闻图片的短缺问题。特别是我们报纸扩版后，需要的新闻图片就更多。这要求我们必须采取切实的措施，加强摄影记者队伍的建设，不断提高他们的思想素质，增强新闻敏感；不断提高他们的摄影技巧和表达艺术，使之在照片质量上有一个真正的突破。只有这样，才能适应当前形势发展的需要。我们的摄影记者无论在新闻改革中，在经济宣传中，都是大有作为的！

1992年12月

提高党报影响力的有效途径
——关于组建报业集团的思考之一

党报组建报业集团，好处何在？联系南方日报组建报业集团的过程，我们体会到，党报组建报业集团的最大好处，是能够进一步提高党报在社会上的影响力和竞争力，使其在社会主义市场经济条件下，更好地发挥党和人民喉舌的作用，为推进中国特色社会主义事业作出更大的贡献。

党的十一届三中全会以来，随着中国改革开放政策的全面推进，中国报业有了巨大的发展，全国公开发行的报纸从1978年的186家发展到1996年的2163家，报业的结构也由过去以党委机关报为主，发展成为党委机关报与专业报、晚报、周末报、信息报、生活服务类报纸并存的多门类、多层次格局。同时也带来了报业的激烈竞争。

竞争给党报的发展带来了机遇，也带来了难度。因为我国绝大多数党委机关报现行的管理体制及其运行机制，是在计划经济时期适应计划经济的需要而形成的，进入市场经济后，这些报业企业与其他国有企业一样，都出现了"不适应症"，主要表现在：报社的自主经营、自我约束机制尚不健全，国有资产的保值增值缺乏制度保障；内部分配上的"大锅饭""铁饭碗"尚未打破；职工对报社经济发展的关切度较低；报社经济基础薄弱，抗风险能力差，等等。这些问题，使我国多数党报在市场竞争中处于劣势。在这种不利的情况下，要更好地发挥党报的舆论主导作用，不断扩大党报在社会上的影响力和竞争力，其出路在哪里呢？我们认为，让那些经济、人才和技术实力比较雄厚的党委机关报组建报业集团，是一条有效的途径。

　　党报组建报业集团，意味着党报更全面地进入市场参与竞争。因此，党报组建报业集团的出发点和落脚点，应该放在在深化改革中塑造报业市场主体，不断提高党报在社会上的影响力和竞争力上。我们南方日报在组建报业集团的过程中，就是以此为出发点，确立了具体的指导思想，即以邓小平理论为指针，以党的十五大精神为动力，坚持社会主义意识形态工作的原则，遵循新闻工作自身的规律和市场经济的规律，解放思想，更新观念，抓住机遇，开拓进取，集中精力办好报纸，把《南方日报》及其系列报办成既坚持党性原则、坚持实事求是、坚持正确的舆论导向，又生动活泼、群众喜闻乐见的报纸；报业经济要坚定不移地走质量效益型道路，依靠高质量的报纸、高效益的管理和高新技术，努力实现社会效益和经济效益的统一，增强南方日报社的经济实力和在社会上的影响力、竞争力，更好地发挥《南方日报》作为党和人民喉舌的作用。

　　衡量党报组建的报业集团是否成功，我们认为，首先要看党报是否塑造了报业市场主体，党报的社会影响力、竞争力是否提高。而要达到这一目标，必须正确处理好办报与经营、主报与子报、效益与规模等多种关系。

　　办报与经营是相辅相成、互相促进、辩证统一的两个方面。报业集团既是一个政治性很强的舆论信息集团，又是一个以报业为主的经济联合体。这一特点使得它不能简单地以追求利润最大化为自己的目标，而必须以追求社会效益与经济效益统一的综合效益最大化为目标。所以，报业集团的主要精力，首先要放在办好党报上，而集团的经营，亦必须以报纸为依托。有一种意见认为，既然是办报业集团，就应该把精力放在发展经济尤其是发展非报业经济上，以副业养报业，以公司养报纸。其实，报社报社，无报即无社，办好报纸是报社的根本任务，是报社安身立命之所在。而且，不办出质量上乘、覆盖范围广大的报纸，不办出读者喜爱的报纸，提供不出读者需要的信息，就不会有可观的发行量，就不会有丰厚的广告收入。一句话，没有影响力、竞争力强的党报，一切都无从谈起。反过来，如果报业经济不发达，经济实力不雄厚，要想我们报纸的宣传搞得更好，报道手段更先进，工作条件有新的改善，就没有物质基础。报纸质量的竞争，实际上也是经济实力的竞争。基于这一认识，我们在组建报业集团时，强调要正确处理办报和经营的关系，确立了以报业为主、兼营其他的基本思路。在办报方面，既要把握正确的舆论导向，又要讲究宣传艺术，实现权威性、指导性与可读性的结合，新闻价值与宣传价值的结合，努力使报纸满足读者和市场的需要，为高效益的经营创造条件。在经营管理方面，要把握组建报业集团的契机，遵循市场经济的规律，坚持扬长避短的原则，大力培植和发展与报业有关的广告、发行、印刷、信息、出版等支柱产业，同时按照现代企业的要求，进行领导体制、用人制度、分配制度、财务制度、资产管理制度等方面的改革，以资本为纽带，形成责权分明、绩效挂钩、管理严格、控制有力的充满生机和活力的运行机制，大力促进报业经济的发展，为提高党报的影响力和竞争力提供坚实的物质保证。

党报在组建报业集团时，还必须明确主报与子报的关系，进一步突出主报的主体地位，才能进一步提高党报的影响力。有一种意见认为，党报由于其喉舌的地位和性质决定了它不能像企业那样把利润最大化当作自己的工作中心和重点，因此应把精力放在办子报子刊上，依靠子报子刊去创收，以子报子刊养主报。我们在组建南方日报报业集团时分析了这种意见，认为它有失偏颇。有些子报子刊确有可观的利润，但如果把精力主要放在办子报子刊上，那就违背了党报组建报业集团的初衷。党报组建报业集团，应该让党报的主体地位更加突出，成为整个报业"舰队"中的"旗舰"。党报质量的高低，直接关系到整个集团的形象和发展。为此，我们明确提出，在报业中，以党报为主，集中力量办好省委机关报《南方日报》，使其成为一份立足广东、面向全国、走向世界，在海内外具有更广泛影响的综合性大报。根据这个思路，我们将人力、财力、物力向主报倾斜，今年投资3500多万元，对《南方日报》再度扩版，使其在珠江三角洲地区和省外、国外发行16个版，整体质量又上了一个新台阶。

党报组建报业集团，实行的是一种集团式、产业化的经营，如果能够正确处理规模与效益的关系，坚持讲质量讲效益的原则，走集约型发展之路，集中使用资金，合理利用资源，那么我们就可以使报业集团既形成规模，又能取得较好的社会效益和经济效益，提高党报在社会上的影响力和竞争力。一般来说，一家有实力的党报，都拥有一批子报子刊和实业。如果让这些子报子刊和实业各自单独发展，人员、设备等方面就会重复投资，各种资源特别是信息资源就会造成浪费。为了避免这种状况的出现，我们在组建报业集团时，明确提出：没有规模就没有效益，有了规模也不等于一定有效益。只有在适度扩大规模的同时，实行集约化、产业化经营，科学合理地利用资源，做到信息互补、人才互补、财力互补，才能取得理想的效益。我们做了三方面的考虑：一是设立编辑委员会和经济工作委员会，在主报与子报子刊之间实行资源共享、优势互补，主报有些稿件，可拿到子报子刊登，子报子刊有些稿件，稍加修改后也可在主报刊用；二是伺机建立出版社，兼并一些刊物，对现有信息资源进行深加工，让其发挥更大的效益；三是组建集团财务结算中心，对下属各子报子刊及经济实体实行统一管理、二级核算，做到财务管理向核心集中，利润分配向实体分解，最大限度地调动、运用集团各项资金，努力提高资金使用率。我们相信，实行这种集团式、产业化的经营，可以有力地推动报业集团事业的发展，提高党报在社会上的影响力和竞争力。

1998年5月

实现三个突破　增强党报权威

——关于组建报业集团的思考之二

　　南方日报在组建报业集团后，许多同志都向我们提出同一个问题：为什么要组建报业集团？我们的回答是，组建报业集团的目的，是要通过集团化的发展，扩大党报的影响力，增强党报的经济实力，确保党报在新闻宣传中的主导地位。我们省委机关报组建报业集团后至少可以取得三个方面的优势：一、进行集团化的管理，有利于新闻改革的深化，有利于新闻结构的优化，提高报纸整体质量，最大限度地提高党报在社会上的影响力和竞争力，使党报无形资产增值；二、组建报业集团后，才能真正按照市场经济的规律，对管理体制、运行机制和资产资源配置作根本的改革，使经济工作和管理体制完全成为企业性质、企业行为，使集团真正实行企业化管理；三、组建报业集团才能使报社产业结构、所有制结构更加完善，培育新的经济增长点，形成规模效应，实现产业化经营，从而取得更大的经济效益。

　　党报组建报业集团的出发点和落脚点，应该是在深化改革中塑造报业市场主体。新组建的南方日报报业集团，肩负着体制创新和发展格局、发展模式创新的双重任务，必须进行大刀阔斧的改革。为此，我们要求成立报业集团后，一定要力争较短时间内在三个方面的改革上取得实质性的突破：

　　一、以办好报纸为集团的根本任务，把握正确的舆论导向，在新闻改革方面取得实质性的突破

　　在市场经济的条件下，与其他市场主体相比，报业集团具有其特殊性：它既是一个政治性很强的舆论信息集团，又是一个以报业为主的经济联合体；它所生产的产品是精神产品，因而它既是社会主义的经济细胞，又是社会主义上层建筑中意识形态的重要组成部分。我们组建报业集团，主要是管理模式、经营规模的转变，而并非报纸性质的改变。这就决定了社会主义报业集团必须以办好报纸为根本任务；这一特点也决定了社会主义报业集团不能简单地以追求利润最大化作为自己的目标，而必须以追求综合效益最大化作为目标。所谓综合效益最大化，就是既要考虑社会效益，又要考虑经济效益，在确保社会效益的前提下尽可能地提高经济效益。所以，报业集团必须坚持以报业为主，兼营其他；在报业中，又以党报为主。以党报为主的关键在于不断深化党报的新闻改革，提高报纸质量，靠高质量的报纸创造最佳的社会效益和较高的经济效益。如何提高报纸质量，不同性质的报业集团应有不同的途径。《南方日报》是省委机关报，具有非常强的权威性和指导性，这是我们的优势，应当充分发挥这一优势。但是，仅有权威性、指导性是不够的。要使报纸进入寻常百姓家，还必须有很强的服务性和可读性。我们在组建报业集团后，首先要使《南方日报》做到权威性、指导性与服务性、可读性的有机结合，使权威性、指导性通过服务性、可读性发挥更大的社会影响。为了使《南方日报》的权威性得到进一步加强，我们成立报业集团后，准备在编辑部实施名牌战略，经营一批名牌产品和名牌栏目。特别要从加强经济报道入手，加强阶段性的宏观走向、宏观分析报道，使我们的经济报道与广东经济大省的地位相称，使我们的经济报道能够成为各级党委、政府驾驭经济工作的重要的思想库。另外，我们还要加强言论工作，加大专栏、专版的改革力度，进一步改进文风，提高引导艺术，真正使《南方日报》可读、可亲、可信、可用。

二、以现代企业的要求为目标模式，在内部管理体制、运行机制和资源配置的改革上取得实质性的突破

必须充分适应社会主义市场经济的规律和要求，参照国有企业的改革思路，对内部管理体制和运行机制进行改革，构建责权分明、绩效挂钩、管理严格、控制有力的管理体制和运行机制。报业集团改革的目标模式是现代企业，因此，我们要按照现代企业的要求，进行领导体制、人事制度、分配制度、财务制度、资产管理制度等方面的改革。在领导体制上，坚持科学化、民主化原则，坚持民主集中制，社委会、董事会是整个报业集团的决策指挥中心，下设编辑委员会和经济工作委员会，编辑委员会负责办好《南方日报》及其系列报，经济工作委员会负责全集团的经营活动。在人事制度改革上，要做到人员能上能下，能进能出，以职位分类为基础，确立集团的基本编制，实行定编、定员、定岗，工资包干；中层干部以下一律实行聘任制，竞争上岗，优化组合，双向选择。在分配制度改革上，坚持分配与业绩挂钩的原则，适当拉开分配差距；逐步实行按要素分配，管理、知识、技术、资金都要参与分配，充分调动干部职工的积极性。在财务制度改革上，成立财务结算中心，集团对下属各系列报及经济实体实行统一管理、二级核算，以达到"企业管理以财务管理为中心，财务管理以资金管理为中心"的目的，最大限度地调动、使用集团各项资金，努力提高资金使用率，提高经济效益。在资产管理制度的改革上，组建物业管理公司，按市场经济的规律对集团现有资产进行科学管理，以保证国有资产的保值和增值。总之，要通过上述五项改革，在全集团形成科学有序的六个机制，即集约化的运行机制、市场化的经营机制、规范化的激励机制、有序化的竞争机制、制度化的约束机制、集团化的人才机制；同时，使集团内部合理配置、科学使用资源，包括新闻资源、人力资源、财力资源、物力资源等。力求集团内的各实体间结构合理，优势互补，互为依托，共同发展。

三、调整产业结构和所有制结构，推进经济体制和增长方式的根本转变，努力形成规模经济，在产业发展上取得实质性的突破

报业集团将大力培植和发展与报业有关的广告、发行、印刷、信息、出版五个支柱产业，将来还要逐步考虑将广播、电视作为支柱产业之一。同时，要不失时机有选择地进入其他行业，形成非报业经济支柱。发展非报业经济，要坚持扬长避短的原则，充分利用南方日报社现有的人才、信息、设备、发行网络等资源来培育新的经济增长点。要通过改革，使集团形成产权清晰、管理科学的企业运作保障体系。

例如，《南方日报》1999年将实行自办发行，这是南方日报报业集团进行产业结构调整推出的头一个改革举措，是进一步增强党报竞争力的重要措施。《南方日报》过去交给邮局发行，由于是垄断性经营，在发行时效、发行覆盖面、发行费率三个方面都存在问题，严重制约着我们事业的发展。《南方日报》自办发行后，将变三个制约为三个有利，这就是投递时效大大提高、发行覆盖面更加科学、发行费率大为降低。我们认为，多渠道发行，才是报刊发行的方向。我们搞自办发行，决不能仅靠报社自己的力量单干，而是要在把发行的主动权牢牢掌握在自己手中的前提下，在地、市各地采用多渠道的发行方式，包括邮发在内。哪种发行对报社有利，就采用哪种方式发行。

在调整产业结构的同时，还要进行所有制结构调整的试验。经过调整的报业经济组织架构可分为三个层次：第一层，集团的核心部分，即主报及其系列报刊、出版社等。此层次的产权全部国有，主报是龙头。第二层，围绕报业经济五大支柱产业而组建的企业。此层次产权全部国有，或由集团控股，可吸纳多种投资主体，包括内资、外资以及报社职工的股份等。第三层，集团关联企业，此层次由与集团业务发展有关系的、以合约的形式加盟的企业组成。在调整所有制结构时我们必须坚持的原则是：与办报有关的单位的资产坚持全部国有；经济效益好的单位资产坚持全部国有；集团下属企业或新组建的公司由集团独资经营，也可以实行股份制或股份合作制。如新组建的南方报刊发行总公司，在《南方日报》自办发行成功后，拟改组为发行股份公司，吸纳全省地级市的党委机关报参股。

南方日报组建报业集团，是南方日报事业发展史上的一件大事，也标志着我省报业的发展进入了一个新的阶段。我们面临着良好的发展机遇，同时也感到我们肩负的任务更加繁重。但是，我们坚信，南方日报组建报业集团后，各项事业都将上一个新的台阶，南方日报报业集团的试点工作一定能取得成功。

1998年7月

建立服务体系　朝产业化迈进

——关于组建报业集团的思考之三

组建报业集团，以适应日趋激烈的市场竞争，这是中国报业发展的趋势。而组建报业集团的目的，正是要通过集团化的发展，更好地发挥党报的主功能作用，确保党报在新闻宣传中的主导地位。具体来说，要在两个方面有新的发展：一是报纸的整体质量要大幅度提高；二是要使报业尽快实现产业化。

尽快实现报业产业化，是形势的需要。因为报业集团只有加强经营管理，拓展报业经济，创造良好的经济效益，才能使报业进入良性循环，更好地发挥党和人民喉舌的功能。我们应该看到，随着报业的发展和报业对外界的开放，随着中国加入世贸组织的临近，中国媒介产业化的进程将会加快。当前，国际上大资本、大媒介集团正虎视眈眈，迫切希望切入中国媒介市场。这对中国的媒介市场和广告市场来说，无疑是一场巨大的冲击和挑战。如果我们不抓住机遇壮大自己的经济实力，就很难参与国际间新闻传媒的竞争，有效地巩固和发展我国的舆论阵地。

拿国内已成立的七个报业集团来与国外的报业集团比较，我们的规模还很小，恐怕连小弟弟都算不上。我们在行业上的联合，由于受经营上的限制较多，还只是简单的系列报组合，未能实现跨媒介、跨地区扩张，兼并融合，形成大的集团。没有规模效应，一家报纸是很难应付市场经济瞬息万变风浪考验的。特别是在当前广告收入、纸张供应、印刷设备、发行成本等都必须经市场配置的情况下，尤其难以应付市场经济带来的风险。

报业集团产业扩张的目的，在于追求1+1>2的规模效应。产业扩张，规模大并不等于规模经济。所以，推进产业扩张的关键在于实行两个根本性转变，即经济体制和经济增长方式的根本转变。一句话，产业扩张必须以经济效益为中心。

在当前，我们报业集团的产业扩张，主要注重内部管理战略；当然，也不可忽视外部经营战略。

内部管理战略，主要是按市场经济的规律，理顺内部管理体制和运行机制，有效、合理地利用资源，在提高报纸整体质量、创办新的报刊、加强市场营销以及完善市场管理等方面，推出行之有效的措施，千方百计扩大报纸的市场占有份额。在当前，市场占有份额比利润更为重要，而市场份额的多寡，在很大程度上又取决于竞争优势和面对市场变化及时作出反应的能力。例如，我们南方日报由邮局发行改为自办发行和多渠道发行，就是扩大报纸市场占有份额的一项有效举措。

外部经营战略，牵涉面更广，如兼并、收购报刊或非报业企业，吸纳外资，实行股份联合，申请上市筹资，等等。推行这些外部经营战略措施，也许在目前时机条件还不成熟，但对报业集团的持续发展有着极为重要的意义，必须及早筹划，切不可观望和等待。

我们认为，要实现媒介产业化，还有许多政策性问题需要解决。例如，报业集团的体制问题；跨地区、跨媒介经营问题；能否与国内资本、国际资本融合以解决营运资本缺乏的问题；报业集团应该拥有的自主权问题，等等。只有解决了这些问题，才能使我们的报业集团真正实现产业化经营。然而，我们又不能因一味等待而贻误时机。现在我们能够做而且必须马上做的，是审时度势尽快建立和完善报业集团的服务体系。根据南方日报报业集团的实际情况，我们认为必须从五个方面建立报业集团的服务体系。

一、建立与市场经济相适应的内部管理体制与运行机制

在报业走向市场的过程中，必须尽快建立与完善适应市场经济发展要求的高效有序的管理体制与运行机制。这是报业集团增强综合实力，在竞争中立于不败之地的重要保证。报业集团改革的目标模式是现代企业，因此，我们要按照现代企业的要求，进行领导体制、人事制度、分

配制度、财务制度、资产管理制度等方面的改革，在集团内形成科学有序的六个机制，即集约化的运行机制、市场化的经营机制、规范化的激励机制、有序化的竞争机制、制度化的约束机制、集团化的人才机制。与此同时，使集团内部的新闻、人力、财力、物力等方面的资源，做到合理配置、科学使用，力求集团内各实体间结构合理，互为依托，优势互补，共同发展。

在上述改革中，我们特别强调人才资源的开发利用，培育有利于人才成长的机制，营造人才脱颖而出的环境，不断培养造就各种高层次的新闻人才。人们常说："报纸是根本，经营是基础，管理是手段，人才是关键。"报业的竞争，说到底是人才的竞争。有了高素质的人才，就能保证报业集团各项事业实现高水平、高质量、高效益。现在我们迎接知识经济的挑战，最根本的也是要解决人才问题。我们一定要通过人事制度的改革，营造适应知识经济要求、激励应用专门人才创造财富的机制，并通过这个机制的营造，彻底改变新闻单位过去重采编人员、轻经营管理人员的状况，解决人才结构不合理的问题。此外，还要制订具体的政策，吸纳人才，引进人才，培养人才。

二、组建有助于报业集团作出科学决策的策划中心

要对报业集团的发展作出总体性的谋划和决策，仅靠社委会、董事会的几个领导成员拍脑袋，显然是不行的，必须借用外脑、借用社会力量、借用各种科技手段和信息资源。这就向我们提出一个新的要求——组建报业集团策划中心。

这个策划中心，应该是在社委会、董事会直接领导下的工作部门。它能够统筹报业集团的全局，注意加强与社会咨询顾问机构的联系和沟通，根据对外部环境和内部条件的估量和分析，向社委会、董事会提出战略性或战术性的行动方针。这个策划中心拟由新闻研究所、新闻信息中心、顾问中心、财务结算中心、法律事务部、市场调查部等部门组成。当然，策划中心不是集团的权力机构，它是一个咨询机构、论证机构，所以策划中心主要领导由上述部门负责人兼职。

三、建立保证高新技术运用的机制

报业是知识密集型产业。在当前激烈的报业竞争中，谁善于知识创新、技术创新，谁就会掌握报业经济发展的主动权。因此，高新技术的运用，直接关系到报业集团的社会效益和经济效益。

作为报业集团，对于传播业高新技术的发展状况及其应用，应该有专门的部门来研究、分析，及时向社委会、董事会提出建议，从而不断更新设备，掌握全新的传播手段。我们提出的口号是：向高新技术要效益。当前，必须从如下几个方面努力：

——现代化信息技术的运用。传媒产业是同现代化信息技术紧密联系的高技术产业。信息被作为一种产业经营之后，市场竞争更加激烈，不同媒体之间不可避免地要出现互相覆盖和渗透市场、争夺和分割生存空间的状况，谁对这一点认识得早，并采取相应的措施，谁就会掌握竞争的主动权。对我们报业集团来说，跨地区经营、跨媒介经营，必须早日提上议事日程。

——向电子化、电子报方向发展。以因特网为代表的全球电子信息传播网络迅速崛起，对传统的报业形成了巨大的冲击。报业又一次面临技术发展带来的严峻挑战，同时也迎来了一次前所未有的发展机遇。

目前，社会对信息的要求突破单一媒体、单一方位而向多媒体、多方位发展。实际上，国外一些报业托拉斯利用经济和技术的优势，几年前就把传统的报纸变成了电子化的报纸，即把计算机和信息网络联结起来，推出了一种新的"无纸化报纸"。

最近几年，新闻大战打到了因特网上，并有愈演愈烈之势，世界上许多大新闻机构纷纷入网，并开始发展多媒体新闻。在信息高速公路上，通讯社、报刊、电视、电台的功能有融合的趋势。现在，因特网以及信息高速公路是新闻媒体争夺的焦点，能否适应未来信息革命的挑战，对新闻媒体来说是一件生死存亡的大事。

如何在新一轮激烈的网络信息、多媒体新闻竞争中确立自身的信息权威地位，是传统报业发展的新课题。我们应该对信息网络传播、多媒体新闻所产生的巨大冲击和发展机遇给予足够的重视，尽早确立自身的网络优势，紧紧把握这一报业发展的新机遇。

关于电子化的问题要全面研究，不仅仅是上因特网。不管是印刷媒介产业，还是其他非电子化媒介产业，其发展趋势都将朝着电子化的方向发展。

——开发电脑网络综合系统、卫星传版系统，实现报业操作电脑化，新闻采编手段和行政管理、财务管理等现代化。

——推进印刷技术设备现代化，确保印刷质量不断提高。

四、建立信息资源的开发利用机制

信息资源开发利用是报业集团增强竞争力的重点，它关系到报业在信息时代的生存和进一步发展，因此必须更新观念，重视信息的作用。随着社会由工业经济向知识经济的转变，报社主要靠知识传播、信息传播来创造竞争的优势，靠技术创新和管理创新来获得可持续发展的动力。

这里强调的，主要是如何利用信息资源，建立报业集团的信息库，来为报业集团产业的发展服务。

就南方日报报业集团来说，过去我们对信息资源的开发，大多停留在报业集团内部信息开发的层面上。现在，我们要求信息资源的开发除了向社会提供信息服务，努力形成信息产业外，更重要的是必须对报业集团持续性发展有帮助，必须着眼于对报业集团未来产生重大影响的环境和竞争因素提供信息依据，从而及时对环境、市场、国内与国际竞争对手的经营策略等提出和制订本集团的应对策略。

五、建立适应市场经济的营销体系

当前，报业集团营销体系主要包括两大块：一是发行，二是广告。

南方日报报业集团成立后的第一个重大改革举措，就是将《南方日报》由邮局发行改为自办发行，并在今年初一举取得成功。《南方日报》自办发行后，已变邮发的"四个制约"为"四个有利"，这就是：发行时效大大提高，发行覆盖面更趋科学，报纸与读者的交流更加密切，发行费率大为降低。随着时间的推移，《南方日报》在报业市场的竞争力、影响力将会大大提高。

当然，我们并不认为自办发行是唯一的最好的发行方式，自办发行就是报社自己单干。我们认为，在报纸发行中最重要的在于把发行的主动权即生命线掌握在自己的手中。在此基础上，要最大限度地利用一切可以利用的因素，开通一切可以开通的发行渠道，包括利用邮发的渠道。多渠道发行才是报刊发行的方向。采取多渠道发行，有利于在报纸发行中引进竞争机制，调动邮政部门、其他部门和报社等方面的积极因素，从而做到各种渠道在发行中互相取长补短，平等竞争，使报刊发行市场更加规范和完善。

不管是现在还是将来，广告收入都是报业集团收入的主要来源。由于经济大环境的影响，不少传统媒体近年来广告形势甚为严峻，及时调整广告的营销策略成了当务之急。广告工作是一个系统工程，必须进行综合治理。当前，我们要采取如下策略：

——抓住根本，努力提高报纸整体质量，更新媒体在读者心目中的形象；

——抓有效发行，千方百计在广告源多、商品经济发达的地区扩大发行，使发行覆盖面更为科学；

——发挥机关报权威性的优势，开拓新的广告源，当前要不失时机地在国家扩大内需的市场抢占广告地盘；

——加强策划，与客户密切合作，对促销活动进行有冲击力的广告包装；

——提高服务质量，变"等客上门"为"登门服务"，与客户共担风险；

——精心设计版面，提高广告宣传效益；

——完善内部管理体制和激励机制，为广告人员创造宽松的工作环境。

可以相信，当我们把上述五个方面的服务体系建立起来并逐步完善之时，报业集团就初步步入了良性循环。报业集团实现产业化经营，也就具备了良好的基础。

1999年5月

把生命线掌握在自己手中

——关于组建报业集团的思考之四

报纸发行是一种市场销售行为。产品的销售权从某种意义上说，是企业的生命线。这条生命线只能操纵在自己手里，而决不能轻易放弃。在市场经济条件下的报纸发行，尤其应该这样。报纸发行质量的高低，份额的多寡，分布是否合理，直接影响到这张报纸的社会效益和经济效益。所以，南方日报成立报业集团以后，首先把建立适应市场经济的营销体系，作为改革的重点来抓，把发行工作作为报业集团发展的关键，作为报纸的生命线来抓。

在计划经济时期，我国的报刊都是交邮局发行。《南方日报》也不例外。应该说，邮发为我国报刊的发行工作作出了重要贡献。在数十年的报刊发行中，邮局形成了健全、合理的发行网络，至今仍在发挥着重要的作用。例如：近年来《南方日报》的期发数，都超过80万份，发行量连续13年居全国省、市、区党委机关报的首位。这一成绩的取得，固然是全省各级党委、政府领导高度重视和报社全体同志共同努力的结果，也是与邮电部门对我们发行工作的全力支持分不开的。

但现在的问题是，在市场经济条件下，邮发的"垄断性"已经暴露出种种弊端。这些弊端的存在，又直接制约了报业的进一步发展。归纳起来，当前邮发对报业发展的制约有四个方面：一是发行时效差。《南方日报》与自办发行的报纸相比，开印时间大致相同，但投递时间在广州市区一般要晚三四个小时，在其他地区则更慢。发行时效难以保证，严重降低了整张报纸的价值和对读者的吸引力，报纸办得再好也竞争乏力，《南方日报》作为省委机关报，其指导性也因此难以充分发挥。二是发行覆盖面不科学。发行覆盖面，既要考虑社会效益，又要考虑广告效益即经济效益。从经济的角度考虑，广告源多、商品经济发达的都市应该多发行。但是邮电部门是不考虑这些的，他们的发行是被动的，不可能采取主动、有效的措施去改变发行覆盖面不科学的状况。《南方日报》尽管年年期发数达80多万份，但是发行覆盖面不理想的状况长期存在，在一定程度上影响了报纸对广告客户的吸引力。三是由于办报与发行之间隔着邮局这个环节，邮发使报纸与读者之间的距离无形中拉大，阻隔了报社编辑记者与读者之间的沟通。因为邮局只管订报、送报，读者对报纸有何意见，他们没有转达的义务，也不可能有意识地去收集，这在一定程度上影响了报纸改革的深化。四是发行费率太高。国务院有关文件规定，机关报收取发行费率为25%，但邮电部门自定政策，说这25%只管前面八个版，此外的版要另外加收发行费用，致使《南方日报》的发行费率高达50%以上。而且，每年巨额的报费邮电部门收到后不是立即全额交给报社，而是按月返还。报社为解决生产资金，只好长期向银行贷款，经济负担沉重。邮发对报业发展的四个方面制约的存在，造成了当前邮发报纸与自办发行报纸之间竞争上的失衡。自办发行的报纸由于把产品销售的生命线掌握在自己手上，因而处处主动，游刃有余；而邮发报纸处处被动，步履维艰。

邮发的上述弊端和对报业发展的制约，是由邮局发行的这种"垄断性"和邮发体制与市场经济的"不适应性"产生的。因为它长期垄断经营，没有竞争机制，自然没有改进工作的压力和动力。那种僵化的发行体制，决定了他们想改也难。当然，在中国目前的条件下，邮发仍不失为发行的一种有效形式，但绝不是唯一的形式。自办发行与邮发并不是一方排斥一方，或者一方吃掉一方的水火不容的无情的争斗。自办发行与邮发如能形成多渠道并行不悖的新格局，只会带来发行工作相得益彰的新局面。何况，如果有关部门彻底改变"官商"作风，在体制上按照市场经济的规律，来一次脱胎换骨的改革，真正转变观念，搞好服务，上述的弊端也是可以克服的。但是，这需要时间，恐怕还得有个较长的过程。报业的发展，形势的演变，迫使我们不能再等待。所以，南方日报报业集团一成立，就立即果断地作出决定：《南方日报》从1999年1月

1日起自办发行。这也是南方日报报业集团成立后，在集团产业结构调整方面推出的第一个重大的改革举措。实践证明，《南方日报》自办发行后，已变邮发的四个制约为四个有利，这就是：发生时效大大提高，发行覆盖面更趋科学，报纸与读者的交流更加密切，发行费率大大降低。这样，《南方日报》在报业市场的竞争力、影响力，将会大大提高。

我们并不认为，报纸自办发行是最好的唯一的方式，自办发行就是报社自己单干。我们主张，在报纸发行中要最大限度地利用一切可以利用的力量，开通一切可以运用的发行渠道，包括利用邮发的渠道。我们认为，多渠道发行才是报刊发行的方向。采取多渠道发行有利于打破报纸发行市场的垄断；在报纸发行中引进竞争机制，有利于调动邮电部门、其他部门和报社等各方面的积极因素，使各发行渠道在竞争中互相取长补短，平等竞争，使报刊发行市场更加规范和完善。

报纸自办发行是一个复杂的、综合的系统工程。《南方日报》发行量大，覆盖面广，这就为自办发行带来了诸如征订难完成、报费难回收、投递难到位、时效难保证等众多难题。为了解决这些难题，我们在部署自办发行时，提出要特别注意抓好五个环节：

一、坚持"自主发行、为我所用"的原则，充分发挥党报在发行方面的优势。坚持自主发行，就是要把报纸销售权牢牢掌握在自己手上，摆脱任何受制于人的不利局面，使报业集团在自主发行上的意志能够得到最佳的体现。要做到这一点，必须建立完善的管理体系和科学的管理制度，建立健全自主发行网络和组织自己的运输队伍、发行队伍，以完全掌握发行工作的主动权。

作为省委机关报的《南方日报》，要充分发挥党报在发行上的固有优势，就必须紧紧依靠三个方面的力量：一是各级党委和宣传部门，这是党报发行的主要依靠力量。二是各市、县的新闻秘书。新闻秘书是不领报社工资的"编外记者"，是联系报社与各级党委、政府的桥梁和纽带，是党报发行的参谋和助手。现在，全省的新闻秘书全部介入了我们的自办发行工作，不少同志还担任了各级发行站的站长或副站长。三是集团发行人员以及全体编辑记者，这是确保自主发行的中坚力量。把这三股力量拧成一股绳，团结协作，分工负责，就能最大限度地开拓党报的发行市场。

二、引进竞争机制，多渠道、多方式组织自办发行。竞争是市场经济的重要特征，是经济发展的内在动力。自办发行绝不能搞自我封闭经营，必须引进竞争机制。在报业集团总的发行方针、策略制定以后，在各地区的发行要从各地的实际情况出发，采取不同的发行模式。哪种方式对发行工作有利，就采用哪种方式，切忌从邮发的垄断走向另一种方式的垄断。自办发行是主渠道，但决不能忽视社会上那些经实践证明已经成功的渠道，做到各种发行网络都能为我所用。

《南方日报》在各地的发行模式，可以说是不拘一格，百花齐放的。地域不同，采取的模式也不同。主要模式大致有六种：一是自己组建发行网络发行；二是委托已自办发行的地市级报纸现成的网络发行；三是委托市、县委宣传部发行；四是委托邮电部门的服务公司发行；五是委托民间的个体发行渠道发行；六是委托外省的各种发行公司，负责《南方日报》在省外的发行。

三、认真做好两件关键性的工作：抓报纸征订、抓报费回笼。在自办发行工作中，征订是关键。征订工作做好了，自办发行就成功了一半。为此，首先要做好宣传发动工作，层层动员，造成声势；其次，要变邮局的坐等收订为上门收订。报业集团领导、采编人员、发行人员都要深入重点地区，分片包干，上门服务。对于过去一些切实可行的征订办法要坚持，要发扬。例如，原来行之有效的征订渠道、征订方式、征订手段不变，像领导动员，宣传部门、组织部门、党委、政府办公室出面组织和发动征订不变，可以用党费、公费订阅的做法不变。在此基础上，还要增加新的服务措施、便民措施，比如上门收订，电话预约收订、先送后订、"扫楼"行动等，要千方百计，保证发行量稳步上升。

为了保证报费的回笼，我们采取的办法是与中国农业银行广东省分行合作。各发行站收到报费后，一律存入农行，而且只能存入，不能支出。农行的营业所在广东已基本普及到镇，在数量上比邮局的营业点还要多。与农行合作，不仅保证了报费的回笼，而且农行各营业所还设点征订报纸，等于又增加了一个发行渠道。

四、认真抓好两个事关生命的重点：一是提高发行时效，一是确保投递到位。报纸是各种新闻和信息的载体，既不能提前出版，又不能库存待销，它的出版与发行过程必须紧密衔接，实现产供销一体化，编印发一条龙，在尽可能短的时间里一气呵成，以保证报纸的发行时效。在当前报刊发行激烈竞争的形势下，更应如此。谁的时效快，谁的发行就主动。有人形象地总结："读者是上帝，投递是生命。"确是不无道理的。

广东省幅员辽阔，山区又多，运输线路长，为了保证投递的时效和报纸能及时投递到镇，我们采取了三种截然不同的投递方式。第一种方式：在广州市的八区四市，直接由南方日报发行总公司负责操作，由直属总部的发行队伍负责征订和投递。第二种方式：对山区较多的东、北、西部地区，我们分别在汕头、梅州、韶关、茂名、湛江五市设立分印点，由报业集团自建卫星站，通过卫星传版，在上述五市的市委机关报与《南方日报》同步制版印刷，其发行工作也委托他们的自办发行网络承担。这些市委机关报都已能够把报纸及时投递到镇。第三种方式：在以珠江三角洲为中心的地区，采取建立三级发行站的方式发行。我们任命报业集团驻各市的记者站站长兼任发行站长，建立起发行一级站，再由一级站去组建县的二级站和镇的三级站，形成直接覆盖到行政村的发行网络。三级发行站的建立，确保了《南方日报》能及时投递到村镇。在这些地区中，也有一些县、市是委托邮局发行，或者委托宣传部门发行的。

五、以人为本，建立一支高素质的报刊发行队伍。建立一支高素质的发行队伍，是自办发行取得成功的重要因素，也是参与市场竞争取胜的重要条件。没有稳定的过硬的发行队伍，就没有可靠的发行质量。稳定发行队伍，首先是稳定投递人员的思想。我们必须看到，各市的发行队伍，几乎是临时组织起来的，没有经过正规的培训，思想素质、业务素质参差不齐，队伍又极不稳定，将会给我们的发行工作带来许多意想不到的困难。所以，尽快培养一支政治强、业务精、会管理、作风正的发行队伍，是当务之急。要认真抓好发行队伍的学习、培训、考察工作，进行爱岗敬业的教育，特别要教育发行人员牢固树立服务意识。把"服务第一、读者至上"作为发行工作的宗旨；要整顿发行队伍，严格发行纪律，注意抓不良倾向的苗头，把可能出现的差错和事故，消灭在萌芽状态之中；要在政治上关心，生活上爱护，多帮助他们解决实际问题，为他们创造一个良好的工作环境。我们认为，这支队伍一旦真正建立起来，报纸自办发行立于不败之地就有了保证。

1999年6月

报业集团运营要处理好八大关系

——关于组建报业集团的思考之五

我们组建报业集团的目的，是要通过集团化的发展，更好地发挥党报的主功能作用，确保党报在新闻宣传中的主导地位。具体来说，要在两个方面有新的发展，一是报纸整体质量要大幅度提高，二是要使报业尽快实现产业化经营。根据我们南方日报报业集团一年多的实践，要想在上述两个方面有新的发展，必须正确处理好以下八个方面的关系。

一、正确处理办报与经营的关系

报业集团是以报业为主的集团，必须以办报为主，经营为辅，这是不言而喻的。因为社会主义的报业集团具有两重性：一是政治属性，二是经济属性。这就要求社会主义的报业集团必须具有两种功能，一是喉舌功能，二是产业功能。在这两种功能中，喉舌功能是第一位的，是报业集团存在的前提，产业功能是报业集团发展的条件和基础。

因此，我们衡量组建一个报业集团是否成功，其主要标志在于党委机关报的整体质量是否提高，党报在社会上的影响力、竞争力是否增强，党报在舆论传播领域的优势和主导地位是否巩固。而要做到这一点，就必须正确处理办报与经营的关系，把遵循社会主义新闻事业发展规律与遵循社会主义市场经济规律统一起来。首先，要把主要精力放在办好报纸上，在坚持政治家办报的原则，把握正确的舆论导向的前提下，努力提高引导艺术，把报纸办得生动活泼引人入胜。实际上，如果办不出质量上乘、在社会上有影响力竞争力的报纸，也就不可能有可观的发行量，不会有丰厚的广告收入。当然，在办好报纸的基础上，我们也要以报纸为依托，努力抓好经营，尽可能做到社会效益与经济效益的统一。应该看到，如果报业经济不发达，经济实力不雄厚，要想把我们的宣传报道搞得更好，宣传手段更先进，也是不可能的。

二、正确处理主报与子报的关系

在当前报业的竞争中，有一种意见认为，机关报由于其喉舌的地位和性质，决定了它不能像企业那样把利润最大化作为自己的工作目标，不能像其他报纸那样有那么好的广告效益（即经济效益），因此，应该把主要精力放在办子报子刊上，依靠子报子刊去创收，以子报子刊养主报。我们认为，这种意见有失偏颇。如果任其主报萎缩，那么子报办得再好，其影响力也是有限的，到时领导不满意，群众也不满意。只有首先把主报办好，同时也努力把子报办好，才能相得益彰，使整个集团的影响力、竞争力得到增强。为此，我们提出要正确处理主报与子报的关系，组建报业集团后要让主报的主体地位更加突出，成为整个集团"联合舰队"的"航空母舰"。因为主报质量的高低，影响力的大小，直接关系到整个集团的形象和发展，所以我们绝不能同意让机关报自然萎缩。就我们南方日报报业集团来说，衡量组建报业集团是否成功，首先要看《南方日报》是否塑造了报业市场主体，社会的影响力、竞争力是否增强，这点一定要特别强调。

基于这样的考虑，我们在人力、物力的安排上，首先向主报倾斜，让主报的主体地位得到维护和巩固。在这个前提下，我们实行多品牌战略，对子报一个一个地加以扶持，让它们在市场中不断壮大。例如，在以前，我们培育了《南方周末》，近几年又培育了《南方都市报》。《南方都市报》不到三年发行量已达40万份，从发行量到影响力，已成为广州地区第四大日报。实践证明，办好主报，能有效地改善、扩大集团的形象和影响；而在办好主报的前提下努力办好子报，又能有效地壮大集团的实力。

三、正确处理发挥优势与适应市场经济发展的关系

省委机关报要适应市场经济的发展，这是无法回避的事实，问题在

于怎样去适应。我们最近在报纸改革讨论中，谈到了《南方日报》的读者定位问题。为什么《南方日报》办了50年，还要讨论读者定位问题？这就是为了处理好发挥优势与适应市场经济发展的关系。我们提出，在巩固原有读者群的基础上，积极拓展中心城市高层次读者群，特别是经济战线的高层次读者群。这个读者定位，就决定了《南方日报》应该以什么样的形象来适应市场。《南方日报》的优势和特点，应明显不同于省内其他报纸。它们大都是向大众化、平民化方向发展，我们没有必要再与它们去争同一种读者层次。《南方日报》的优势，就是权威性，它可以从四个方面体现出来：一是政策宣传，二是经济报道，三是言论，四是舆论监督。当然，权威性必须与可读性相结合，《南方日报》的优势才能充分发挥出来。因此我们提出：强化权威性，突出新闻性，加强可读性。只有充分发挥自己的优势与特色，才能满足高层次读者群的需要，更好地适应市场经济的蓬勃发展。所以，今年10月《南方日报》的改版就是从发挥机关报的特点与优势入手，争取高层次的读者关注我们的报纸。我们将要闻版从原来两个版扩大到四个版；在"B1"版创办经济新闻版，天天出；将国际新闻扩大到两个版，其中一个版彩印。16个版中有15个版是当天组版，使《南方日报》成为真正的新闻纸。特别是加强经济报道，这是省内其他报纸无法与我们竞争的。目前全省还没有一张有影响力的经济类报纸，我们加强经济报道，可以填补这个空白。这可以吸引经济界、企业界、商业界的人士来阅读《南方日报》，而他们都是拥有广告投入权力的人士，这对《南方日报》吸纳广告也是大有益处的。

总之，我们既要发挥自己的优势，又要适应市场经济的发展；不能只讲优势而不讲市场，也不能为了适应市场而舍长取短。

四、正确处理主业经济与多种经营的关系

作为报业集团，如果报业经济得不到应有的发展，尽快实现产业化经营，报业集团就失去了发展的条件和基础。只有进行集团化经营，才能最大限度地降低生产成本、发行成本，提高规模效益，增强抵御市场风险的能力。

　　发展报业集团经济，首先要精心搞好主业经济，经营好自己的主产品，树立市场品牌，扩大市场份额。这是发展报业集团经济的立身之本。在当前，市场占有份额比利润更为重要。南方日报报业集团成立后，我们将广告、发行、印刷、信息、出版列为集团的五大支柱产业，将来还要考虑将广播、电视列入主业经济的范畴。但是，目前报业集团的主要收入仍然是广告，而广告市场的潜在风险又很大。这种单一的经济来源，决定了报业集团经营风险不能有效地分散，从而难以抵御市场经济风浪带来的冲击。为此，从集团经济发展的战略高度来思考，必须努力完成以报业为主的多元化发展经济的战略布局。所以，我们除了全力培育集团五大支柱产业外，还要不失时机地进入其他行业，形成非报业经济支柱。发展非报业经济，同样要坚持扬长避短的原则，充分利用南方日报社现有的人才、信息、设备、发行网络等资源来培育新的经济增长点。需要强调的是，我们发展非报业经济、开展多种经营的目的，是为集团特别是为报纸的发展提供资金、技术和设备的支持，而不是分散人力、财力、物力，影响集团事业的发展。否则，就是本末倒置。

五、正确处理办报与营销的关系

　　当前，报业集团营销体系主要包括两大块：一是发行，二是广告。办报与发行、广告是紧密联系、休戚相关的。广告，是报业经济的"龙头"和支柱；发行量，则是吸引广告投入的首要条件；报纸质量，又决定着发行量的大小。过去的那种重办报、轻营销，重广告、轻发行的倾向，都是片面的。在当前报业竞争日益激烈的情况下，我们要想站稳脚跟，实现办报、发行、广告之间的良性循环，就必须正确处理办报与营销的关系，既要努力办出高质量的报纸，又要花气力抓好报纸的发行和广告的吸纳。

　　南方日报过去一心一意抓办报，报纸交给邮局发行，这就像工厂只抓生产而不抓产品销售一样。由于邮局是垄断性经营，在发行时效、发行覆盖面、发行费率等方面都存在问题，严重制约着我们事业的发展。南方日报报业集团成立后的第一个重大改革举措，就是将《南方日报》由邮局发行改为自办发行，并在今年一举取得成功。《南方日报》自办发行后，发行量继续稳步上升，并已变邮发的"四个制约"为"四个有利"，这就是：发行时效大大提高，发行覆盖面更趋科学，报纸与读者的交流更加密切，发行费率大为降低。可以相信，随着时间的推移，《南方日报》在报业市场的竞争力、影响力将会大大提高。

当然，我们并不认为自办发行是唯一的最好的发行方式。我们认为，在报纸发行中最重要的在于把发行的主动权即生命线牢牢掌握在自己的手中。在此基础上，最大限度地利用一切可以利用的因素，开通一切可以开通的发行渠道，包括利用邮发的渠道。多渠道发行才是报刊发行的方向。实行多渠道发行，有利于在报纸发行中引进竞争机制，调动邮政部门、其他部门和报社等方面的积极因素，从而做到各种渠道在发行中取长补短、平等竞争，使报刊发行市场更加规范和完善。

六、正确处理报业经营与跨媒体经营的关系

跨媒体经营，当务之急是迎接"第四媒体"的挑战。当前，以因特网为代表的全球电子信息传播网络迅速崛起，对传统报业形成了巨大的冲击。报业又一次面临技术发展所带来的严峻挑战，同时也迎来了一次前所未有的发展机遇。

最近几年，"新闻大战"打到了因特网上，并有愈演愈烈之势。世界上许多大新闻机构纷纷上网，并开始发展多媒体新闻。在信息高速公路上，通讯社、报刊、电视、电台的功能有融合的趋势，广告源也有向因特网转移的趋势。现在，因特网以及信息高速公路是新闻媒体争夺的焦点。说得形象一点，这是一种"圈地"运动。网站的建设是一种对未来的投资，绝不能因短期内没有经济效益而不去参与这场用户的争夺战。能否适应未来信息革命的挑战，对新闻媒体来说是一件关系生死存亡的大事。这对维护党报的主体地位，维护和扩大我们的广告额度，都有着极为重要的意义。所以，我们在办好现有纸质传媒的同时，要对信息网络传播、多媒体新闻所产生的巨大冲击和发展机遇给予足够重视，紧紧把握住这一报业发展的新机遇，尽早确立自身的网上优势。

除了"第四媒体"的兴起外，我们还要看到，全世界的媒介有融合化的趋势。开始是电脑和电视的融合，现在是电脑、电视与报纸、杂

志、图书的融合。这种融合，已打破行业的壁垒，已跨越国界的封锁。这种融合，使积极因素与消极因素并存。长期以来，我们过多地强调了各个媒体的独立性，忽略了媒介之间的联系性。实际上，形成跨媒体、多媒体的新闻信息传播，能够向社会提供全方位的信息服务，形成传播信息的规模效应。同时，能使资源得到更合理的配置，既节约了成本，又扩大了效益。以党和人民喉舌为己任的社会主义报业集团，面对这种融合化的趋势，应该有何作为？跨媒体经营的任务，已经明确地摆在报业集团的面前，我们必须及早做好准备。

七、正确处理内部管理战略与外部经营战略的关系

报业集团的产业扩张，有两种战略，一是内部管理战略，一种是外部经营战略。

内部管理战略，主要是按照市场经济的规律和现代企业制度的要求，理顺内部管理体制和运行机制。要改革领导体制，建立科学、民主、高效的决策指挥机制；改革国有资产管理体制，建立国有资产保值增值机制；改革人事制度，建立优秀人才脱颖而出的机制；改革分配制度，建立收入与贡献挂钩的激励机制；改革财务管理制度，最大限度地调动、使用集团各项资金，建立科学的财务运作机制；改革发行体制，建立以自办发行为主的市场发行机制；改革后勤管理体制，建立社会化、市场化的后勤保障机制，等等，使之尽快形成适应市场经济的运行机制。要通过改革，有效合理地利用内部资源，努力提高报纸整体质量，加强市场营销，完善市场管理，以千方百计扩大报纸的市场占有份额。

外部经营战略，牵涉面更广，更为复杂，如兼并、收购报刊或非报业企业，吸纳外资，实行股份联合，申请上市筹资，等等。在外部经营战略中，一个极为重要的方面是实行资本运营。从我国已成立的报业集团和大多数报社来看，其经营仍然停留在传统的生产经营上。而资本运营是生产经营的延伸和发展，是更高层次的经营活动，能够迅速扩大市场占有份额，实现资本的增值，获取更加可观的利润。所以，当报业集团积累到一定数量的资金，为了扩大集团影响，进一步对外扩张，在

外部经营战略中，要考虑逐步从传统的生产经营方式向资本运营的方式转移。

对于报业集团来说，内部管理战略搞不好，整个集团就不能适应市场经济的需要和竞争的要求；外部经营战略搞不好，集团也不能迅速扩大规模增强实力。只有正确处理内部管理战略和外部经营战略的关系，内抓管理，外抓开拓，实行内外结合，相互促进，才谈得上实现产业化经营。当然，要实现产业化经营，当前还有许多政策性问题需要解决。例如，报业集团的体制问题，跨媒介、跨地区经营的问题，能否与国内资本和国际资本融合以解决运营资金缺乏的问题，报业集团应该拥有的自主权问题，等等。这些问题解决后，如能正确处理内部管理战略与外部经营战略的关系，报业集团实现产业化经营就为期不远了。

八、正确处理近期发展与长远目标的关系

尽快实现报业产业化经营，是形势的需要。因为报业集团只有加强经营管理，拓展报业经济，创造良好的经济效益，才能使报业进入良性循环，更好地发挥党和人民喉舌的功能。我们看到，随着报业的发展和报业对外界的开放，随着中国加入世贸组织的临近，中国媒介实行产业化经营的进程将会加快。当前，国际上大资本、大媒介集团正虎视眈眈，迫切希望切入中国媒介市场。这对中国的媒介市场和广告市场来说，无疑是一场巨大的冲击和挑战。如果我们不抓住机遇壮大自己的经济实力，就很难参与国际间新闻传媒的竞争。

外国媒介集团既看重我国的广告市场，也着重于意识形态的对抗。就国内广告市场来说，在市场逐渐饱和，党报广告日趋困难的情况下，那些以大资本为背景的跨国广告公司的进入最具威胁。如果跨国公司利用资本上的优势在国内广告市场进行兼并融合，我们国内的广告公司生存空间就会越来越小。就意识形态的对抗来说，外国媒介集团显然不会忘记为宣传资本主义的意识形态服务，不会忘记为对我国实行"分化""西化"的战略目标服务。因此，我们组建报业集团，尽快实现产业化经营，增强党报的竞争力和影响力，是要准备参与国际间新闻媒体竞争，是关系到党和政府的舆论阵地能不能巩固、发展、壮大的根本问

题，绝不是简单地认为是为了应付国内媒体之间的竞争。面对国际媒体将切入中国市场的竞争，当前我们至少要在两个方面做好准备：一是做好意识形态对抗的准备。我们必须加强现行的舆论管理，强化我们在新闻网络的站点建设和宣传力度，提高舆论引导水平和报纸的整体质量。二是做好市场竞争的准备。我们必须加大改革力度，尽快实现产业化经营，推进集团的经济体制和增长方式的根本转变，努力形成规模经济，不断壮大经济实力。

所以，在处理近期发展与长远目标的关系上，一定要在抓近期的发展时不忘长远的目标，又要以长远的眼光来看待近期的发展，以对付即将来临的国际间媒体的竞争。特别是在媒体实行产业化经营还有许多政策性问题需要解决的情况下，我们切不可一味等待、观望而贻误时机。现在我们能够而且必须做的，首先是脚踏实地尽快建立与完善适应市场经济发展要求的高效有序的管理体制与运行机制。这是当前报业集团增强综合实力、在竞争中立于不败之地的重要保证。

2000年1月

▌体制创新：报业经济发展的突破口

——关于组建报业集团的思考之六

报业的集团化经营是一个重大的改革，然而，从目前的实际情形来看，不少报业集团更多的是解决报业的经营规模以及内部运行机制等问题，而甚少涉及报业的根本制度即体制创新问题；少数报业集团成立之后没有进行实质性的改革，有沦为"翻牌"公司的危险。可见，集团化只是报业改革的一个阶段性目标，并非根本目标。成立了集团的报社仍然要锐意改革，尤其要在体制上创新，把办报与经营从内部严格分开，并努力建立现代企业制度。

一

报业集团是否要以现代企业制度作为自己的改革目标模式，这是一个认识尚未完全一致的问题。这在一定程度上是由新闻传播业的特殊性所造成的。新闻传媒具有强烈的意识形态属性，属于上层建筑，是党和政府进行思想文化传播与舆论宣传的重要手段。因此，长期以来，我们把新闻传播当成一种事业来办，而忽视了其产业属性。在组织形态和资本形态上，报社都是宣传和经营两种功能合一，这是计划经济时代留下的模式。改革开放以来，报业与其他行业一样，也进行了多方面的改革，从"事业单位、企业管理"到组建报业集团，报业发展的实践已经突破了这种"一重性"理论。然而，由于行业的特殊性和敏感性，这种理论至今仍在制约着人们的思维和行为，使报业的改革步履维艰。

新闻传媒除了具有事业性、社会性之外，是否还具有产业性、企业性？中外新闻业发展的实践已经对此作了肯定的回答。新闻媒介传播的内容有阶级性、政治性，这是毫无疑义的，但作为信息，它又具有经济性、商品性，是一种经济资源和生产要素；现代新闻机构作为政党的宣传工具，具有阶级性、政治性，这是毫无疑义的，但它作为新闻和信息产品的生产单位，又具有产业性和企业性。它也要按价值规律组织生产，也要讲投入产出，讲经济效益。传媒自身所具有的"两重性"，要求我们在把它当作宣传工具的同时，也要把它当作一个企业来看待。它不同于物质生产部门的企业，而是一种生产精神产品的特殊企业。它既要依据社会主义意识形态原则组织新闻报道，讲求社会效益，又要遵循价值规律组织生产，讲求经济效益。它不能简单地以利润最大化作为自己的追求目标，而必须把社会效益放在首位，追求综合效益的最大化。

　　既然承认传媒单位是一种生产精神产品的特殊企业，那么，它就与其他类型的企业具有一些共性。比如说，在市场经济条件下，企业作为市场主体，必须有经营自主权，必须有一套适应市场经济的自主经营、自负盈亏、自我约束、自我发展的运行机制。否则，就难以成为真正的市场主体，在市场经济中求生存求发展。以此来反观我国的传媒企业，包括报业集团，这些问题都没能得到很好的解决。目前报业的经营自主权不能说一点也没有，但很有限，连扩版增张这样的事情也要报批，更不用说吸纳社会资金、进行股份制改造等重大改革了。这就使得报业集团的发展缺乏活力，其发展速度和经济效益都没有达到应有的高度。近几年来，作为我国报业主体的省级党委机关报的萎缩和衰落，已经向我们发出了严重警示：报业如果不加快改革，实行体制创新，就很难适应市场经济的发展；党领导的报业如果不能在市场中站稳脚跟并不断发展壮大，党对新闻舆论的控制就有落空的危险。

　　这绝非危言耸听。随着我国加入WTO组织的临近，危机也就越来越重。我国加入WTO后，西方传媒通过各种方式进入我国是一个可以预知的过程。西方传媒在我国的传媒市场，同样会充分发挥其"两重性"作用，一方面攫取尽可能多的经济利益，另一方面企图影响甚至主导舆论，为宣传资本主义的意识形态服务，为对我国实行"分化""西化"

的战略图谋服务。这就意味着，加入WTO后，国内媒体与国外媒体的意识形态对抗是不可避免的。国内媒体在对抗中能否站住阵脚，并保持一定的优势，关系到党和国家的宣传舆论阵地能不能巩固、发展、壮大，关系到舆论主导权掌握在谁的手中。从国内媒体的现状来看，虽然不少传媒在它们所在的区域具有很强的社会影响力和经济实力，处于绝对优势甚至垄断的地位，但与国外的强势媒体相比，还存在着很大的差距。更令人担忧的是，作为报业主体的机关报在总体上出现了发行和效益双滑坡现象。主力军战斗力的削弱，使我们在对抗中难以保持优势，无疑会给西方传媒以可乘之机。因此，加快我国传媒的发展，特别是增强作为报业主体的党委机关报的活力和实力，是摆在我们面前的一项十分紧迫的任务。为此，在报业集团实行体制创新，即建立现代企业制度，是必然的选择。

二

现代企业制度，具有产权清晰、权责明确、政企分开、管理科学等基本特征。报业的产业性质，决定了报业集团应该借鉴工商企业的形式进行体制创新；而报业集团的特殊性，又决定了其体制创新必定有自身的特点。

报业集团的体制创新，要分两步走。第一步，报业集团要把办报与经营严格分开，并明确规定这两方面各自的范围并使之规范化；第二步，在报业集团的经营管理部门建立现代企业制度，即对各个经济实体实行规范的公司制改造。如构筑新的财产制度、健全企业法人制度、建立完善的企业组织制度、建立科学的企业管理制度，等等。这里，第一步是突破口，是第二步的前提；第二步是重点，是关键。不在报业集团经营管理部门实行现代企业制度，办报与经营"两分开"也就失去了意义和存在的价值。

当然，实行体制创新，办报与经营两分开后，报业集团的领导体制也必然相应发生变更。因为报业是一个不同于工商企业的特殊产业，所以体制创新后的报业集团领导体制，不能简单地套用公司法所规定的体制。这种变更的前提是，既要确保党对报业的绝对领导，又要为集团实现产业化经营提供组织保障。我们设想，报业集团应成立社委会（或党委会），它是报业集团的最高权力核心，主要负责办报，对全集团的政治、经济、人事等工作负总责。同时，按《公司法》成立与社委会相对平行的董事会，以及监事会。董事会下设若干个经理班子，主要负责全集团所属媒体的广告、发行、印刷以及其他产业的经营，并承担所属媒体正常运作的全部成本。社委会作为集团的投资主体或最大股东的代表，必须行使所有者的权利，董事会的重大决策，必须经社委会批准。根据报业是特殊产业的原则，报业集团的法人代表、董事长应由社长（或党委书记）兼任。社委会与董事会的具体责任是：社委会向主管领导单位负坚持正确舆论导向之责；董事会向社委会或股东大会负资产保值、增值之责。董事会不能干预办报。

这种领导体制，既可保证集团所属媒体坚持党性原则，坚持政治家办报，把握正确的舆论导向，不断提高报纸的整体水平，又可促使报业集团的经营管理部门朝建立现代企业制度的方向迈进。

三

报业集团实行体制创新，办报与经营两分开后，报业集团当前在经济发展上存在的许多难以解决的问题就可以迎刃而解了。这将为报业经济的腾飞带来许多竞争优势和发展契机。

（一）有利于实行规范的公司制改造，使报业集团成为适应市场的法人实体和竞争主角，增强集团的经济活力。

报业集团办报与经营两分开后，社委会的主要精力放在如何办好报纸上，除主管的领导部门外，其他任何单位和个人不得干预办报。这就从根本上保证了报业发展的正确方向，保证了党对报业的绝对领导，保证了媒体的党和人民喉舌的性质不变。董事会的工作重点，首先是在集团的经营部门建立现代企业制度。其核心就是按照"产权清晰、权责明确、政企分开、管理科学"的要求，对集团经营管理所属部门，根据不同情况，分别采取改组、联合、兼并、租赁、承包经营和股份合作制等形式进行改造。当然，不管进行何种模式的探索，各个经济实体的控股权、控制权必须牢牢掌握在报业集团的手里，从而确保集团对新闻媒体和经济发展的控制。经营管理部门进行规范的公司制改造后，就能形成以公有制为主体、多种所有制并存的格局，就能面向市场筹集资金，拓宽融资渠道，增强集团的经济活力，为报业集团的加快发展奠定良好的基础。

（二）有利于报业集团新型融资体制的建立，变单一的国有独资为多元投资，报业资本、产业资本、金融资本、人力资本在集团有机融合，大大改变全集团的经营环境，使报业集团经济发展的空间不断拓展。

当前，国内报业集团以及各级党报，几乎都是国有独资的。国家财力有限，对报业投入严重不足，又不允许利用社会资金，致使报业集团经济发展非常缓慢。一些人至今还在担心，似乎引入社会资金办报，就会影响党报的性质，影响党对新闻舆论的控制。其实这种担心是多余的。在办报与经营两分开后，报业经济投资主体多元化，引入社会资金不仅不会影响党报的性质，反而会壮大党报的经济基础。当然，这里最重要的一点在于，新开辟的融资渠道必须安全有效，以确保国有经济成分在报业集团经济中的主体地位。

报业集团经营管理部门进行规范的公司制改造，并实现投资主体多元化后带来的另一个契机是，能使报业集团摆脱过去单纯依靠内部积累、自身滚动发展经济的困境，而逐步从传统的生产经营方式向资本运营方式转移，进行更高层次的经济活动。资本运营能促使报业集团实行大规模的低成本扩张，获取更加可观的利润，实现资本的更大增值。

传媒的特殊性，使党报在社会上享有非常高的威望与信誉，拥有巨额的无形资产。通过股份制改造和资本运营，能将报业集团的无形资产转换为有形资产，将信誉资源转换为有形投资，这是报业集团体制创新后带来的又一个契机。它能大大扩充报业集团的经济实力，提升国有资产的控制力，加快报业集团的快速扩张和发展。

（三）有利于在集团内部建立合理的利益分配机制和利益驱动机制，确保集团人力资本在生产要素构成中的主导地位。

企业法人制度是现代企业的核心制度，它规定企业法人对出资者注入企业的资本金及其增值形成的财产享有独立的财产权利，即企业依法享有对法人财产的占有、使用、获益和处分权，并依据独立的法人财产对其经营活动负责，自主经营，自负盈亏；企业法人在行使法人财产权时，要受出资人所有权的约束和限制，要对出资人履行义务，依法维护出资人的权益，承担资产保值增值的责任。所以，报业集团的经营管理部门建立现代企业制度后，从制度上保证了集团职工在经营管理、利益分配等方面的主体地位。特别是可以从职工资金参与入手，推行分享式职工持股，建立包括年薪制、期权制度等多种形式的激励机制，使职工与报业集团结成利益共同体，让经营者和每个职工的利益追求与集团对战略目标的追求相一致，人人关心报业集团的经营和发展，从而激发全体职工的积极性和创造性，保证人力资本在集团生产要素构成中的主导地位。

（四）有利于报业集团的产业扩张，向跨媒体、跨地区、跨行业的方向发展，使之成为能与国外新闻集团抗衡，具有国际竞争力的多媒体集团。

中国加入WTO后，报业集团既面临良好的发展机遇，也面临着严峻的挑战。面对国外强大的新闻集团的竞争，我们必须在尽可能短的时间内努力壮大自己。报业集团实现体制创新，建立现代企业制度后，通过多元投资，经济实力大大增强。以资本为纽带，通过市场实现跨媒体、跨行业、跨地区、甚至跨国经营也就成为可能。在报业集团的基础上组建大型跨地区多媒体集团，能使集团的产业结构、经济结构全面升级和优化，有效地增强集团的竞争力和抗风险能力。

（五）有利于更好地发挥党报的喉舌功能，巩固社会主义新闻舆论阵地。

报业集团实现体制创新，其成效首先体现在集团经济实力的增强上。但是，经济效益的提高并不是报业集团体制创新的最终目的。最终目的在于借助经济效益的杠杆来促进新闻改革的深化，促进现代传播技术和手段的应用，使宣传报道更富创意，喉舌功能得到更好的发挥，为改革发展稳定提供更加有力的舆论支持。在这一点上，报业集团的体制创新与工商企业的体制创新是完全不同的。不言而喻，报业集团的体制创新，既能最大限度地提高经济效益，又有利于发挥舆论工具的作用，取得良好的社会效益。这两个效益相互促进，相得益彰。如果所有的新闻媒体都能在体制创新上有所突破，在中国加入WTO后，又何愁社会主义新闻舆论阵地不能巩固！

2001年3月

加入WTO后党报的应对策略

随着我国加入WTO实质性谈判的完成，中国加入世贸组织已成定局。加入这个被人们称之为"经济联合国"的世界贸易组织后，中国经济将全面融入国际经济体系，并在世界经济舞台担当重要角色；中国经济的产业结构、企业组织结构和管理模式，都将与世界经济接轨。这无疑会对中国社会经济、文化的发展产生全面深刻的影响。

"入世"后的中国报业，特别是作为报业主体的党委机关报，将会面临何种机遇和挑战，应当采取何种应对措施，这是一个亟待研究解决的重大问题。

加入世界贸易组织，将改变我国传媒的生存环境，使传媒有更多的信息资源可资利用；将加强中国传媒与国外传媒的交流，便于我们学习国外报业的先进技术和管理经验；将促进国内改革开放的进程，为报业的改革和发展创造更宽松的环境。这些，都是"入世"对我国新闻领域带来的正面影响。

但是，我们也应清醒地看到，加入世贸组织，同时也意味着面临外来文化特别是西方文化更强烈的冲击。西方的思想观念、价值取向、生活方式、行为规范的渗透将无孔不入，在我国国民中产生潜移默化的作用。就报业而言，根据"国民待遇"的原则，国外打进我国的传媒将逐渐享受国内传媒相同的待遇。这一点在"入世"的头几年虽不可能成为事实，因为传媒市场的准入是一个逐步的可掌握的过程，但最后的结果必然是这样。到那时，国外传媒凭借他们雄厚的资本实力将大举进军报业市场，国内传媒与国外传媒短兵相接的局面不可避免。意识形态的对抗、舆论阵地的攻防、信息资源的争夺、经济实力的较量、市场与人才的角逐必趋激烈和复杂。可以预见，"入世"后的中国新闻领域，必然会出现渗透和反渗透、控制和反控制的激烈斗争。这场斗争，既是意识形态的角逐，也是经济实力的较量。要在这场斗争中掌握主动，就必须充分利用"入世"头几年的保护期，抓住"入世"为我国报业提供的难得的机遇来壮大自己，增强竞争实力，以迎接各种挑战。要做到这一点，其前提条件是继续解放思想，扩大开放，深化改革。当前，我们要在以下四个方面做好应对的准备。

一、针对意识形态的对抗，我们要实施名牌战略，办出可以与国外传媒相抗衡的报纸，巩固社会主义舆论阵地

新闻传媒具有强烈的意识形态属性，属于上层建筑，是党和政府进行思想文化传播与舆论宣传的重要手段。加入世贸组织后，西方传媒对我国的影响首先表现在意识形态的对抗上。它们显然不会忘记为宣传资本主义的意识形态服务，不会忘记为对我国实行"分化""西化"的战略图谋服务。加入世贸组织后，国内媒体与国外媒体的意识形态对抗不可避免，在对抗中能否站住阵脚，并保持一定的优势，关系到党和国家的宣传舆论阵地能不能巩固、发展、壮大，关系到有中国特色社会主义事业能否顺利发展。对此，我们绝不可以掉以轻心。

从我国报业的现状来说，虽然不少党报在他们所在的区域具有很强的社会影响力和经济实力，处于绝对优势甚至垄断的地位，但与国外的强势媒体相比，还存在着很大的差距。为了在对抗中保持优势，我们必须全力实施名牌战略，办出一流的报纸，尽快培育出一批至少在所在地域能够与渗透到这个地域的国外媒体相抗衡的报纸。更高的要求，则要求这张报纸不仅能够抓住本地域及中国的受众市场，而且能够走向世界，在世界范围内有效地宣传自己的观点和主张，传播国际、国内信息，在世界传媒体系中占有一席之地。

实施名牌战略，关键是坚持新闻改革，不断提高报纸的整体质量。名牌就意味着高质量、高品位，报业的品牌之争，实际上是报纸整体质量的竞争。加入世贸组织后，随着意识形态对抗的短兵相接，对报纸坚持政治家办报原则、把握正确的舆论导向将会提出更高的要求；与此同时，也对提高宣传艺术提出了更高的要求。但是在当前，国内报纸与国外报纸相比，在形式的活泼、内容的丰富、信息传递的快捷、与受众的贴近程度等方面，都存在着很大的差距。空喊政治口号，并不等于新闻的正确导向；一味枯燥说教，也难以吸引受众的"眼球"。在坚持党性原则、把握正确导向的前提下，努力提高引导水平，是当前新闻改革的难点。这个问题不解决，别说占领世界受众市场，发展下去，连国内受众市场也会失去。所以，实施名牌战略首先必须深化新闻改革，特别是要树立精品意识。新闻精品的产生是一个复杂的系统工程。优秀的新闻作品，不仅要有理性的高尚的品位、正确的舆论导向，而且作品的文采、风格、手法、技巧等等，都要有所创新，才能称得上精品。只有精品多了，才能称得上名牌报纸。所以，在新闻改革中，一定要坚持"两手抓"，即一手抓舆论导向，一手抓引导艺术，在权威性、指导性与可读性的结合上下功夫，这样才能不断增强报纸的竞争力和影响力，培育出与国外强势媒体相抗衡并进军国际报业市场的名牌报纸。

实施名牌战略，必须合理配置资源。一个报社的资源总是有限的，特别是在目前，报业还不可能直接进入资本市场，资源的掣肘更显突出。在这种情况下，更要用好用活有限的资源。对那些发展前景堪忧、没有效益的报刊，该停的停，该关的关，该转的转，以盘活存量资本；对那些发展潜力大、两个效益都好的报刊，要舍得投入，在人、才、物上为之倾斜，使之迅速成为名牌产品。

实施名牌战略，还必须加强市场营销。在过去的计划经济时期里，报业是作为事业单位来办的，不存在市场竞争。因此，报社只管生产即办报，不管营销，在这种情况下是不可能产生真正的名牌的。进入市经济之后，情况发生了重大变化，报业竞争的格局已经形成，报业市场的分化越来越明显，那种只管生产、不管营销的情形再也不能继续下去了。报业的市场营销，简单地说就是在坚持正确舆论导向的前提下，根据读者的需求来办报；具体来说，就是确定目标读者和目标市场，根据不同读者群的需求来办不同的报纸，以更好地占领市场。这是一个方面。另一个重要方面，报业市场的营销非常注重新闻的时效、发行的时效。新闻时效的提高，必须从采编的指挥、策划、组织等方面去着力；

发行时效的提高，则必须掌握发行的主动权，从发行体制的改革上下功夫。

实施名牌战略，要善于进行名牌的深度开发。名牌意味着高质量，意味着优质服务，意味着良好信誉；名牌是生产者智慧的结晶，是企业文化的浓缩，是进入市场的通行证，一句话，名牌是一笔巨大的无形资产。这里的关键就在于，要善于对名牌这一资源进行深度开发，使其不断增值。对报业名牌的深度开发有多种途径，最基本的、也是最重要的，就是利用名牌报纸的社会信誉、作者队伍、信息资源、发行网络、广告渠道等，推出新的报刊。在这里，名牌起到了新报刊孵化器的作用，大大降低了新报刊进入市场的难度，缩短新名牌产生的时间。由老名牌到新名牌，形成一个名牌群，就充分发挥了名牌在资产增值中的倍增效应。在这一点上，南方日报报业集团体会殊深。我们用《南方日报》这一名牌，开发出《南方周末》和《南方都市报》两个新的名牌，现在又对《南方周末》和《南方都市报》这两个名牌进行新一轮的开发，由《南方周末》创办了《21世纪经济报道》，由《南方都市报》创办了《南方体育》。现在这两家报纸都已脱离母体，独立运作，并取得了两个效益的丰收。今后，我们还要利用集团的新老名牌，开展跨地区、跨媒体经营，在条件成熟时，还要进行跨境经营、跨国经营。

二、针对信息资源的争夺，我们要充分利用先进的网络技术进行信息传播，尽快在网络世界形成优势

作为20世纪人类最伟大的发明之一，网络技术正在深刻地改变着人类的生产、生产方式。随着网络技术在传播领域的应用，产生了第四媒体——网络媒体，对传统纸质媒体提出了严峻挑战。与传统媒体一样，网络媒体也具有强烈的意识形态属性，从其产生之日起，西方发达国家就运用它来宣传自己的政治主张和价值观念，对其他国家，特别是社会主义国家进行意识形态渗透。加入世贸组织后，一方面，国际间的信息交流和传递受国际法的保护；另一方面，国际资本可通过直接和间接的方式控制国内的网络媒体，这就向作为党的舆论工具的党报提出了一项新的紧迫的任务：争夺网上舆论主导地位。可以预见，加入世贸组织后，对网络媒体主导权的争夺将在我国掀起惊涛骇浪。

网络媒体集文字、图片、图表、动画、声音、影视、图书之大成，构成了多媒体传播方式。尤其在信息传播的速度、广度，获得信息途径的多样化，以及开放性、交互性、立体性等方面，使传统报纸相形见绌，益见逊色。信息资源的争夺，一开始就在朝一边倒的方向发展。而在这场争夺中，西方发达国家拥有明显的技术优势和先发优势，容易形成对信息的控制和垄断。在一个以信息作为最重要的经济资源的时代，对信息的垄断所能带来的巨大经济利益是不言而喻的。不仅如此，由于网络媒体已经彻底打破国界的限制，其国际性、交互性的特点，使网络媒体在全方位传播信息的同时，也传播着西方资本主义的意识形态和价值观念，因而信息垄断所带来的巨大政治利益也是不言而喻的。从实践上看，西方发达国家正是从巨大的经济利益和政治利益出发，全力加快发展网络传媒，企图达到对信息的控制和垄断。由此可见，网络传媒已成为信息争夺与舆论攻防的制高点。我们应该清醒地看到，就网络新闻而言，现在远不是"狼来了"的惊呼，而是"狼"已经张开大口吞噬信息资源了。

以积极的姿态参与信息资源的争夺，主导网上舆论，是党的新闻机构的神圣职责。正是意识到自己肩负的重任，近几年来，我国传媒机构纷纷"织网"。然而，从现在国内建立的许多网站来看，还远远不能抵挡国外网络媒体的挑战。我们的不少网站尚停留在将纸质媒体内容的复制上，还谈不上在信息内容和形态上办出自己的特色，有自身的创新。最近，北京的"千龙网"、上海的"东方网"，以及广东的"南方网"等，尽管对新闻、信息进行了整合，但也只是初步的，要走的路还很长。因此，我们要以高度的政治责任感和强烈的紧迫感，密切关注和研究信息网络发展的新动向，进一步增强网络宣传意识，下大决心组建具有强大影响力、竞争力的网站，尽快在网络世界形成自己的优势，以便与各种网络媒体相抗衡。

党报进军网络媒体，建设强势网站，碰到的困难和问题很多，只能在实践中探索，在发展中解决。当前必须认真研究和解决如下几个问题：

一是定位。综观国内外形形色色的网站，大致上可分为商务、新闻、综合三类。国内媒体办的网站，基本上是新闻网站。这当然符合媒体办网站的初衷，也是发挥自身优势的一种明智选择。然而，从网站的实际运作来看，单一提供新闻服务，很难在短期内获得高点击率。为了加快新闻网站的发展，最重要的在于必须保持自身传播内容的魅力、特色和优势，在内容开发和策划上寻找突破，即一定要坚持以新闻为"龙头"，提高新闻信息对受众的吸引力和需求度；同时，加强服务性的内容，如迅速传递经济理财、金融股市、文化娱乐、法律咨询、旅游、医疗等方面的信息，以增加点击率。在此基础上逐步拓展电子商务，向商务网站发展，努力成为以新闻为龙头的商业网站。实际上，党报进军网络媒体，具有很大的优势，党报既可以赋予自己办的网站以新闻的品牌和公信力，又可以从网络获取快速、便捷的新闻资源，互相促进，相得益彰。

二是投入。网络媒体是高科技的结晶，无论是软件建设还是硬件建设，都需要大量的投入。综观国内外的网络媒体，盈利的非常少。于是有人戏称，搞网络媒体是在"烧钱"，只有投入，没有产出，因而应当缓建。当然，我们办网络媒体，完全不考虑经济效益不行，但只考虑经济效益也不行。因为网络没有利润，就将这块舆论阵地拱手相让，人民也不会答应。应该说，网络媒体的建设，长远的利益大于现实的利益。考察一下人类科技发展的历史就会知道，每一项重大新技术产生后，都会在市场上产生强烈的反应，引起资本的大量集中和无数新公司的诞生。然后经过优胜劣汰，淘汰掉90%的泡沫，进入稳健发展期。在这一时期，前期的投入将会获得非常高的回报。因此，许多网络公司目前面临的危机，只是客观规律的正常反应。如果我们看不到这一点，仅因为目前投入没有回报而放弃"织网"，就会错失一次良好的发展机遇。等到有可观的效益时再进入就太晚了，因为市场已经瓜分完毕。所以，无论从政治的角度还是从经济的角度考虑，一个有作为的报社也不能不参与这场角逐，并要力争成为那能生存下来的10%中的一分子。

三是管理。网络媒体是一个全新的领域，政府如何对其进行科学管理，如何有效地进行新闻舆论引导，也还处在摸索阶段，政策暂时不到位也在情理之中。但这一过程不能太长，应该尽快制定法律，规范其发展。最近，中央先后颁发了《中华人民共和国电信条例》《互联网信息服务管理办法》《互联网站从事登载新闻业务管理暂行规定》《互联网电子公告服务管理规定》等行政法规，相信能使网络媒体的发展尽快从无序走向有序。

党报进军网络媒体，可以借助网络的优势，优化我们的传统报纸；同时，又为社会主义意识形态与资本主义意识形态的对抗，开辟了一个战场。我们还必须看到，网络媒体对报纸的冲击绝不仅限于新闻和信息传播方面，它对报社内部的运作机制、现有的传播秩序，甚至整个媒体市场的格局，都会产生深刻的影响。在采用先进的网络技术改造和提高传统纸质媒体的同时，在美国，网络媒体发展的结果是形成了媒体兼并的新趋势。例如，美国在线与时代华纳的兼并就很能说明问题。它融新闻、商务、营销、广告为一体，对新闻、娱乐、音乐、影视，以及宽带、技术、资金等资源进行优化配置和整合，使之一跃而成为风行一时的全球性公司。由此可见，随着网络技术的应用，未来报纸、杂志、电视、广播和网上媒体之间的界线将变得模糊，跨媒体、跨地区经营和集团化的发展已成趋势，我们应该朝着这个方向努力前行。

三、针对经济实力的较量，我们要深化改革，使报业尽快实现集团化、产业化、多元化经营，壮大经济实力，形成规模经济

与国外新闻媒体之间的竞争，在很大程度上是经济实力的较量。只有报业经济发展到一定的规模，才有资格参与竞争。如果我们的报业经济不发达，经济实力不雄厚，要想运用先进的手段、先进的技术把我们的宣传搞得更好，也只是一句空话。从经济实力的对比来看，国外媒体具有雄厚的资金优势和一流的管理水平；而国内媒体经营规模小，经济来源单一，抗风险能力小，经营机制尚未与市场经济接轨，在市场经济风浪中大有不堪一击之虞。要真正应对"入世"后的挑战，中国报业必须充分利用保护期千方百计壮大自己的经济实力。为此，必须进一步解放思想，更新观念，加快报业改革的步伐，并在此基础上，努力适应市场经济的发展。

在观念上，必须认识到报业是一种特殊的产业，它既要遵循社会主义新闻工作的原则，又要遵循市场经济的规律。然而，长期以来，我们只承认报业的意识形态属性，忽视了报业的产业属性。在计划经济时代，我们强调坚持政治家办报，坚持正确的舆论导向，注重报纸的社会效益，这当然是对的。但与此同时，却忽视了办报也要遵循价值规律，也要讲求经济效益。其结果，是报业投入严重不足，发展非常缓慢。这种状况如果说在封闭的计划经济时代还可勉强维持的话，那么在中国加入世贸组织后必定难以为继。道理很简单，西方的传媒产业已是一种发育成熟的产业，形成了一批有强大经济实力的世界知名传媒集团。一旦这些传媒进入我国，利用其品牌优势、经济实力、科技实力抢占市场，国内报业是难以与之相抗衡的。为今之计，就是要充分利用加入世贸后的保护期，培育和发展报业产业，通过市场配置资源，加大投入，使现有的报业集团尽快变大变强。有人担心，引入社会资金办报，会影响党报的性质，会影响党对新闻舆论的控制。这种担心不无道理。但是，只要我们始终掌握报业的控股权、新闻报道的终审权、领导成员的任命权，我们就可以牢牢把握对新闻舆论的控制，此其一；其二，可将报业的资产划分为办报资产和经营性资产，办报资产为国家所有，而对经营性资产逐步实行投资主体多元化，以有效地吸纳社会资金，壮大报业的经济基础，这样也不会危及党报的性质。总之，只要我们头脑清醒，措施得法，报业实行产业化经营不仅不会削弱党对报业的领导，反而会加强党对报业的领导。否则，报业难以发展壮大，无法抵御国外媒体的进攻，这才会真正削弱党对新闻舆论的控制力。

在体制上，必须理顺报业的产权关系，做到宣传与经营两分开，在经营方面要建立起现代企业制度，这是报业进行品牌经营的组织基础。在计划经济时代，由于不承认报业的产业属性，长期以来，我们将报纸等传媒当作事业单位，按事业组织来管理和操作，办报由财政拨款，不计成本，不讲投入产出。改革开放之后，这种情况发生了变化，大多数报社都实行了"事业单位、企业管理"的新体制，近两年来一些报社又进行了报业集团的试验，这些都反映了报业体制改革的进展。然而，比起其他领域的国有企业改革，报业的改革是大大滞后了。造成这种现状的原因，既有报业行业的特殊性，更有党报资产的特殊性。党报的资产，不是一般的国有资产，而是一种特殊的国有资产，国有资产管理局一般是管不上它的。因此，国资局所推出的一套改革措施，如清产核资、授权经营、股份制改造等，都没能在党报推行。这就使得党报的改革难度更大，如何根据党报的实际情况，找到一条既坚持政治家办报原则，又理顺产权关系、建立法人治理结构的路子，实在是摆在我们面前一项紧迫而又艰巨的任务。

在经营管理上，我们必须适应市场经济发展的要求，在如下三个方面努力：

——集团化发展。组建报业集团，是形成报业规模经济的重要途径之一。国外传媒集团已经高度集中化了，而且又融入了现代化的融资手段和兼并模式，产生了规模和影响更大的集团，竞争能力得到了空前的提高。这些集团一旦进入我国，其竞争的残酷是可想而知的。为适应激烈竞争的局面，我们的新闻媒体必须形成一定的规模。党中央高瞻远瞩，早已看到了这一点，近年有关部门已批准组建了16家报业集团，为我国报业的发展创造了良好环境和空间，为这些报社的发展带来了生机和活力。中国报业的集团化已成趋势，正面临着千载难逢的历史机遇。但是，这些集团还仅仅是报纸和报纸的联合，或者是主报和系列报的组合，除上海文汇新民联合报业集团外，没有一家集团进行了资产重组。应该说，我们的集团化还处于低层次的阶段。要向更高层次发展，集团首先必须苦练内功，尽快建立和完善适应市场经济发展的内部管理体制和运行机制；其次，是集团必须调整产业结构，形成以报业为主、多业并举的产业结构；第三，集团应跨地区、跨媒介经营，真正形成融合报纸、电视、网络、广播以及出版为一体的现代化新闻集团，实现信息资源的综合利用和深度开发。

——产业化经营。在现代社会里，新闻媒体既具有意识形态属性和功能，也具有产业属性和功能。在中国"入世"后，其意识形态的功能只能加强，不能削弱；而其产业功能也必然会凸显和强化。从这个意义上说，新闻业是一个特殊的产业，因而对其发展要采取特殊的政策。在组织形态和资本形态方面，现今我们的党报是宣传和经营两种功能合

一、主业与相关产业合一。这是计划经济时代留下的模式。所以，一些有识之士提出，为了应对"入世"后的竞争，必须通过改革，把宣传和经营从内部分开，明确进入范围和条件并使之法规化。宣传和经营两分开后，就能应对和处理好国外资本的进入以及参股、控股等问题。否则，因为宣传与经营的合一而将国外资本和技术拒之门外，就可能失去报业发展的大好机遇。宣传与经营从内部两分开后，其组织形态也必然发生变更，这就在确保党对报业领导的同时，为实现报业的产业化经营提供了基础。

实行产业化经营，可使报业的营销更加符合市场规则。第一次销售是发行。建立以自办发行为主的多渠道发行体制，是发行市场化的重要途径。第二次销售是广告。广告作为新闻产业的支柱，"入世"对其影响可以说是首当其冲。境外不少著名的跨国广告公司早已觊觎中国的广告市场，纷纷抢滩登陆。国外广告公司的进入，将有力地促进我国广告市场的发育和成熟。但从近期来看，由于国外广告公司在资本和管理上的优势，对国内广告公司将产生强烈冲击。报业的广告公司要能在激烈的竞争中有一席之地，并为报纸的生存和发展提供经济支撑，就必须走广告公司集团化、广告经营专业化、广告市场规范化之路，不断引进和推广先进的管理模式，按国际标准和市场化要求加大改革力度，争取在进入国际轨道之前理顺各种运行机制，完善各种规章制度，形成公平竞争的市场环境。

实行产业化经营，还有一个产业扩张的问题。新闻产业扩张从量的方面看，就是不断扩大报业市场的容量和报纸的覆盖面，不断拉长报业的产业链条，不断做大新闻产业的"蛋糕"；从质的方面看，就是调整新闻产品结构和产业结构，优化新闻资源配置，不断提高新闻产品的层次。产业扩张的关键在于技术创新，用高新技术改造和提高新闻产业，向高新技术要效益。报业是知识密集型产业，在当前激烈的报业竞争中谁善于知识创新、技术创新，谁就可能掌握报业经济发展的主动权。因此，高新技术的运用，直接关系到报业的生存和发展，关系到报业的社会效益和经济效益。

——多元化格局。目前绝大多数党报的主要经济收入仍然是广告，而广告市场的潜在风险又很大。这种单一的经济来源，决定了党报经营风险不能有效地分散，从而难以抵御市场经济风浪带来的冲击。为此，从报业经济发展的战略高度来思考，必须努力完成以报业为主的多元化发展的战略布局。所以，除了千方百计培育主业经济外，还要不失时机地进入其他行业，形成非报业经济支柱。当然，我们发展非报业经济，开展多元化格局经营的目的，是为报纸的发展提供资金、技术和设备的支持，而不是分散人力、财力、物力，影响报业的发展。否则，就是本末倒置。

在实行多元化格局经营中，必须高度重视资本运营。资本运营是生产经营的延伸和发展，是更高层次的经济活动，能迅速扩大市场占有份额，获取更加可观的利润，实现资本的增值。在"入世"后国外资本大举进入我国时，尤其要重视资本运营。现在我们绝大多数报社的经营仍然停留在传统的生产经营上。当资金积累到一定数量之后，报业要逐步从传统的生产经营方式向资本运营的方式转移，采取收购、兼并、合作等多种形式，进行大规模的低成本扩张，将报业集团不断做大做强。在资本运营中，要特别重视报业企业知识资本营运。包括人力资本、企业信誉、品牌商标、顾客忠诚、经营关系、领导能力、组织结构、企业文化、创新能力等在内的知识资本，是报业企业的一笔巨大资产。然而，长期以来，这笔资产被闲置一旁，没能发挥其增值功能。这种状况再也不能继续下去了。当前，要认真研究和探索知识资本营运的规律，在收购、兼并、合作等经济活动中，充分发挥知识资本的作用，加速报业集团的扩张。

四、针对市场和人才的角逐，我们要加大人力资本的投入，建立优秀人才脱颖而出的机制，努力培养能掌握现代新闻手段、精通新闻业务的复合型人才

加入世贸组织后，我国报业面临国际传媒以各种不同方式的渗透，人才的争夺将变得更为激烈。人才是报业发展的最重要的资源，拥有优秀人才队伍是报业持续发展的保障。没有人才的支撑，我们要想办出一流的报纸，在意识形态的对抗、经济实力的较量、信息资源的争夺中取胜，都如同纸上谈兵。

时代在发展，"入世"后对新闻人才的要求会越来越高。不少业内人士都提出，当前高素质的新闻从业人员除了要具备较高的政治素质外，还要具备以下三个方面的能力：一是能切实把握中国的实际情况，运用现代新闻语言向受众表达传输信息；二是在其所从事或负责的领域具有开创新局面的能力；三是能掌握现代化的新闻传播手段，具有能和国际同行竞争、交往的能力。

现在的情况是，我们的不少新闻从业人员还谈不上完全具备上述三个方面的能力，在敬业精神、新闻敏感、知识储备等许多方面还有很大的差距。与此同时，还有一个更为严峻的问题，就是不少新闻人才在外流，流向国外媒体，流向商业网站，流向外资企业。这种状况应引起高度重视。

报业是一种知识型产业，人力资本对其发展来说具有特别重要的意义。当代经济学家指出，在经济增长的要素中，人力资本比物质资本更为重要，估计在全部资本中占到三分之二到四分之三。所以，人力资本的投入，直接关系到报业的社会效益和经济效益。然而，长期以来，我们没有人力资本的概念，在管理上，存在着把特殊人才和一般劳动力等量齐观，重使用、轻开发，重资历、轻能力等问题。这就挫伤了人力资本的所有者——人才，特别是年轻人才的积极性、主动性和创造性，使得人力资本的价值实现出现了障碍。这恐怕是出现新闻人才流失现象的主要原因。要解决这个问题，必须从以下几方面努力：

一是改革用人制度，引入竞争机制，形成优秀人才脱颖而出的机制。人才既然是一种资本，是一种生产要素，就应该采用适应市场的方式来配置使用，而不能用行政手段来配置，更不能搞"铁饭碗"、"铁交椅"、终身制。所谓用适应市场的方式来配置使用，最关键的是引入竞争机制，不拘一格选人才，公平竞争用人才，做到优者进，能者上，庸者下，劣者出。这样方能实现人力资本的优化配置，避免闲置和浪费，不断提高报社的创新能力、竞争能力和创利能力。

二是要加大人力资本的开发力度，构建学习型组织。报业作为一种知识型产业，与其他企业相比有一个显著的不同，就是它的核心竞争力不在于特有的技术发明，而在于它的人力资本。因此，人力资本的开发对报业的发展来说，具有决定性的意义。人力资本开发的目的就是要使报社的员工具有更现代化的、更适应当代报业发展要求的更高层次的知识、智力、能力、素质，既包括超常的创新精神、创新能力，也包括强烈的进取心、荣誉感、道德感、亲和力等，使得报业具有生生不息的强大的核心竞争力。开发人力资本的有效途径，就是建立学习型组织，使组织的所有成员在共同的价值体系、共同的远景目标的基础上，努力吸收外显的知识，不断挖掘内隐的知识，围绕报业的发展目标进行创新。在一个学习型组织里，可以通过内部培训，开发员工的"专业性智力"；可以通过外派进修，学习新的知识；可以邀请行业内外的权威人士前来讲学；可与科研机构或大学合作进行课题研究；可委托国际著名咨询公司提供发展规划和管理创新方案，等等，这些都是开发人力资本的有效方法。开发往往是同投入相联系的。为了搞好人力资本的开发，有必要从报社的销售收入中，按一定的比例提取开发费用。这一点，国外知名企业早就做到了，我们应向他们学习。

三是要改革分配制度，建立收入与贡献挂钩的激励机制。由于人力资本不同于一般劳动力，它的投入能引起技术创新、生产方式的变革、市场的迅速拓展等，因而能使报业可能曲线迅速向外扩展，使经济剩余迅速增大，因此，在分配上，人力资本除了获得作为复杂劳动所实现的劳动力价值或工资外，还应有作为资本对其带来的剩余价值或利润的分享索取权。这就是说，一方面要按照"多劳多得"的原则，建立起真正的能力工资制，每个人根据自己的能力和贡献获取相应的报酬；另一方面，要根据"按要素分配"的原则，建立人力资本剩余价值分享制，使那部分保持报业核心竞争力的知识型职员参与报业剩余价值的分配。境外一些知名传媒已经这样做了，如香港凤凰卫视就给其著名主持人赠送了公司的股份，引起了传媒界的极大关注。这种做法符合人力资本的理论，适应了知识经济发展的潮流，值得我们认真思考和研究。

上述三方面的改革，涉及人才的使用，人才的发展，人才的报酬，说到底，是要解决人才的价值实现问题。这个问题解决好了，才能真正做到以事业留人，以感情留人，以待遇留人，极大地激发他们的积极性、创造性，使报业永远保持生机和活力。

　　"入世"后的中国报业，面临的形势是严峻的。我们必须两面作战：一方面要突破旧体制的限制，一方面要抵御国外传媒的冲击。因此，从现在起就要未雨绸缪，深化改革，理顺报业机制，增强竞争实力。我们的目标是：尽快建立能与国外传媒在各方面都能抗衡的强势媒体。

2001年10月

V　书画作品

归去来兮，田园将芜胡不归。既自以心为形役，奚惆怅而独悲。悟已往之不谏，知来者之可追。实迷途其未远，觉今是而昨非。舟遥遥以轻飏，风飘飘而吹衣。问征夫以前路，恨晨光之熹微。乃瞻衡宇，载欣载奔。僮仆欢迎，稚子候门。三径就荒，松菊犹存。携幼入室，有酒盈樽。引壶觞以自酌，眄庭柯以怡颜。倚南窗以寄傲，审容膝之易安。园日涉以成趣，门虽设而常关。策扶老以流憩，时矫首而遐观。云无心以出岫，鸟倦飞而知还。景翳翳以将入，抚孤松而盘桓。归去来兮，请息交以绝游。世与我而相违，复驾言兮焉求。悦亲戚之情话，乐琴书以消忧。农人告余以春及，将有事于西畴。或命巾车，或棹孤舟。既窈窕以寻壑，亦崎岖而经丘。木欣欣以向荣，泉涓涓而始流。善万物之得时，感吾生之行休。已矣乎！寓形宇内复几时，曷不委心任去留。胡为乎遑遑欲何之。富贵非吾愿，帝乡不可期。怀良辰以孤往，或植杖而耘耔。登东皋以舒啸，临清流而赋诗。聊乘化以归尽，乐夫天命复奚疑。

晋陶渊明《归去来兮辞》　岁在癸未季仲夏　李孟昱书于学斋

◎　陶渊明《归去来兮辞》（行书）

◎　毛泽东词《沁园春·长沙》（小篆）

独立寒秋，湘江北去，橘子洲头。看万山红遍，层林尽染；漫江碧透，百舸争流。鹰击长空，鱼翔浅底，万类霜天竞自由。怅寥廓，问苍茫大地，谁主沉浮？

◎　花开盛世

华开盛世

李益星画

当日九畹
風光數莖
清露纖手
分花葉
益呈書

◎ 兰花

◎ 陈子龙词《念奴娇·春雪咏兰》（小篆）

明·陈子龙词《念奴娇·春雪咏兰》

　　问天何意，到春深，千里龙山飞雪？解佩凌波人不见，漫说蕊珠宫阙。楚殿烟微，湘潭月冷，料得都攀折。嫣然幽谷，只愁又听啼鴂。

　　当日九畹风光，数茎清露，纤手分花叶。曾在多情怀袖里，一缕同心千结。玉腕香销，云鬟雾掩，空赠金跳脱。洛滨江上，寻芳再望佳节。

絕代祇西子家芳
惟牡丹月中虛有
桂天上漫誇蘭

◎　牡丹

绝代祇西子众芳惟牡丹月中靈
有桂天上漫誇蘭葿灩金波滿朝
傾玉露殘性應輕菡萏根本是瑯
玕奪目霞千片凌風綺一端稍宜
經宿雨偏覺耐春寒且説開元歲
初令植御園貴妃嬌欲比侍女妬
羞看 唐白居易詩牡丹 李益星書

◎ 白居易诗《牡丹》（行书）

唐·白居易诗《牡丹》

绝代只西子，众芳惟牡丹。
月中虚有桂，天上漫夸兰。
夜濯金波满，朝倾玉露残。
性应轻菡萏，根本是琅玕。
夺目霞千片，凌风绮一端。
稍宜经宿雨，偏觉耐春寒。
且说开元岁，初令植御园。
贵妃娇欲比，侍女妒羞看。

胭脂雪
瘦熏沉
水翡翠
盤高走
抱兀

孟星畫

◎ 荷花

秀槭横塘十里香水花晚
色静年芳胭脂雪瘦熏沉
水翡翠盘高走夜光山黛
远月波长暮云秋影蘸潇
湘醉魂应逐凌波梦分付
西风此夜凉

金 蔡松年词鹧鸪天赏荷
李孟昱书

◎ 蔡松年词《鹧鸪天·赏荷》（魏楷）

金·蔡松年词《鹧鸪天·赏荷》

秀樾横塘十里香，水花晚色静年芳。胭脂雪瘦熏沉水，翡翠盘高走夜光。

山黛远，月波长，暮云秋影蘸潇湘。醉魂应逐凌波梦，分付西风此夜凉。

芍藥繼紅緒
芭籠纖青瑣
繁絲盛金蕊
高嬌當爐火
孟星畫

◎　芍药

芍藥綻紅綃 芭籬織青瑣
爐火寔金蕊 高焰當
剪刻彤雲片 開張赤霞裹 煙輕琉璃葉
風亞珊瑚朵 受露色低迷 向人嬌婀娜
遠小女妝成坐 豔豔錦不如 天天桃未可晴霞
畏欲散晚日愁將墮 結植本爲誰 賞心期在我
採出諒多思 幽贈何由果

唐元稹詩紅芍藥
李孟昱書

◎ 元稹诗《红芍药》（隶书）

唐·元稹诗《红芍药》

芍药绽红绡，芭篱织青瑣。
繁丝蒇金蕊，高焰当炉火。
剪刻彤云片，开张赤霞裹。
烟轻琉璃叶，风亚珊瑚朵。
受露色低迷，向人娇婀娜。
酡颜醉后泣，小女妆成坐。
艳艳锦不如，天天桃未可。
晴霞畏欲散，晚日愁将堕。
结植本为谁，赏心期在我。
采之谅多思，幽赠何由果。

採菊東籬
下悠然見
南山山氣
日夕佳飛
鳥相與還

孟昱畫

◎　菊花

陶令籬邊菊，秋來色轉佳。
翠攢千片葉，金剪一枝花。
蕊逐蜂鬚亂，英隨蝶翅斜。
帶香飄綠綺，和酒上烏紗。
散漫搖霜彩，嬌妍漏日華。
芳菲彭澤見，更稱在誰家。

唐公乘億詩秋菊

書孟星書

◎ 公乘亿诗《秋菊》（隶书）

唐·公乘亿诗《秋菊》

陶令篱边菊，秋来色转佳。
翠攒千片叶，金剪一枝花。
蕊逐蜂须乱，英随蝶翅斜。
带香飘绿绮，和酒上乌纱。
散漫摇霜彩，娇妍漏日华。
芳菲彭泽见，更称在谁家。

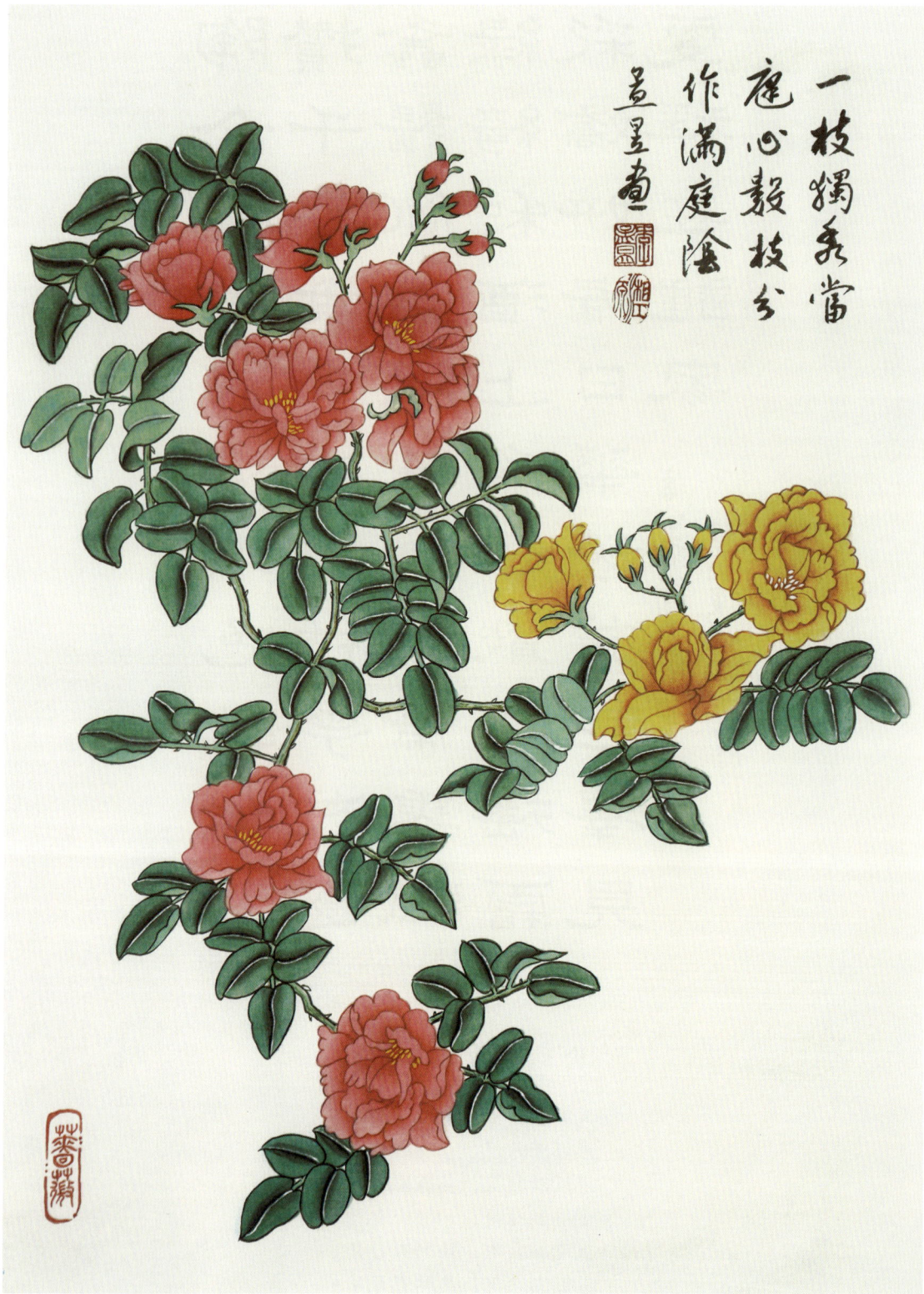

一枝獨秀當
庭心毅枝分
作滿庭陰
孟昱畫

◎ 薔薇

◎ 储光羲诗《蔷薇》（大篆）

唐·储光羲诗《蔷薇》

裹裹长数寻，青青不作林。
一茎独秀当庭心，数枝分作满庭阴。
春日迟迟欲将半，庭影离离正堪玩。
枝上莺娇不畏人，叶底蛾飞自相乱。
秦家女儿爱芳菲，画眉相伴采葳蕤。
高处红须欲就手，低边绿刺已牵衣。
葡萄架上朝光满，杨柳园中暝鸟飞。
连袂踏歌从此去，风吹香气逐人归。

◎ 梅兰竹菊（隶书）

右幅

陆游卜算子
益星书

梅

驿外断桥边，寂寞开无主。已是黄昏独自愁，更著风和雨。
无意苦争春，一任群芳妒。零落成泥碾作尘，只有香如故。

左幅

曹组卜算子
益星书

蘭

松竹翠萝寒，迟日江山暮。幽径无人独自芳，此恨凭谁诉。
似共梅花语，尚有寻芳侣。着意闻时不肯香，香在无心处。

秋叢繞舍似陶家
雪盦呈畫

孤高勁節天然別
雪盦呈畫

◎ 梅兰竹菊

深林不語艷幽貞
李苙呈畫

眾花搖落獨暄妍
李苙呈畫

莲枝未长秦蘅老走马驮金堆春草水灌香泥却月盆一夜绿房迎白晓美人醉语园中烟晚华已散蝶又阑梁王老去罗衣在拂袖风吹蜀国弦归霞帔拖蜀帐昏嫣红落粉罢承恩檀郎谢女眠何处楼台月明燕夜语

李贺诗牡丹种曲
岁在辛卯李立星书

◎ 李贺诗《牡丹晨曲》（行书）

西湖旧约问鸱夷载春应万事都付清景照入西山渐唤我一叶

老桑寒与佩还起凉思时度月上汀洲冷浸空崖玉

槎不黏清镜但解唤起潮云暗香浮动理云绕鸿还玉鉴

簇玄鬓空寒多少飞尘家绕暗移菊露莹盈舟独久忘秋

浮蛟鱼庭好梦家乐子程去

姜夔词《湘月》立湖旧约

岁在庚寅年三月李羡墨书

◎ 姜夔词《湘月·五湖旧约》（草书）

◎ 福至心灵（福）

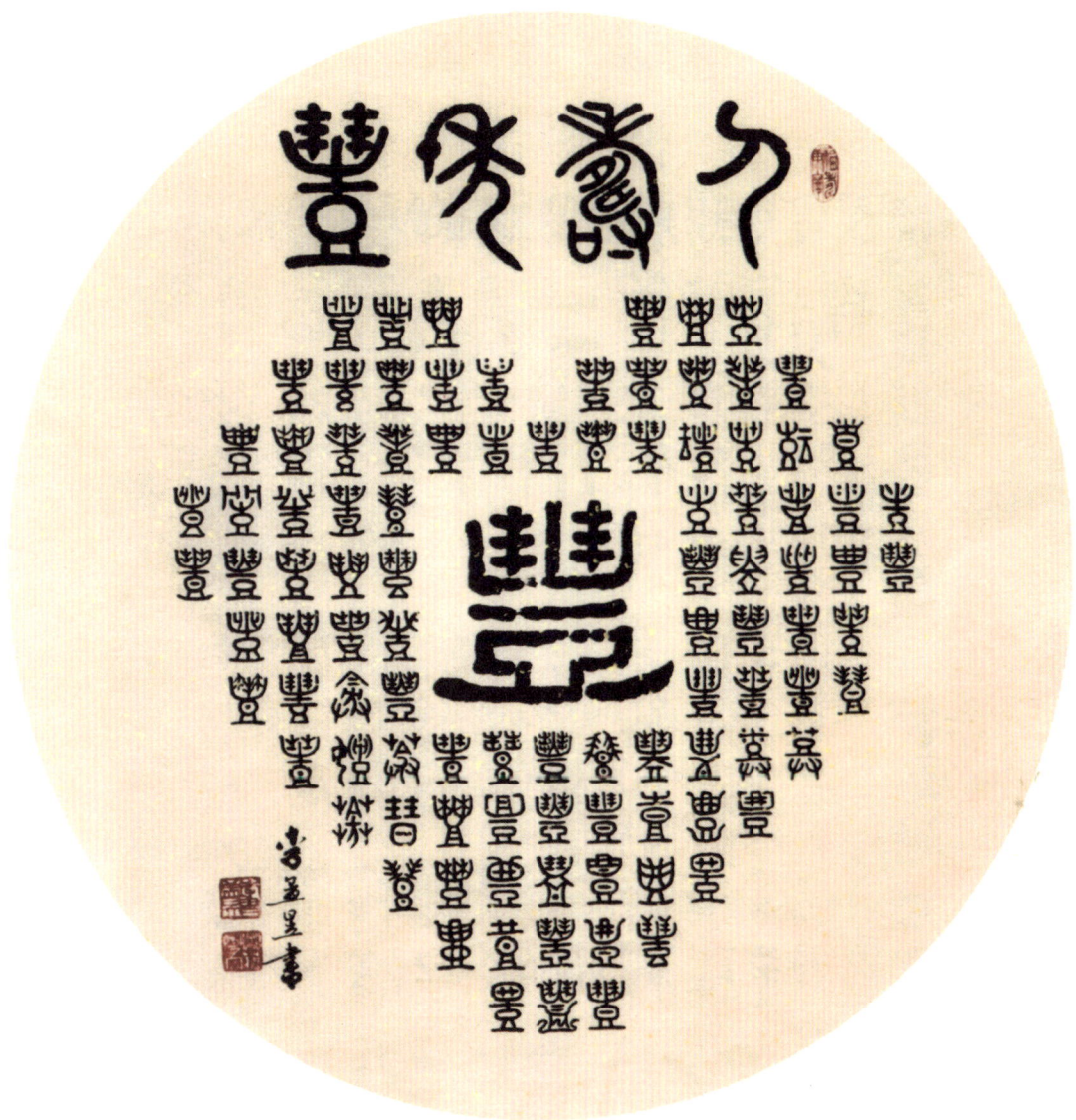

◎ 人寿年丰（丰）

318

◎　吉祥平安（祥）

◎ 龙腾虎跃（龙）

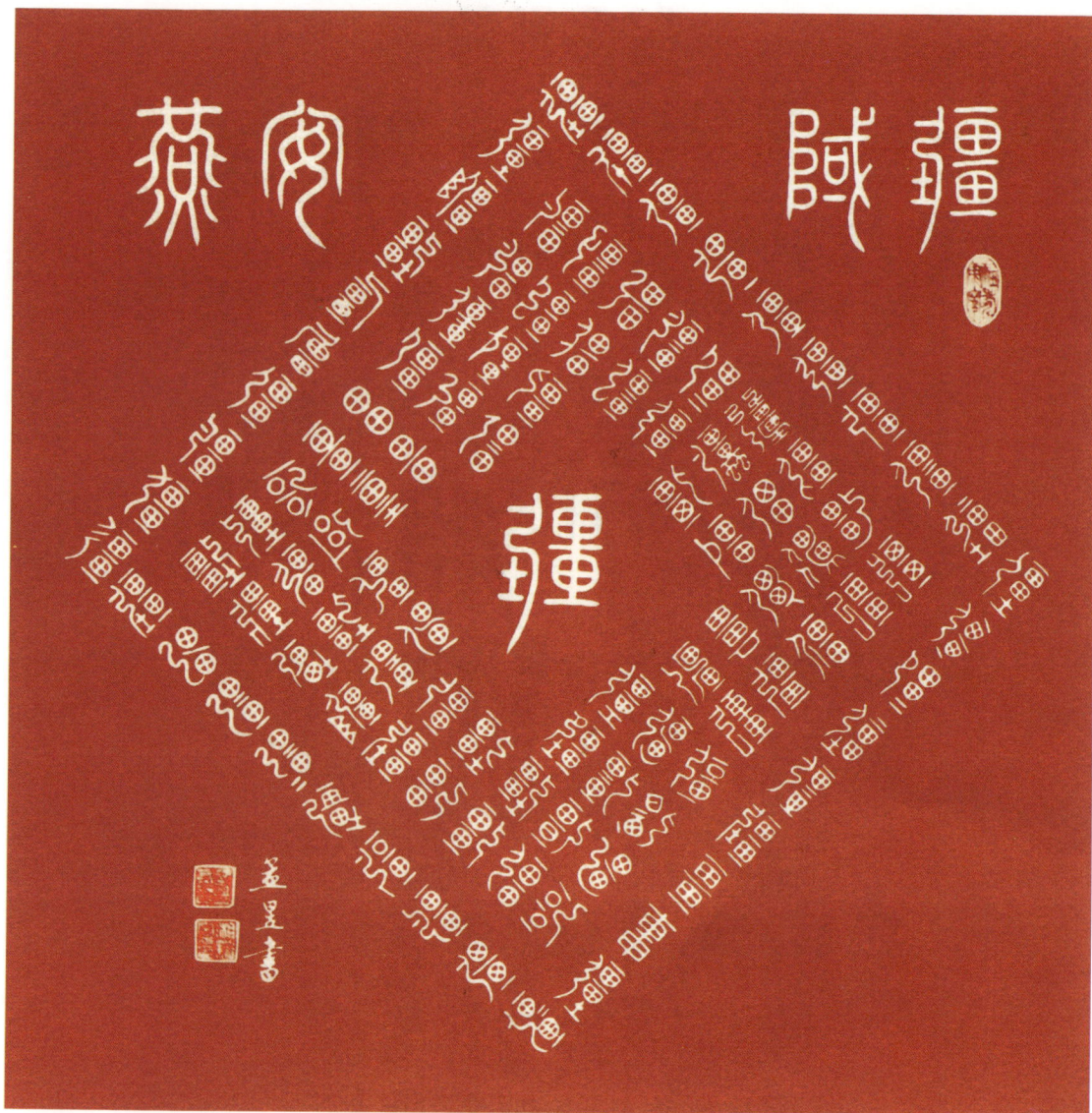

◎　疆域安燕（疆）

◎ 祈年孔夙（祈）

◎　千字文·局部（大篆）

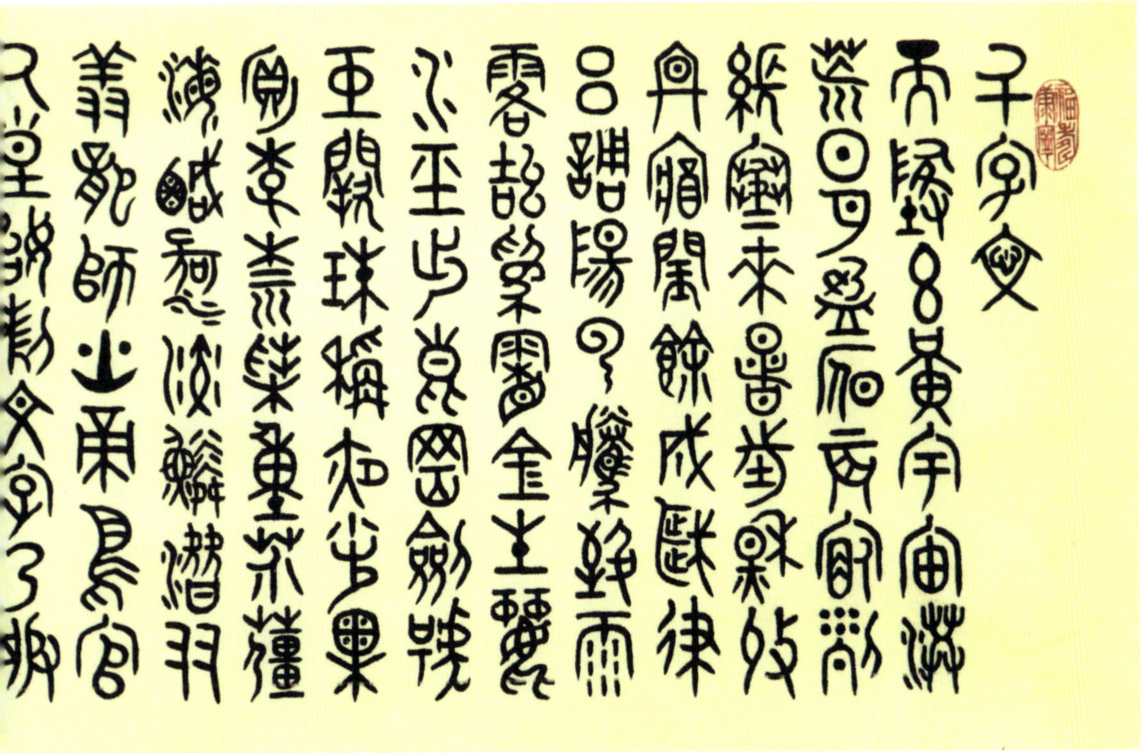

員歸戀責念徇憂愛恥倭惡勞
縣制游遊遠遷遞竊肯保變塗
淵嫻嘗別叔寂厶麼髟鰥廝埶
嬰兒哥弟軍隸蠻羌睿卨堯夒
鄰邦外廄寶夘羣官疾候霸王
館鋪囪撐西廚北牖廩倉告衍
紙冊舟船殿臺居處第舍舒關
管華鈎衝頓斛鬲釜鎖及片凳
緊澀叙章珍寶規衡琴弓鼎俎
兜垂亞燈隱隰芻雙宿灰蓺濕
邲聶敎襄攜炭驗隙懺讖童量
韋衛齋齊蔡喬竺釋婁黿解畓
滿圓盈益夕兆宇辰居藪畾瞻

◎　正字千文·局部（魏楷）

正字千文 [印]

古者六書幼齡蚤講今也長牽

猶狀囷囷為伍斯編用資蒙養

但遵制書非敢求廣俗如可從

亦在通融惟於謬誤難可苟容

眼前謅字出入吉凶陰陽本末

丈尺裏衷還袁克兌袞允沈充

眞廉正止巽善義隆周虔美德

怪異暴匈爽直寬嚴溫柔乾健

剛勇臧藏因恩鬱斂死喪葬毀

很殺辜睽捐娟遂達鄙嗇成私

槃麗幾黟溪沈冥密久次單卑

纨扇圆洁，银烛炜煌。昼眠夕寐，蓝笋象床。弦歌酒宴，接杯举觞。矫手顿足，悦豫且康。嫡后嗣续，祭祀烝尝。稽颡再拜，悚惧恐惶。笺牒简要，顾答审详。骸垢想浴，执热愿凉。驴骡犊特，骇跃超骧。诛斩贼盗，捕获叛亡。布射僚丸，嵇琴阮啸。恬笔伦纸，钧巧任钓。释纷利俗，并皆佳妙。毛施淑姿，工颦妍笑。

◎ 广易千文·局部（章草）

最綏約束甚巖上慕遊
迹逸民惠連衣冠優盈
逍遙深園詩伯杜壽草
聖張顛佳筆駭俗巨
論駕延形殆適中懷
增恬閑階靜立紙帳旦
眠糟休餘酒陶琴無弦
恭凝吊故蘇投情緣西
施色都緬國貌妍發
元可鑒目麗疑儔口
讀箴典手寫彩牋藝弩
丸矢巧斡機圓筐歌颺

◎ 別本千字文·局部（行書）

生興端是別嘉猷勿輕

的士當戒安慮宜澄洞

審遼邈慎聆杳冥冬溫

暑清煖寐寒早興見閉怨

随禍福相因克己闇假

篤念維親仁在乎熟知

續以新退藏於密任率

其真唐虞受禪禹湯嫡

夏貢懇助舍萬稅千條

傳稷也勤稼執法庭堅

制詳具樂其鈞宣文府

東壁武將纓弁戚聲

◎　叙古千文·局部（小篆）

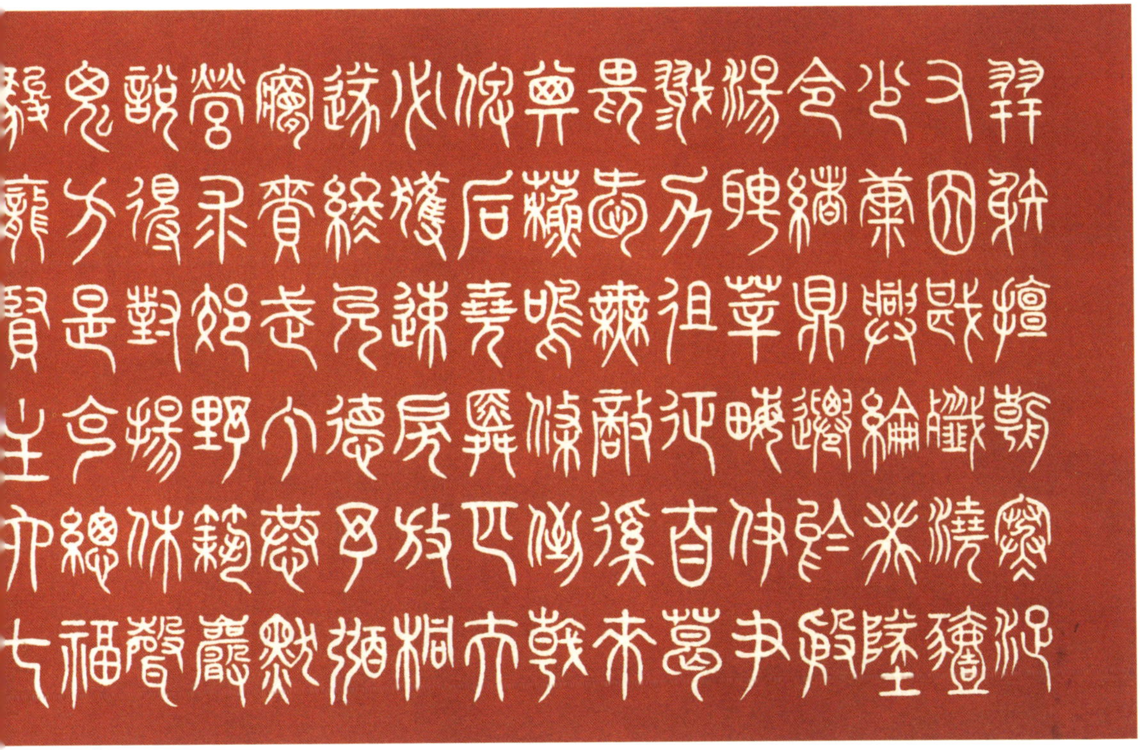

◎　闺训千字文·局部（草书）

然世淘揚拔連沸海傲嫷

孤德孕意旋產官盼煇煌

又号以武松此種狂妖冶

打扮艷說尤崇喜華擲

唐断袖托狸民奴懼兒樂

祸乎罾高嘯低唧侮怕

雲衣倚親斜視性俳情

祥去歸隙記似翼高生

義殊失圍範浴時三村及

飒分久老姻緣郝事婆

琵影承彰撥技伺瘱彄錠

雖連遷纵秭復引厮加

净用和五味侍連羞茣豪

李孟昱新闻出版年表简编

（1941—2017）

1941年（出生）

农历闰6月7日，出生于湖南省涟源市七星镇峡山村。

1957年（16岁）

8月，湖南省涟源第四中学初中毕业。

1958年（17岁）

6月，湖南省涟源第四中学高中肄业。

7月，湘潭第二炼铁厂任翻砂工、炉前工、化验员。

1959年（18岁）

4月，参加共产主义青年团。

11月，获湘潭第二炼铁厂乙等劳动模范。

12月，志愿应征入伍。

1960年（19岁）

1月，广州军区独立通信五团三营七连任战士兼文化教员。

11月，任通信五团三营七连文书。

1961年（20岁）

4月8日，加入中国共产党。

1963年（22岁）

12月，通信五团三营营部任代理书记。

1964年（23岁）

3月，参加通信五团推荐报考地方统一高考选拔考试。

7月，广州市第七中学参加全国统一高考。

9月1日，入学中山大学中国语言文学系。

1966年（25岁）

1月，任中文系学生会主席。

9月，中山大学组织各系学生会干部组成参观团，赴北京"接受毛主席检阅"。

9月15日，参加"9·15"毛主席接见红卫兵大会，座位安排在天安门西侧观礼台。

1968年（27岁）

10月，中山大学两派联合，学校革委会成立。

11月，参加学校革委会组织的专案组，多次赴外省调研。

1969年（28岁）

7月，学校革委会专案组结束工作。随中文系六四级下韶关阀门厂锻炼。

12月，被评为中山大学第二届学习毛泽东思想积极分子、三好学生。

1970年（29岁）

8月，中山大学毕业，分配到南方日报编辑部工作。

9月，下乡锻炼一年，在佛冈县洛洞、岑坑大队代职，任大队党支部副书记。

1971年（30岁）

10月，任南方日报第三采编部（后分为理论部、文艺部）记者，参与文艺副刊《南海潮》（后易名《海风》）的编辑工作。

1979年（38岁）

5月，我国对越自卫反击战取得胜利，赴广西、云南前线采访后，创作报告文学《浴血沙场显英才》、散文《生命的火焰》，在《南方日报》陆续发表，后选入花城出版社出版的《英雄花束》一书。

12月9日，散文《菊城行》发表于《南方日报》，后被中山大学中文系列为学生补充教材，并先后编入湖南人民出版社出版的散文集《花》、广东人民出版社出版的《岭南散文八十篇》。

1981年（40岁）

6月，加入中国作家协会广东分会。

1982年（41岁）

6月25日，报告文学《执法如山》发表于《南方日报》，上海《解放日报》全文转载，后收入中国展望出版社出版的《保持共产党人的纯洁性》一书。

1983年（42岁）

3月6日，报告文学《从农奴到"格西"》发表于《羊城晚报》，获第二届广东省新人新作奖。

8月，广东省专业技术职务评审委员会评定为新闻编辑。

10月，任南方日报夜班部（后为要闻部）副主任，负责《南方日报》第一版的编辑、审定工作。

1987年（46岁）

1月，任南方日报编委，主管《南方周末》、文艺部、摄影部，并审定其见报大样。

4月，广东省专业技术职务评审委员会评定为主任编辑。

1991年（50岁）

5月，任南方日报副总编辑。

10月8日，广东省文学院聘请为客座院士。

10月29日，加入中国作家协会。

1992年（51岁）

6月24日，加入广东省书法家协会。

10月1日，获国务院为做出突出贡献专家颁发的"政府特殊津贴"。

1993年（52岁）

12月16日，广东省专业技术职务评审委员会评定为高级编辑。

1994年（53岁）

1月3日，兼任《南方周末》主编。

11月，率广东省新闻代表团访问越南，任副团长。

1995年（54岁）

4月24日，任广东省第六届新闻工作者协会副主席兼秘书长。

8月30日，南方日报领导体制作重大改革，实行社长领导下的总编辑、总经理负责制，任副社长。

1996年（55岁）

8月15日，南方日报新一届社委会成立，任社长。

10月，任第五届中华全国新闻工作者协会副主席。

1997年（56岁）

4月，率中国新闻代表团访问芬兰、瑞典，任团长。

5月，当选为中共广东省委第八届委员会候补委员。

1998年（57岁）

4月23日，文艺通讯《铺满"绿色金子"的国土》载《南方日报》，获中国国际新闻奖二等奖，后被选入国家中等师范学校语文教科书。

5月18日，南方日报报业集团成立，任社长。

9月，暨南大学新闻系聘请为客座教授。

1999年（58岁）

5月，任广东省第七届新闻工作者协会主席。

8月，率中国新闻代表团访问意大利，任团长。

10月，《关于组建报业集团的思考》之一、之二、之三，获中国新闻奖一等奖。

10月25日，应浙江日报邀请，参加全国党报改革座谈会，发表题为《突出党报的"旗舰"地位》的讲话。

2000年（59岁）

8月1日，南方日报报业集团新闻出版业务处理系统科研成果通过国家鉴定，个人荣获国家新闻出版署科学技术进步奖一等奖。

11月，在天津召开的全国省级党报工作交流委员会上，发表题为《建立服务体系，朝产业化迈进》的讲话。

2001年（60岁）

3月，应四川日报邀请，参加全国报业发展战略研讨会，发表题为《体制创新：报业经济发展的突破口》的讲话。

5月，参加国家社会科学基金项目《党报改革途径新探索》课题的研究，承担课题三篇论文的调研和写作任务，即：《体制创新：报业经济发展的突破口》《加入WTO后省级党报的应对策略》《省级党报的区域特点与发行体制改革》。

11月，在江苏省记者协会于扬州召开的全国报纸改革研讨会上，发表题为《造就具有综合素质的跨世纪新闻队伍》的讲话。

2002年（61岁）

1月，卸任南方日报报业集团社长职务。

2月，任广东省政协第八届委员会常委。

2月，散文、报告文学集《春之韵》由花城出版社出版。

4月，应福建省记者协会邀请，参加"新闻媒体产业发展趋势与战略高级研讨培训会"，发表题为《加入WTO后省级党报的应对策略》的讲话。

12月，率中国新闻代表团访问印度，任副团长。

2003年（62岁）

2月，推选为广东省人大代表，任广东省人大第十届常务委员会委员、法制委员会副主任委员。

2007年（66岁）

2月，辞去省人大常委会委员职务。

10月，办理退休手续，光荣退休。

2008年（67岁）

10月，书法集《暇豫墨趣》由南方日报出版社出版。

2010年（69岁）

4月，书法集《名胜墨韵》由南方日报出版社出版。

2012年（71岁）

3月，书法集《风月墨缘》由南方日报出版社出版。

4月，获"广东省首届新闻终身荣誉奖"。

2014年（73岁）

7月，书法集《民俗墨象》由南方日报出版社出版。

2017年（76岁）

10月，书画集《花情诗韵》由南方日报出版社出版。